Réserve.

CONVIVIO DI DANTE ALIGHIERI
FIORENTINO

I CHOME DICE ILPHILOSO
pho nelprincipio dellaprima philosophia:
Tutti gli huomini naturalmete desiderano
di sapere. Laragione diche puo essere sie/
che ciaschuna cosa daprouidentia dipropia
natura impinta e/inclinabile allasua perfe
ctione: Onde accio che lascientia e/ultima
perfectione dellanostra anima: nellaquale sta lanostra ultima
felicita: tutti naturalmente alsuo desiderio siamo subiecti. Ve
ramente daquesta nobilissima perfectione molti sono priuati
per diuerse cagioni: che dentro alhuomo et difuori daesso lui
rimuouono dalhabito discientia. Dentro dalhuomo possono
essere due difecti: e/impedito l'uno dallaparte delcorpo: l'altro
dallaparte dellanima: Dallaparte delcorpo e/quando leparti
sono indebitamente disposte: si che nulla riceuere puo: si co
me sono sordi et muti et loro simili. Dallaparte dellanima e/
quado lamalitia uince in essa: si che sifa seguitatrice di uitio
se dilectationi: nellequali riceue tanto inganno: che p quelle
ogni chosa tiene auile. Difuori dalhuomo possono essere si
milemente due chagioni intese: l'una dellequali e/inducitrice
dinecessita: l'altra dipigritia: Laprima e/lacura familiare et ci
uile: laquale conuen euolemente ad se tiene deglihuomini il
maggiore numero: si che i otio dispeculatione essere no pos
sono. Laltra e/ildifecto delluogho: oue la psona e/nata et nu
trita: che tal hora sara daogni studio non solamente priuato
ma dagente studiosa lontano: Leduediqueste chagioni cioe/
laprima dellaparte difuori non sono dauituperare: ma dascu
sare: et diperdono degne. Le due altre auenga che l'una piu
sono degne dibiasimo et dabominatione. Manifestamete adu
che puo uedere chi ben considera: che pochi rimagono quelli
che allhabito datutti considerato possano puenire: et innume
rabili quasi sono l'impediti: che diquesto cibo datutti sempre
uiuono affamati. O beati quelli pochi che seghono à quella
mesa: doue ilpane degliangeli simangia: et miseri quelli che
con lepecore hanno comune cibo. Ma peroche ciaschuno à
ciascuno huomo e/naturalmente amicho: et ciascuno amicho

a i

siduole deldifecto' dicolui chegli ama: coloro che achosi alta
mensa sono cibati nó faza misericordia sono inuer diquelli
che in bestiale pastura ueggiono herba et ghiáde gire man
giando. Et accio'che miserichórdia e' madre di beneficio :
sempre liberalmente coloro che sanno porgono della loro
buona ricchezza alliueri poueri: et sono quasi fóte uiuo de
lacui acqua sirifrigera lanaturale sete: che sópra e nomina
ta. Et io adunche che nó seggo allabeata mésa: ma fugito
dallapastura deluolgo: apiedi dicoloro che seggono: ricolgo
diéllo che daloro cade: et conoscho lamisera uita diquelli che
dietro molasciati p ladolcezza chio sento i quello che apoco
apoco richolgo: misericordeuolemete mosso: nó me dimenti
cádo p glimiseri alcuna cosa ho riseruata: laquale agliocchi
loro gia e piu tempo ho dimostrata: et in cio glihó facti ma
giormente uogliosi. Perche hora uolédo loro apparecchiare
intendo fare uno generale cóuito dicio chio ho loro mostra
to: et diquello pane che mestiere e/a cosi facta uiuanda: faza
loquale daloro nó potrebbe essere mágiata. E aquesto conui
to diquello pane degno chotal niuáda qualio intédo indarno
essere ministrata. Et po ad esso nó uoglio sassetti alcuno ma
le desuoi organi disposto: po che ne denti ne lingua hae: ne
palato. Ne alcuno asseclatore diuitii: po che lostomacho suo
e pieno dhomori uenenosi contrarii si che mia uiuanda non
tenerebbe. Ma uegnaci qualunche e' familiare o ciuile nella
humana fame rimaso: et a una mensa coglialtri simili impe
diti sassetti: Et aliloro piedi sipongano tutti quelli che per pi
grina sisono stati che nó sono degni dipiu alto sedere. Et élli
et questi prendano lamia uiuanda colpane che lafaro loro et
gustare et patire. Lauiuáda diquesto cóuito sara diquattordi
ci maniere ordinata: cioe/quattordici cánzoni si damore chó
me diuirtu materiate: lequali sanza lopresente pane haueuá
no dalchuna scurisa ombra: si che amolti lor belleza piu chó
lor bonta era ingrádo. Ma ésto pane cioe lapresente exposi
tióe sara laluce laquale ógni colore diloro sététia fara parué
te. Et se nellapresente opera laquale e/conuito nominata et
uo che sia: piu uirilméte si tractasse che nellauita nuoua: nó
intendo po aquella i parte alcuna derogare: ma maggiormé
te giouare p ésta quella: uegiendo si come ragioneuoleme

te quella feruida et passionata: questa temperata et uirile esse
re conuiene. Che altro siconuiene et dire et operare ad una
etade che adaltra: et perche certi costumi sono idonei et lau
dabili ad una etade che sono sconci et biasimeuoli ad altra:
si come disotto nelquarto tractato diquesto libro sara propia
ragione mostrata. Et io in quella dinanzi allentrata dimia iu
uentu parlai: et in questa dipoi quella gia trapassata. Et con
ciosia cosa che lauera intetione mia fusse altra che quella che
difuori mostrano lecanzoni predette: p allegoricha spositio
ne quelle intedo mostrare appresso laliterale storia ragiona
ta: si che luna ragione et laltra dara sapore acoloro che aque
sta cena sono conuitati. Liquali priegho tutti che sel conuito
non fusse tanto splendido quanto couiene allasua grida: che
non almio uolere: ma allamia facultate imputino ogni difec
to. Peroche lamia uoglia dicompita et chara liberalita e qui
seguace.

Grida

n Elcominciamento diciascuno bene ordinato conuito
sogliono lisergenti predere lopane apposito: et ollo
purgare da ogni macola. Perche io che nella presen
te scrittura tengo luogho diquegli; da due macole mondare
intedo primefamente questa spositione che per pane sichon
ta nelmio chorredo. Luna e che parlare alchuno di se mede
simo pare non lecito. Laltra sie che parlare esponedo trop
po a fondo pare non ragioncuole: Et lo illicito et non ragio
neuole ilcoltello delmio giudicio purgha in questa forma:
Non siconcede per gli rhetorici alchuno di semedesimo san
za necessaria cagione parlare. Et dacio e lhuomo rimosso p
che parlare no sipuo dalcuno: chelparlatore no lodi o no bia
simi quegli di cui elli parla. Lequali due chagioni rustica
mente stanno affare dise nellaboccha diciaschuno. Et per le
uare un dubio chi qui surgie: dico che peggio sta biasimare
che lodare: auenga che luno et laltro non sia dafare. Lara
gione sie che qualunche cosa e per se dabiasimare: e piu lai
da che quella che e p accidente. Dispregiare se medesimo e
per se biasmeuole: peroche ad lamicho dee lhuomo chonta
re lo suo difecto secretamente, Et nullo e piu amicho che
lhuomo a se. Onde ne lacamera desuoi pensieri se medesimo
riprendere dee et piangnere gli suoi difecti et non palese.

chorredo

a ii

Ancora delnõ potere et delnon fapere bene fe mēnare lepiu
uolte none/lhuomo uitupato:Ma delnõ uolere e/fépre:pche
neluolere et nelnõ uolere noftro figiudica lamalitia et labon
ta.Et po chi biafima fe medefimo;appruoua fe conofcere lo
fuo difecto:appruoua fe non effere buono. Perche p fe e/da
lafciare diparlare fe biafimãdo; Lodare fe e/dafuggire come
male p accidente:inquāto lodare non fipuo: che quella loda
non fia maggiormente uituperio et laido nellapunta dellepa
role:et uituperio chi cerchā loro neluentre.Che parole fono
facte per moftrare quello che non fifa.Onde chi loda fe mo
ftra che non creda effere buono tenuto: che non glincõtra
fanza malitiata confcientia;laquale fe lodando difcuopre:et
difcoprendo fibiafima.Et ancora lapropria loda et lopropio
biafimo e/dafuggire p una ragiõe ugualméte:fi come falfa
teftimonianza fare. Peroche nõ e/ huomõ che fia dife uero
et giufto mifuratore:tanto lapropia charita néganna.Onde
auiene che ciafchuno ha nel fuo giudicio le mifure del falfo
merchatáte che uende cõ luna et chõpra cõ laltra: et cia
fcuño cõ ampia mifura cierchā lofuo malfare: et cõ picchola
cierchā lobene:fi che ilnumero et laquantita elpefo delbene
lipare piu che fe cõ giufta mifura fuffe fagiato:et quello del
male meno:pche parlãdo dife cõ loda o col cõtrario/o dice
falfo per rifpecto allacofa diche parla:o dice falfo p rifpecto
allafuã fentétia:che luna et laltra e/falfita.Et po cõciofia cõ
fa che confentire e/ uñ confeffare: uillania fa chi loda o chi
biafima dinanzi aluifo alcuno:pche ne cõfentire ne negare
puo locofi eftimato fanza chadere in colpa dilodarfi o di bia
fimarfi. Salua qui lauia della debita correctione: che effere
non puo fanza improperio delfalfo:chi correggere fintéde:
et falua lauia deldebito honorare et magnificare. Laqle paf
fare nõ fipuo fanza fare mentione delopere uirtuofe:o delle
dignita uirtuofamente acquiftate. Veramente alprincipale in
téndimento tornãdo dico come e/tocchato difopra: p necefifa
rie chagioni loparlare dife e/cõceduto. Et intra laltre necefifa
rie chagioni due fono piu manifefte. Luna e/quando fãza
ragione dife grãde infamia et pericolo non fipuo ceffare. Et
allhora ficoncede p laragione: che delli due fentieri prédere
lomeño rẽo e/quafi prendere uñ buono. Et quefta neceffita
moffe Boetio di fe medefimo aparlãre: accio che fotto prõte

sto diconsolatione scusasse laperpetuale infamia delsuo exi
lio:mostrando quello essere ingiusto:poi che altro scusatore
non sileuaua. Laltra e/quādo p ragione dise grādissima uti
lita:ne segue altrui per uia didoctrina. Et q̄sta ragione mos
se Augustino nellesue cōfessioni aparlare dise che p lo pro
cesso della sua uita:loquale fu dibuono i buono:et dibuono
in migliore:et dimigliore in optimo nediede exemplo et doc
trina:laquale p si uero testimonio riceuere nō sipoteua. Per
che se luna et laltra diqueste ragioni miscusa: sufficientemē
te ilpane delmio formento e/purgato dalaprima sua macola
Mouemi timore difamia: et mouemi desiderio didoctrina da
re:laquale ueramēte altri dare nō puo. Temo lainfamia ditā
ta passione hauere seguita quāta concepe chi leggie lesopra
nominate cahzoni in me hauere signoregiato. Laquale infa
mia sicessa p lopresente dime parlare interamente. Loquale
mostra che non passione ma uirtu sie/stata lamouente cagio
ne. Intendo anche mostrare lauerā sentētia diquelle:che p
alcunō uedere non sipuo sio non lachōnto: pchē e/ nascosa
sotto figura dallegoria. Et questo nō solamēte dara dilecto
buono audire:mà sottile amaestramento:et acosi parlare:et
acosi intendere laltrui scritture.

   d   Egna dimolta reprensione e/lachosa che s/ordinata à
          torre alcuno difecto p semedesima q̄llo induce: si cō
me colui che fusse mandato apartire una zuffa:et pri
ma che partisse quella necominciasse unaltra. Et po chelmio
pane el purgato duna parte: conuiēmelo purgare dalaltra:p
fuggire questa represione:chelmio scritto che quasi comen
to dire sipuo:e/ordinato aleuare ildifecto delle cāzoni sopra
dette:et esso per se sia forse i parte alcūa unpoco durō:laqual
durezza per fuggire maggior difecto nón per ignorātia è
qui pensata. Ma piaciuto fusse aldispensatore delluniuerso:
che lacagione dellamia scusa mai nō fusse stata:che nè altro
contra ame hāria fallato:nè io sofferto harei pena igiustamē
te:pena dico desilio et dipouerta. Poi che fu piacere decipta
dini dellabellissima et famosissima figlia di Roma fioreza di
gittarmi fuori delsuo dolce seno:nelquale nato et nutrito fui
fino alcolmo dellamia uita:et nelquale cō buona pace diq̄lla
desidero cō tutto ilchuore diriposare lanimo stācho: et termi
nare iltēpo chēme/dato per leparti quasi tutte: alequali q̄sta

                                                        a iii

lingua fiftende peregrino quafi mendichando fono andato:
moftrando contra mia uoglia lapiaga dellafortuna che fuole
ingiuftamente alpiagato molte uolte effere iputata. Veramē
te io fono ftato legno fanza uela et fanza gouerno portato
a diuerfi porti et foci et liti daluento fecco che uapora lado
lorofa pouerta: et fono apparito a gliocchi amolti: che forfe
per alcuna fama in altra forma mhaueuano imaginato. Nel
confpecto dequali nō folamente mia perfona inutilio: Ma di
minor pregio fifece ogni opera: fi gia facta: come quella che
fuffe afare. Laragione pche quefto incōtra non pure in me:
ma in tutti: brieuemente hora qui piace tocchare. Et prima p
che laftima oltre lauertta fifappia: et poi pche laprefentia ol
tre lauerita ftrigne lafama buona principalmente generata
della buona opatione nelamēte dellamicho: et daquella e prī
ma partorita che lamēte delnimicho: auenga che riceuā lofe
me: non cōcepe quella mente che prima lopartorifcie: fi per
fare piu ornato lofuo prefente. fi per lacharita dellamicō che
loriceue: nō fitiene alitermini deluero: ma paffa ǫili. Et quā
do per ornare cioche dice lipaffa contra cōfcientia parla: quā
do inganno dicharita ilfa paffare: non parla contro adeffo:
Lafeconda mente che cio riceue non folamēte alladilectatio
ne della prima fta contēta: malfuo riportamēo fi come qui
fuo effecto procura dadornare. Et fi ghe per quefto fare: et p
lo inganno che riceue dellacharita in lui generata: quella piu
ampia fa che allei non uiene: et con concordia et con difcor
dia diconfcientia chome laprima. Et quefto fa laterza riceue
trice et laquarta: et cofi in infinito fidilata. Et cofi uolgendo
lecagioni fopradette nellecontrarie fipuo uedere laragione
dellainfamia che fimigliantemēte fi fa grāde. Perche Virgi
lio dice nelquarto dellaeneida che lafama uiue per effere mo
bile: et acquifta grandezza per andare. Apertamente adunǫ
che ueder puo chi uuole: che laimmagine per lafola fama ge
nerata fempre e piu ampia quale che effa fia: che non e laco
fa immaginata neluero ftato.

Oftrata laragione inanzi perche lafama dilata lo
bene et lomale oltre fauera quantita: Refta iquē
fto capitolo a moftrare quelle ragioni che fanno
uedere perche la prefentia riftrigne: p oppofito et moftrate

quelle fiuerra lieuemete alprincipale propofito: cioe/ fopra
dellanotata fcufa. Dico adunche che per tre cagioni laprefe
tia fa laperfona dimeno ualore chella non e. Luna dellequa
li e pueritia:non dico detade:ma dahimo. Lafeconda fiei in
uidia. Et quefte fono nelgiudicatore. Laterza e/ lahumana
impuritade. Et quefta e/nelgiudicato. Laprima fi puo chofi
brieuemente ragionare. Lamaggiore parte degli huomini
uiuono fecondo fenfa:et non fecondo ragione aguifa di par
goli. Et quefti chotali non conofchono lecofe fenon fempice
mente difuori: et laloro bontade laquale a debito tine e/ordi
nata non uegghono:peroche hanno chiufi gliocchi della ra
gione liquali paffano auedere quello. Onde tofto uegghono
tutto cioche poffono: et giudicano fecondo laloro ueduta. Et
pero che alcuna opinione fano nelaltrui fama per udita: dala
quale nellaprefentia fidifcorda lo impfecto giudicio che no
fecondo ragione:ma fecondo fenfo giudica folamente: qua
fi menzognia riputano cioche prima udito hanno: et difpre
giano laperfona prima pregiata. Onde appo coltoro che fo
no come quafi tutti: laprefentia riftrigne luna et laltra quali
ta. Quefti chotali tofto fono uaghi et tofto fono fatii. Speffo
fono lieti: e/ fpeffo fono trifti. Dibrieui dilectationi et trifti
tie: et tofto amici: et tofto nemici: ogni cofa fano come pargo
li faza: ufo diragione. Lafeconda liuede per quefte ragioni
che laparita neuitiofi e/cagione dinuidia: et inuidia /e cagio
ne dimal giudicio: perche non lafcia laragione argomenta
re per lacofa inuidiata:et lapotentia giudicatiua e allora ollo
giudice che ode pure luna parte. Onde quando quefti chota
li uegghono la perfona famofa: incontanente fono inuidi:
peroche uegghono affai pari membra et pari potenza: et te
mono per lacxcellentia diquello cotale meno effere pregiati
Et quefti non folamente paffionati: mal giudicano: Ma dif
famando agli altri fanno mal giudicare. Perche appo cofto
ro la prefentia riftrigne lo bene et lo male in ciafchuno apl
prefentato. Et dico lo male: perche molti dilectandofi delle
male operationi hanno inuidia allimali operatori. La terza
fiel lahumana impuritade laquale fiprede dallaparte dicolui
che e/giudcato et no e/faza familiarita et couerfatioe alcuna
Ad euidetia di quefta e/ dafapere che lhuomo e/ dapiu parti

c   a iiii

macolato: et come dice Augustino: nullo e/san za machola.
Quãdo e/lhuomo maçolato dalcuna paſſióe alaquale tal uol
ta non puo riſiſtere: quãdo e/macolato dalcuno ſconcio mẽ
bro: et quãdo e/macolato dalcuno colpo difortuna: quãdo el
macolato dinfamia diparenti o dalcuno ſuo proximo: lequali
coſe lafama nõ porta ſecho: ma lapreſentia: et diſcuoprele p
ſua côuerſatione. Et queſte macole alcuna ombra gittano ſo
pra lachiarezza dellabonta: ſi che laſãno parere meno chia
ra et meno ualente. Et q̃ſto e/quello pche ciaſchuno profeta
e/meno honorato nellaſua patria. Queſto e/q̃llo pche lhuo
mo buono dee laſua preſentia dare apochi: et lafamiliarita da
re ameno: accio chelnome ſuo ſia riceuuto: ma nõ ſpregiato
Et queſta terza cagione puo eſſere coſi nel male chome nel
bene: ſe lecoſe dellaſua ragione ſiuulgãno ciaſchuna in ſuo
contrario. Perche manifeſtamẽte ſiuede che p impuritade
ſanza laquale nõ e/alcuno: lapreſẽtia riſtrigne lo bene et lo
male in ciaſcuno piu cheluero nõ uuole. Onde côcioſia coſa
che come detto e/diſopra: io miſſia quaſi atutti litalici apreſẽ
tato: pche facto miſono forſe piu uile cheluero nõ uuole: nõ
ſolamẽte aquegli aiquali mia ſama era gia corſa: ma etiãdio
aglialtri: Onde lemie coſe ſãza dubio mecho ſono alleuiate.
Conuienmi che cõ piu alto ſtilo dia nell preſẽte opera un
pocho digrauezza: p laquale paia dimaggiore auctorita. Et
queſta ſchuſa baſti allafortezza delmio comẽto.

Oi che purgato e/queſto pane dallemacole accidẽta
li: rimane aſchuſare lui duna ſuſtãtiale: cioe/dalleſſo
re uolgare et nõ latino: che p ſimilitudine dire ſipuo
dibiado et nõ diforméto. Et accio brieuemẽte lo ſcuſano tre
ragioni che moſſono me ad allegare inanzi queſto che laltro
Luna ſimuoue dacautela didiſconeuole/ordinatione. Lal
tra dapróntezza diliberalita. Laterza danaturale amore a p
pia loquela. Et queſte coſe p ſei ragioni aſodiſſacimẽto dicio
che riprender ſipoteſſe p lanotata ragione intẽdo p ordine
ragionare i queſta forma: Quella coſa che piu adorna et cõ
mẽda lhumane operationi: et che piu dirittamente a buon
fine lemena: ſie lhabbito diquelle diſpoſitioni che ſono ordi
nate alinteſo fine: ſi come e/ordinata alfine dellachauallaria
franchezza danimo et fortezza dicorpo: coſi colui che e/or
dinato alaltrui ſeruigio dee hauere quelle diſpoſitioni che ſo

nō aquel fine ordinate:fi come fubiectione:et conofcienza:
obedientia:fanza lequali e/ciafcuno difordinato a ben ferui
re.Perche fegli non e/ fubiecto in ciafcuna condirione:fem
pre con faticha et con grauezza prociede nel fuo feruigio:
et rade uolte quello continoua:et fe egli non e/ubediēte:nō
ferue mai fe nō a fuo fenno et a fuo uolere:che e/piu ferui
gio damicho che diferuo. Dūche a fuggire quefta difordina
tione:conuiene quefto comentō che e/facto inuece di feruo
alle infrafcritte canzoni:effere fubiecto a quelle in ciafcuna
fua ordinatione:et dee effere conofcēte delbifognio delfuo
fignore:et allui obediente. Lequali difpofitioni tutte limāca
no fe latino et non uolgare fuffe ftato:poi che lecāzoni fono
uolgari: che primamēte non era fubiecto:ma fouràno: et p̄
nobilita:et per uirtu:et per bellezza: Per nobilita:perche il
latino e/ perpetuo et non corruptibile. Onde uedemo nelle
fcritture antiche dellecomedie et tragedie latine che nō fipof
fono tranfmutare qllo medefimo che hoggi hauemo:che nō
auiene deluolgare:loquale apiacimento artificiato fitrafmu
ta.Onde uedemo nelle cipta ditalia fe ben uolemo guardare
a cinquāta anni molti uocaboli effere fpenti: et nati: et uaria
ti.Onde felpicchol tempo cofi trafmuta:molto piu tranfmu
ta lomaggiore. Sichio dico che fe coloro che partiron diquē
fta uita gia fono mille anni tornaffono alle loro ciptadi:cre
derebbono laloro ciptade effere occupata dagente ftrana per̄
lalingua daloro difcordante. Diquefto fiparlera altroue piu
pienamente in uno libro chio intendo difare.dio concedente
diuolgare eloquentia. Ancora non era fubiecto ma fourano Valgare eloquētia
per uirtu. Ciafcuna cofa e/ uirtuofa i fua natura:che fa qllo
a che ella e/ ordinata:et quanto meglio lo fa tanto e/ piu uir
tuofa.Onde dicemo huomo uirtuofo che uiue in uita cōtem
platiua o actiua alaquale e/ordinato naturalmēte dicemo del
cauallo uirtuofo:che corre forte et molto:allaqual cofa e/ or
dinato. Dicemo una fpada uirtuofa che ben taglia le dure co
fe ache effa e/ordinata. Cofi lofermone loquale e/ordinato a
manifeftare leconcepto humano e/uirtuofo: quando quello
fa:et piu uirtuofo e/quello che piu lofa. Onde conciofia co ā
che lolatino molte cofe manifefta concepute nellamente chel
uolgare fare non puo:ficome fanno quegli che hanno luno
et laltro fermone:piu e/ lauirtu fua che quella deluogare

Ancora non era subiecto mà souraño per bellezza. Quella
cosa dice lhuomo essere bella: cui leparti debitamente rispõ
dono: perche dalaloro harmonia risulta piacimento. Onde
pare lhuomo essere bello quando lesue membra debitamen
te rispondono: Et dicemo bello ilcanto: quando leuoci diqllo
secondo debito dellarte sono intra sé rispondenti. Adunchè
quello sermone e piu bello: nelquale piu debitamète sirispõ
dono in latino che in uolgare: però elbello uolgare seguita
uso: et lo latino arte. Onde concedesi esser piu bello: piu uir
tuoso: et piu nobile: pche sicõchiude loprincipale intédimeto
cioe che nó sarebbe stato sugiecto allè cãzóni: ma souranõ.

Ostrato come ilpresente cõmento non sarebbe sta
to sugietto allecanzoni uolgàri se fusse stato latino.
Resta mostrare comè nó sarebbe stato conoscente
ne obediente aquelle: Et poi sarà conchiuso come per cessa
re disconeuole disordinatiõi: fu mestiere uolgaremète par
lare. Dico chellatino non sarebbe stato séruo conosciente al
signore uolgare per cotale ragione. Laconoscéza delserùo
sirichiede maximamente addue persone perfectamente cõnó
scere. Luna sie/lanatura delsignore. Onde sono signori diss
asinina natura: che comandaño ilcontrario diquello che uo
gliono: et altri che sanza dire uogliono essere séruiti et inte
si: et altri che non uogliono chelseruosimuoua afare quello
che e/mestiere: se nolcomandaño. Et perche quèste uariatio
ni sono negli huomini: non intédo alpresente mostrare: che
troppo moltiplicherebbe ladigressióne: senon in tanto che di
có in genere: che cotali sono quasi bestie: al quali laragione
fa pocho prode. Onde selseruo non conoscie lanatura disuo
signore: manifesto è che perfectamente seruire nolpuo. Lal
tra cosa el che siconuiene conoscere alseruo liamici disuo si
gñore: che altrimenti non gli potrebbe honorare ne seruire:
ecosi nó seruirebbe psectamète suo signore: cõciosiacosache
liamici siano qsi parte dun tutto: po cheltutto loro e/unuuole
re et un nóuolere. Nelcométo latino harebbe hauuta lacono
sceñza diqueste cose che lha iluolgare medesimo. Che lo la
tino nó sia conoscente deluolgare et desuo amici: cosi sipruo
uà. Colui che conosce alcuna cosa i genere nó conosce qlla
perfectamente. Sì chome chi conosce dalungi uno animale
non conoscie quello perfectamente: perche non sa sese cane

o lupo o beccho. Lolatino conofcie louolgare in genere: ma non diftincto: che fe effo loconofceffe diftincto tutti uolgari conofcerebbe: perche non e'ragione che luno piu che laltro conofcieffe: et cofe inqualüche huomo fuffe tutto lhabito del latino farebbe lhabito diconofcenza diftincto daluolgare: ma q̃fto non e: che uno habitúato dilatino nõ diftigue feglie ditalia louolgare daltedefcho: ne iltedefcho louolgare italico dalo puézale . Onde e'manifefto che lolatino nõ e'conofcé te deluolgare. Ancora non e'conofcente defuoi amici: pero che ipoffibile e'conofcere gliamici non conofcédo ilprinci pale. Onde fe nõ conofcie lolatino louolgare come e'p̃oua to difopra: impoffibile e'allui conofcere lifuoi amici. Anco ra fanza cóuerfatione o familiarita e' impoffibile a conofce re gli huomini. Et lolatino nòn ha conuerfatione cõ tanti in alcuna lingua: con quãti ha louolgare diquella alquale tutti fono amici: et per cófeguente nõ puo conofcere l'amici del uolgare. Et nõ e'contradictione cioche dire fipotrebbe: che lolatino pur cóuerfa cõ alquãti amici deluolgare: che po nõ e'familiare dituttti: et cofi non e'conofcente deghamici perfe ctaméte: po che fi richiede pfecta conofcéza et nõ difectiua .

p   Rouato chelcométo latino nõ farebbe ftato feruo co nofcéte: diro cõe nõ farebbe ftato obediéte. Obedié te e'colui che ha labuona difpofitióe che fichiama ubediétia Lauera ubediétia cóuiene hauere tre cofe fanza leq̃li effere nõ puo, uuole effer dolce et nõ amara et comándata iteraméte et nõ fpótanea: et cõ mifura et nõ ifmifurata: Leq̃li tre cofe eira ipoffibile hauere lolatino cométo: Et po era ipoffibile a effere ubidiéte Che alolatino fuffe ftato ipoffibile cõt detto e'fimanifefa p tal ragióe. Ciafcuna cofa che dapuerfo ordi nepcede e'labóriofa et pcófeguéte e'amará et nõ dolce ficóe dormire ildi et ueghiare lanoctè: et andare idrieto et nõ inã zi. Comándare ilfugietto alfourano pcede daordine puerfo 'chelordine diritto e'ilfourano alfúgetto cománare: et cofi e' amaro et nõ dolce. Etpoche alámaro comándaméto e'ipoffibi le dolciméte ubidire: ipoffibile e'q̃do ilfúgetto cománda lubi diétia delfourano effer dolce: dúche fe lolatino e'fourano de uolgare cõe difopra p piu ragiói e'mõftrato: et leã zoni che fono i pfona dicomándatori fono uolgari: ipoffibile e'l'ua ra gióe effer dolce, ácora allora e'lubediétia iteraméte cománda

...ta et danulla parte fpontanea:quando quello che fa ubiden
do non harebbe facto fanza comandamento per fuo uolere
ne tutto ne parte.Et po fe ame fuffe comadato diportare due
guarnacche indoffo:et fanza comandamento io miportaffi
luna:dico che lamia obedientia non e interamente comada
ta ma in parte fpontanea. Et chotale farebbe ftata quella del
comento latino:et perconfeguente non farebbe ftata ubidie
tia comandata interamente. Che fuffe ftata cotale appare p
questo che lolatino fanza ilcomandamento diquefto fignore
harebbe efpofte molte parti dellafua fentetia: et expone chi
cerca bene lefcritture latinamete fcritte: che nolfa iluolga
re in parte alcuna. Ancora e lubidientia co mifura et no dif
mifurata:quando altermine delcomandamento ua et no piu
oltre:fi come lanatura particulare e lubidiente aluniuerfale:
quando fa trentadue denti allhuomo et non piu ne meno:et
quando fa cique dita nellamano et no piu ne meno. Et lhuo
mo ubidiente allagiuftitia comanda alpeccatore. Ne quefto
harebbe facto illatino:ma peccato harebbe no pur neldifec
to:et non pur nelfoperchio:ma in ciafcuno: et cofi no fareb
be lafua ubidientia ftata mifurata:ma difmifurata:et per co
feguente non farebbe ftata obediente. Che no fuffe ftato lo
latino adempitore delcomandamento delfuo fignore: et che
non fuffe ftato fouerchiatore leggiermente fipuo moftrare
Quefto fignore cioe/quefte canzoni alequali quefto come
to e per feruo ordinato comandano et uogliono effere efpo
fte a tutti choloro aliquali puo uenire fi loloro itellecto che
quado parlano elle fieno intefe. Et neffuno dubita che felle
comandaffono auoce che quefto no fuffe loloro comadame
to:et lolatino no lharebbe fpofte feno aliterati:che ghaltri
non lharebbono itefe. Onde conciofiacofa che molto fiano
piu qlli che defiderano itendere qlle no litterati che litterati
feguitafi che non harebbono pieno lofuo comadamento co
me iluolgare dalitterati et dano litterati e intefo. Anche lola
tino lharebbe fpofte agiete daltra ligua:fi come atodefchi et
inglefi:et altri:et q harebbe paffato loloro comadameto:che
cotro aloro uolere largo parlado dico farebbe effer fpofta la
loro fetetia chola douelle no lapoteffono co laloro bellezza
portare. Et po fappia ciafcuo che nulla cofa p legame mufai
co armonizata fipuo dalla fua logla i altra trafmutare faza

rompere tutta sua dolceza et armonia. Et questa e/lacagione
perche Homero non simuto di grecho in latino come laltre
scritture che hauemo daloro. Et q̃sta e/lacagione pche iuersi
delsaltero sono sanza dolceza dimusicha et darmonia: che
essi furrio trasmutati debreo in grecho: et digrecho in latino
Et nella prima trasmutatione tutta q̃lla dolceza uene meno;
Et chosi e/cochiuso cioche sipromise nel principio delcapito
lo dinanzi a questo immediate.

8

q Vado e/mostrato p lesufficienti ragioni come p cessa
re disconueuoli disordinameti couerrebbe alle no
minate canzoni aprire et mostrare comento uolgare
et nõ latino: mostrare intendo come ancora pronta liberalita
misece questo eleggere et laltro lasciare. Puotesi adunche la
pronta liberalita in tre cose notare: lequali seguitano questo
uolgare: et illatino nõ harebbono seguitato. La p̃ma e/dare
a molti. Lasecoda e/dare utili cose. Laterza e/sãza essere do
mandato. Ildonõ dare q̃llo che dare a uno et giouare a uno
e/bene: Ma dare et giouare a molti e/pronto bene: inquanto
prende simiglianza dabenefici di diõ che e/uniu ersalissimo
benefactore. Ancora dare a molti e/impossibile sanza dare a
uno accio che uno in molti sia ichiuso: Ma dare a uno sipuo
bene sanza dare a molti: Pero chi gioua amolti fa lun bene
et laltro Chi gioua auno fa pur lun bene. Onde uedemo lim
ponitori delle leggi maximamente pur allipiu comuni beni
tenere fissi gliocchi quelli coponendo. Ancora dare cose nõ
utili alprenditore pure e/bene: inquanto colui che da mostra
almeno se essere amicho: ma nõ e/perfecto bene: et cosi nõ e/
pronto come quãdo un caualiere donasse a un medicho uno
schudo: etquando ilmedicho donasse a un caualiere in scritti
gliahforismi dypocrate: o uero lintegni di Galieno: pche gli
sauii dicono che lafaccia deldono dee essere simigliãte aq̃lla
diriceuere: cioe/ adire che siconuenga cõ lui: et che sia utile:
et in quello e/detta prompta liberalita dicolui che cosi discer
ne donando: Ma po che glimorali ragionameti sogliono da
re desiderio diuedere lorigine loro: brieuemente i questo ca
pitolo intedo mostrare quattro ragioni pche di necessita ildõ
no acioche in quello sia pronta liberalita conuiene essere uti
le achi riceue: Primamete poche lauirtu de essere lieta et nõ
trista in alcuna sua operatione. Onde seldono nõ e/ lieto nel

dare et nel riceuere:hon e in esso perfecta uirtu:non e pron
ta questa letitia non puo dare altro che utilita che rimane nel
datore per lodare:et che uiene nelriceuitore p'riceuere. Nel
datore adunche dee essere la puidentia in far si che della sua
parte rimanga lutilita dellhonesta che e sopra ogni utilita.
Et far si che alriceuitore uada lutilita delluso della cosa doná
ta. Et cosi sara luno et laltro lieto: et p conseguente sara piu
pronta liberalita. Secondamente poche lauirtn dee mouere
lecose sempre almigliore:che cosi come sarebbe biasimeuole
operatione fare una zappa duna bella spada:o fare un bello
nappo duna bella chitarra:cosi e biasimeuole muouere laco
sa duno luogho doue sia utile:et portarla i parte doue sia me
no utile. Et po che biasmeuole e inuano adoperare:biasime
uole e no solamente a porre lacosa i parte oue sia meno uti
le:ma etiamdio in parte oue sia ugualmente utile. Onde acio
che sia laudabile ilmutare dellecose conuiene sempre essere
migliore:pcio che dee essere maximamete laudabile. Et que
sta et questo no puo fare neldono:seldono per trasmutatore
non uiene piu charo. Ne piu charo puo uenire se esso no e
piu utile ad usare alricenitore che aldatore. Perche sicóchiu
de cheldono conuiene essere utile à chi riceue:accioche sia i
esso pronta liberalita. Tertiamente po che loperatione della
uirtu pse dee essere acgstatrice damico cóciosia cosa che lano
stra uita diquello abisogni:elfine dellauirtu sia lanostra uita
esser contéta. Onde accio chel dono faccia loriceuetore ami
cho:conuiene allui essere utile: pero che lutilita sigilla lamo
moria dellimmagine deldono: ilquale e nutrimento dellami
sta: et tanto piu forte quanto essa e migliore. Onde suole
dire Martino non cadra dellamia mente lo dono che misece
Giouáni. Perche accioche neldono sia lasua uirtu laquale e
liberalita. et che essa sia pronta:conuiene essere utile achi ri
ceue. Vltimamente peroche lauirtu dee hauere acto libero et
no sforzato. Acto libero e quando una persona uuolétieri
in alchuna parte che simostra neltenere uolto louiso in quel
lo acto: Sforzato e quando contro a uoglia siua: che simo
stra in non guardare nellaparte oue siua. Et allora siguarda
lodono a quella parte quando sidiriza albisogno delriceuere
Et po che dirizarsi adesso non sipuo senon sia utile:conuiene
accioche sia con acto libero lauirtu essere libera lodono alla

parte oüelli ua colriceuitore: et consequente conuiene essere
lodono lutilita delriceuitore: acioche quiui sia pronta libera
lita. Laterza cosa nellaquale sipuo notare lapronta liberalita
sie/dare non donandato: accio cheldomandato e/ da una par
te non uirtu ma mercatantia. po che quello riceuitore copra
tutto cheldatore non uenda: pche dice Seneca che nulla cosa
piu chara si compra che qlla doue eprieghi sispendono. On
de accioche rieldono sia pronta liberalita: et che essa si possa
in esso notare: allora siconuiene esser necto dogni acto dimer
catantia. Conuiene essere lodono no domandato: Perche si
charo cholta qllo che sipregha: no intedo q ragionare: pche
sufficietemete siragionera nellultimo tractato di qsto libro.

d   Atutte letre sopra notate coditioni che conuengono
concorrere accioche sia nel beneficio lapronta libera
lita: era locomento latino et louolgare: et co quelle si
come sipuo manifestamente cosi coitare: non harebbe lola
tino cosi seruito amolti: che se noi riducemo amemoria qllo
che disopra e/ragionato: lilitterati fuori diligua italica no ha
rebbono potuto hauere qsto seruigio: et qlli di qsta lingua se
noi uolemo bene uedere chi sono: troueremo che demille lu
no ragioneuolmete no sarebbe stato seruito: peroche no lha
rebbono riceuuto tanto sono prohti ad auaritia: che da ogni
nobilita danimo lirmuoue: laquale maximamente desidera
qsto cibo. Et a uirtue pero diloro dico: che non si deono chia
mare litterati: pche no acqstano laletera p losuo uso: ma i
qsto p quella guadagnano danari o degnita: si come no side o
chiamare citharista chi tiene lacithara in casa per prestarla p
pzzo: et no p usarla p sonare. Tornado aduche alpricipale
pposito dico che manifestamete sipuo uedere come lolatino
harebbe a pochi dato losuo beneficio. maluolgare seruira ue
ramete amolti. Che labonta dellanimo laquale qsto seruigio
accede e/ i coloro che p maluagia disusaza delmodo hano la
sciata laletteratura acoloro che lhano facta didonia meretrice
Et questi nobili sono pricipi baroni et chaualieri et molta al
tra nobile gente: no solamente maschi ma femine: che sono
molti et molte in questa lingua uolgari et non litterati. An
cora non sarebbe stato datore lo latino dutile dono che sara
louolgare: peroche nulla cosa e/utile: senon inquanto e/usa
ta nellasua bonta ipotentia: che non e/ essere perfectamente

fi come loro lemargarite et gli altri tefori che foſſo fotterra
ti:poche quelli che fono à mano dellauaro' fono in piu baſſo
loco che non e laterra laoue iltesoro e naſcoſo. Ildono ueră
mente diqueſto comento e laſeintentia dellecanzoni alequali
facto e. Loquale maximamēte intēde inducere glihuomini
à ſcientia et à uirtu:coſi come ſinēdra per lopelago delloro
tractato. Queſta ſententia nō poſſono hauere in uſo quegli
nelliquali uera nobilita e ſeminata p lomodo che ſi diſra nel
quarto tractato:et queſti fono quaſi tutti uolgari ſi come ſol
no quegli nobili che diſopra i queſto capitolo fono nomina
ti:Et non ha contradictione:pche alcuno litterato ſia diǵlli:
che ſi come dice ilmio maeſtro Ariſtotele nel pꝰo dellericha
una rondine non fa primauera. E adunche manifeſto che lo
uolgare dara coſa utile:et lolatino non lharebbe data. Anco
ră dara iluolgare dono non domādato che non lharebbbe da
to illatino: poche dara ſe medeſimo p cōmento che mai non
fu domandato dapſona: et queſto non ſipuo dire dellolatino
che p comento et p chioſe amolte ſcritture e gia ſtato domā
dato: ſi come in loro principii ſipuo uedere apertamente in
molti. Et coſi e manifeſto che prōta liberalita miuioſſe al
uolgare anzi che allatino.
g   Rande uuole eſſer laſcuſa quando a coſi nobile con
uiuto per leſue uiuāde acoſi honoreuole p liſuoi cōui
tatī ſipone pane dibiado et non diformēto. Et uuole
eſſere euidente ragione: che partire faccia lhuomo daquello
che p glialtri e ſtato ſeruato lungamente: ſi come dicōmēta
re cō latino. Et po uuole eſſere manifeſta laragiōe che delle
nuoue coſe lofine non e certo: accio che laſperientia non e
mai hauuta. Onde lecoſe uſate et ſeruate fono nel proceſſo
et nelfine cōmiſurate: Pero ſimoſſe laragione acomāndare
che lhuomo haueſſe diligente riſguardo ad entrare nelnuo
uo chāmino: dicēdo che nelloſtatuire lenuoue coſe euidēte
ragione dee eſſere quella che partire hefaccia daꝗllo che lūi
gamente e uſato. Non ſimarauigli dunche alcuno: ſe lūghā
e ladigreſſione dellamia ſcuſa: ma ſi come neceſſaria laſua
lūgheza patiente ſoſtenga: Laquale pſeguēdo dico: che poi
che e manifeſto come per ceſſare diſcōueneuoli diſordina
tiōni: et come per prōtezza diliberalita io mimoſſi a uolgă
re cōmēto: et laſciai lolatino. Lordine dellătera ſcuſa uuole

chio mostri come accio mimossi per lo naturale amore della p
pria loquela: che el laterza et ultima ragione che accio mimos
se. Dico che lnaturale amore principalmente muoue lamato
re a tre cose. Luna sie amagnificare lamato: laltra e aessere
gieloso diqllo: laltra e ladifendere lui: si come ciascuno puo
uedere cotinuamete auenire. Et queste tre cose mifecero pre
dere lui: cioe lonostro uolgare: loquale naturalmente et acci
dentalemente amo et ho amato. Mossimi prima p magnifica
re lui. Et che in cio io lomagnifichi p questa ragione uedere
sipuo. Auengnia che p molte coditioni digradeze lecose si
possono magnificare: cioe far grandi. Et nulla fa tanto gran
de quato lagradezza della ppria bonta: laquale e madre et co
seruatrice dellaltre gradezze. Onde nulla grandezza puo
lhuomo hauere maggiore: che quella della uirtuosa opatioe
che e sua ppria bonta. Per laquale legradezze delleuere di
gnitadi et delliueri honori: dell euere potentie: delle uere ric
chezze: delliueri amici: della uera et chiara fama et acquista
te et conseruate sono: Et questa grandezza do io a qsto ami
cho in quato quello elli dibontade haueua i potere et occulto
io lo fo hauere in acto et palese nelasua propia opatioe che
e manifestare conceputa sententia. Mossimi secondamete p
gielosia dilui. La gielosia dellamicho fa lhuomo sollicito alu
ga prouidentia. Onde pensado cheldesiderio dintendere q
ste canzoni alcuno inlitterato harebbe facto ilcometo latino
transmiutare in uolgare: Et temedo cheluolgare no fusse sta
to posto per alcuno che lhauesse laido facto parere: chome se
ce colui che trasmuto lolatino delleticha: cio fu Taddeo ypo
cratista: Prouidi diponer lui: fidandomi dime piu che dunal
tro. Mossimi ancora p difendere lui damolti suoi accusatori
liquali dispregiano esso et comendano glialtri: maximamen
te quelli dilingua docho: dicedo che epiu bello et migliore
quello che questo. Partendosi in cio dallauerita: che p qsto
cometo lagran bonta deluolgare disi: poche siuedra la sua
uirtu: si come p esso altissimi et nouissimi cocepti coueneuo
lemente sufficientemente et acconciamente: quasi come per
esso latino manifestare nellecose rimate p leaccidetali ador
nezze che quiui sono conesse: cioe latinia et lorimato: et lo
numero regolato. Si come no sipuo bene manifestare label
lezza duna dona: quado liadornamenta dellazimare et delle

b i

uestimenta lasauno piu anumerare, che essa med.sima. On
de chi puole bene giudicare duna donna: guardi quella, qua
do solo sua naturale bellezza sista co lei daturio accidetale
adornameto discompagnata: si come sara qsto cometo: nel
quale siuedra lagieuolezza dellesue syllabe: le ppieta delle
sue conditioni: et lesoaui orationi che dilui sifanno: lequali
chi bene guardera uedra essere piene di dolcessima, et dama
bilissima bellezza. Ma po che uertuosissimo e nellantentio
ue: mostra lodifecto et lamalitia dello accusatore: diro a cofu
sione dicholoro, che accusano laitalica loquela: pche acio fa
re simuouono. Et dico faro alpresente spetiale capitolo: per
che piu noteuole sia laloro infamia.

a   Perpetuale infamia et depressione deglimaluagi huo
       mini ditalia che comendano louolgare altrui: et lolo
       ro propio dispregiano. Dico che laloro mossa uiene
dicinque abomineuole cagioni. Laprima e ciechita didiscre
tione. Laseconda malitiata scusatione. Laterza cupidita di
uanagloria. Laquarta argumento dinuidia. Laquita et luti
ma uilta danimo cioe pusillanimita. Et ciascuna diqueste rei
tadi ha si gran secta: che pochi son quelli che sieno daessi li
beri. Dellaprima si puo cosi ragionare. Si come laparte sen
sitiua dellanima ha suoi occhi coliquali apprende ladifferen
tia delle cose inquato elle sono difuori colorate: cosi laparte
rationale ha suo occhio: colquale apprende ladifferetia delle
cose in quanto sono ad alcuno fine ordinate: et questa e ladi
scretione. Et si come colui che e ciecho degli occhi sensibili
ua sempre secondo che gli altri giudicado ilmale elbene: co
si colui che e ciecho dellume della discretione: sempre ua nel
suo giudicio secondo ilgrido o diritto o falso. Onde qualun
che ora loguidatore e ciecho: conuiene che esso et quello al
che ciecho challui sappoggia uegano amal fine. Pero e scri
pto: chelciecho alciecho fara guida: et cosi cadranno amen
due nellafossa. Questa guida e stata lungamente cotro ano
stro uolgare per leragioni che disotto si ragioneranno. Ap
presso diqsta licie chi sopra notati che sono quasi infiniti co
lamano insu laspalla aquesti mentitori sono caduti nelafossa
della falsa opinione: dellaquale uscire no sanno. Dellhabito
diquesta luce discretiua maximamete lepopolari persone so

        i d

no orbate, poche occupate dalpricipio dellaloro uita ad alcu
no mestiere dirizano si lato loro aclla psoa dellanecessita che
ad altro non intendono. Et pero cho lhabito diuirtu si mora
le come intellectuale subitamente hauere no sipuo: ma couie
ne che per usaza sacquisti: et ellino laloro usanza pongono
in alcuna arte: et adiscernere laltre cose non curano impossi
bile e alloro discretione hauere. Perche incontra che molte
uolte gridano tiua lalor morte: et muoia lalor uita: pur che
alcuno cominci. Et questo e pericolosissimo difecto nelaloro
ciechita. Onde Boetio giudica lapopolare gloria uana pche
laude sanza discretioe: Questi sono dachiamare pecore et
non huomini. Che se una pecora sigittasse dauna ripa dimil
le passi: tutte laltre landerebbono drieto. Et se una pecora p
alcuna cagioe alpassare duna strada salta: tutte laltre saltano
etiadio nulla ueggiedo dasaltare. Et io neuidi gia mole i un
pozzo saltare p una che dentro uisalto: forse crededo saltare
un muro: no obstate chelpastore piagnedo et gridando coti
lebraccia et colpecto dinanzi sipataua. Laseconda secta con
tro anostro uolgare sifa per una malitiata schusa. Molti sono
che amano piu dessere tenuti maestri che dessere: et per fug
gire locontrario cioe dinon essere tenuti: sempre danno col
pa allamateria de larte apparecchiata o uero allostrumento:
Si come ilmal fabro biasima ilferro appresetato allui: Et lo
mal cetharista biasima lacetera: crededo dare lacolpa delmal
coltello et delmal sonare alferro et allacethera: et leuarla a
se: Cosi sono alquanti et non pochi che uogliono che lhuo
mo gli tenga dicitori: et per scusarsi delnon dire: o dal dire
male acchusano et scholpano lamateria: cioe lluolgare pro
pio: et commendano laltro: loquale non e loro richiesto disa
brichare. Etchi uuole uedere come questo ferro e dabiasima
re: guardi che opere nefanno gli buoni et perfecti artefici:
et conoscera lamalitiata schusa dichostoro: che biasimando
lui sicredono schusare. Chontro questi chotali grida, Marco
Tullio nel principio duno suo libro che sichiama libro di
fine dibeni: Peroche alsuo tempo biasimauano lolatino Ro
mano: Et commendauano la grammatica grecha. Et cosi di
co per somiglianti chagioni che questi sanno uile loparlare
italicho et pretioso quello diprouenza. Laterza secta choin
tro a nostro uolgare sifa per chupidata diuanagloria. Sono

b ii

molti che p ritrarre cose poste in altrui linguà et cõmendare
quella credono piu essere amirati: chè retrahendo quella del
lasua? Et sanza dubio nõ e sanza loda dingegno a prēn
dere bene lalingua strana, Ma biasimeuole escõmédare ql la
oltre lauerita: per farsi gloriofo ditale acquisto, La quala si
fa dauno argumento dinuidia: si come e detto disopra: la iui
dia e sempre doue ealcuha paritade itra gli huomini duna
lingua. Et laparitade deluolgare e/pche luno qlla hon fa usa
re come laltro nasce inuidia: Linuidiofo poi argomenta nõ
biasimando cholui che dice dinon sapere dire: ma biasima ql
lo che e materia dellasua òpera: p torre disprègiando lopa di
quella parte allui che dice honore et santa: Si come colui che
biasimasse ilferro duna spada: et nõ p biasimo dare alferro:
ma atutta lopa delmaestro: Laquita et lultima secta simuoue
dauilta daio, Sepre ilmagnanimo simagnifica in suochuore
et cosi lopusillaimo p cõtrario sepre sitiene meno che nõ e
Et pche magnificare et paruificare sempre hãno rispecto ad
alcuna cosa per cõparatiõe allaquale sifa lomagnanimo già
de/elpusillanimo picholo. Aduiene chelmagnanimo sepre
fa minori glialtri che non sono: elpusillanimo sempre mag
giori. Peroche con quella misura che lhuomo misura seme
desimo: misura lesue chose: che sono quasi parte disemedessi
mo. Aduiene che almagnanimo lesue cose sepre paiono mi
gliore che nõ sono et laltrui men buõne, Lopusillanimo se
pre lesue cose crede ualere pocho: et laltrui assai. Onde mol
ti p qsta uilta dispregiano lopropio uolgare: et laltrui pregia
no. Et tutti questi cotali sono gliabomeneuoli captiui ditalia
che hãno auile questo pretiofo uolgare: loquale se uile e in
alcuna: non e senon in quãto ella suona nella boccha mere
trice diquesti adulteri: alcui conducto uanno gliocchi: degli
quali nellaprima cagione feci mentione.
E manifestamente p le finestre duna chasa uscisse fia
ma disuocho: et alchuno domandasse se la détro fusse
ilfuocho: et ualtro rispondesse allui di si: non saprei
bèn giudicare: qual dicostoro fusse daschernire piu, Et nõ al
trimēti sarebbe facta ladomãda et larisposta dicolui et dime
che midomãdasse: se amore allamia loqla ppia e/i me: et io li
rispõdessi di si ; appsso lesue proposte ragioni: Ma tutta uia
e/amostrare che non solamente amore: ma pfectissimo amo.

re diquella e in me; et ad biasimare ancora lisuoi aduersarii
cio mostrando achi bene intendera: diro come allui fu facto
amico: et poi come lamista e confermata. Dico che si come
uedere sipuo: che Seruio Tullio in quello damicitia non di
scordando dalla sententia del Philosopho aperto nelloctauo
et nelnono dellethica: naturalmente laproximita et labota so
no chagioni damore generatiue. Lobenefitio: lostudio: et la
consuetudine sono chagioni damore accrescitiue. Et tutte q
ste cagioni uisono state agenerare et acoffortare lamore chio
porto almio uolgare: si come brieuemente io mostro. Tanto
e lacosa piu proxima: quanto dituite lecose delsuo genere al
trui e piu unita. Onde ditutti glihuomini losigliuolo e piu p
ximo alpadre: Ditutte larti lamedicina e piu proxima alme
dico: et lamusica almusico: poche alloro sono piu unite che
laltre. Ditutta laterra e piu proxima quella doue lhuomo tie
ne semedesimo: pero che e ad esso piu unita. Et cosi loppio
uolgare e piu proximo iquanto e piu unito: che uno et solo e
prima nellamente che alcuno altro: Et che non solamete per
se e unito: ma per accidente: in quanto et cogiunto colle piu
proxime persone: si come coparenti et propii ciptadini et co
lapropia gen e. Et questo e loquolgare propio loquale e non
proximo: ma maximamente proximo aciaschuno: perche se
laproximitade ha seme damista chome detto e disopra: Ma
nifesto e chella e dellecagioi stata dellamore chio porto alla
mia loquella: che e a me pxima piu che laltre. Lasopradetta
chagione cioe dessere piu unito quello che solo prima i tutta
lamente mosse laconsuetudine dellagente: che sano liprimo
geniti succedere solamente si come propinqui: et perche piu
propinqui piu amati. Ancora labontade fece me allei amico:
Et qui e dasapere che ogni bontade propia in alchuna cosa
e amabile in quella. Si chome nella maschezza essere ben
barbuto: et nella feminezza esser ben pulita dibarba i tutta
lafaccia. Si come nelbraccio bene odorare: et come neluetro
ben correre. Et qto ella e piu propia tanto ancora e piu ama
bile. Onde adueega che ciaschuna uirtu sia amabile nellhuo
mo: quella e piu amabile in esso che e piu humana. Et qsta e
la giustitia: laquale solamente nellaparte rationale o uero in

b iii

telletuale: cioe/nellauolunta. Et questa e tanto amabile; che
sicome dice il Philosopho nelquinto dellethica: lisuoi nimici
lamano: si come sono ladroni et rubatori. Etpo uedemo chel
suo contrario cioe/la ingiustitia maximamete e/odiata si cho
me el tradimento: ingratitudine: falsita: furto: rapina: ingan
no et loro simili: liquali sono tanto ihumani peccati: che ad
iscusare se della infamia diquelli siconcede dalunga usanza
che huomo parla di se: si chome detto; e/disopra: et possa di
rese essere fedele et leale. Diqsta uirtu inanzi diro piu pie
namente nel quartodecimo tractato. Et qui lasciado torno al
proposito. Prouato el adunche labonta dellacosa piu propia
e/dauedere quella che in essa e piu amata et commendata. Et
quella e essa. Et noi uediamo che in ciaschuna cosa di sermo
ne lobene manifestare delconcepto e piu amato et comenda
to. Dunche e questa laprima sua bontade. Et conciosia cosa
che que'ta sia nelnostro uolgare: si chome manifesto e/diso
pra in altro capitolo. Manifesto e/che ello e/stato dellacagio
ne dellamore chio porto ad esso: poi che si come detto e/labo
ta e/cagione damore generatiua.

d   Etto come nella propia loquela sono quelle due co
se per lequali io sono facto allei amico: cioe/proxi
mita a me: et bonta propia. Diro come per benefi
tio et concordia distudio: et p beniuoletia dilugha cosuetudi
ne lamista e/cofirmata et facta grande. Dico pma chio p me
prima ho dalei riceuuto dono digrandissimi beneficii. Et po
el dasapere: che intra tutti ibenefitii e/maggiore quello che
piu e/pretioso a chi piu riceue: Et nulla chosa e/tanto pre
tiosa: quanto qlla per laquale tutte laltre siuogliono. Et tutte
laltre cose siuogliono p lapffectione dicolui che uuole. On
de cociosia cosa che due perfectioni habbia lhuomo: una pri
ma: et una seconda. Laprima losa essere: laseconda cosa esse
re buono. Se la propia loquela mestata chagione delluna et
dellaltra gradissimo benefitio dalei ho riceuuto; Et chella sia
stata ame desser: se per me non stesse: brieuemete sipuo mo
strare. Non e/secodo auna cosa essere piu cagioni efficienti
aduenga che una sia maxima dellaltre. Onde ilfuoco elmar

tello fono cagioni efficienti delcoltello: adu ega che maxima
mete e ilfabro. Questo mio uolgare fu congiugnitore delli
miei generati: che con esso parlauano. Si come ilfuoco e di
spositore delferro al fabro che fa ilcoltello: pche manifesto e
lui essere concorso allamia generatione. Et cosi essere alchu
na cagione delmio essere. Ancora qsto mio uolgare fu intro
ductore dime nellauia discientia: che e ultima pfectione: in
qto con esso io entrai nellatino: et con esso mifu mostrato: lo
quale latino poi mifu uia a piu inazi andare. Et cosi e pale
se: et p me conosciuto: esso essere stato ad me gradissimo be
nefactore: anche e stato meco duno medesimo studio: et cosi
posso cio mostrare. Ciascuna cosa studia naturalmente alla
sua conseruatione. Onde seuolgare per se studiare potesse:
studierebbe ad quella: et quella sarebbe acconciare se ad piu
stabilita: et piu stabilita no potrebbe hauere che legar se con
numero et co rime. Et questo medesimo studio e stato mio:
si come tanto e palese che no domanda testimonianza: pche
uno meddesimo studio e stato losuo elmio: pche diquesta co
cordia lamista e conformota et accresciuta. Anche ce stata la
beniuolentia dellaconsuetudine: che dalpricipio dellamia ui
ta ho hauuta con esso beniuolentia et conuersatione: et usato
quello deliberedo: interpretasido: et quistionedo: pche se la
mista saccresce per laconsuetudine: sicome sensibilmete ap
pare manifesto e che essa i me maximamete e cresciuta: che
sono co esso uolgare tutto mio tepo usato. Et cosi siuede esse
re a questa amista concorse tutte lecagioni generatiue et ac
crescitiue dellamista. pche sicochiude che non solamete amo
re ma pfectissimo amore sia qllo chio allui debbo hauere et
ho. Cosi riuolgedo gliocchi adietro: et raccogliendo leragio
ni pnotate puotesi uedere qsto pane colquale (sideono magia
re leinfrascripte cazoni essere sufficietemete purgato dalle
macole: et dallessere dibiado. Perche tepo e dintedere ad mi
nistrare leuiuade. Questo sara quel pane orzato delquale si
satolerano migliaia: et a me ne soperchirano lesporte piene.
Questa sara luce nuoua: sole nuouo: loquale surgera la do
ue lusato tramontera: et dara luce acoloro che sono i tenebre
et in obscurita p lusato sole che alloro non luce

                                    b iiii

Oi che intendēdo ilterzo ciel mouere
u udite iltagionar che nel mio core
chio nol so dir altrui sīmmi par nouo
Elciel che segue louostro ualore:
gentili creature che uoi sete
mitragge nellostato ouio mitrouo.
Ondelparlar dellauita chio prouo:
par che sidirizi degnamente auoi
pero uipriego che lomintendiate:
Io uidiro delcor lanouitate
come lanima trista piange in lui:
et come un spirto contra lei fauella:
che uien peiraggi dellauostra stella.
Vol essere uita dellocor dolente:
un soaue pensier che sene gia:
molte fiate apie delnostro sire:
Ouiuna donna gloriat uediu:
dicui parlaua me si dolcemente:
che lanima dicea io men uo gire:
Orappanisce chi lo fa fuggire:
et signoreggia me dital uirtute:
chel cor nettenia che difuori appare:
Questi miface una donna guardare:
et dice chi ueder uuol lasalute:
faccia che gliochi desta donna miri:
sedenon teme angoscia disospiri.

Roua contrato tal che lodistrugge:
lhumil pensiero che parlar misuole
dunangela chencielo e coronata:
Lanima piangue sianchor lendole:
& dice olassa ame come si fugge:
questo piatoso che mha consolata:
Deglioucchi miei dice questa affannata:
qualhora fu che tal donna liuide
Et perche non credeano adme dilei:
Io dicea ben neglioucchi dicostei
dee star colui che glimie pari uccide:
& non miualse chio nefusse accorta:
che non mirasster tal chio neson morta.

V non se morta ma se ismarrita:
anima nostra che si tilamenti:
dice uno spiritel damor gentile:
Che questa bella donna che tu senti:
ha transformata in tanto latua uita
che nhai paura sise facta uile:
Mira quantelle piatosa & humile
saggia & cortese nellasua grandezza:
& pensa dichiamarla donna omai:
Che se tu non tinganni tu uedrai:
di si alti miracoli adornezza:
che tu dirai amor signor ueraçe:
eccho lancella tua fa che tipiaçe.

che

Anzoñe io credo che faranno radi
color che tua ragione intendan bene
ranto loro parli faticosa et forte.
Onde se per uentura elli adiuiene
che tu dinanzi da persone uadi
che non tipaian dessa bene accorte
Allor tipriego che tiriconforte
dicendo lor dilecta mia houella
ponete mente almen comio son bella

c

ranto loro parli faticosa et forte.

Oiche proemialmente ragionando me ministro el
mio pane lo precedente tractato et con sufficientia
preparato: lo tempo chiama et domada lamia naue
uscir diporto: perche dirizzato lartimone della ragione allo
ria delmio desiderio: entro in pelago con isperanza di dolce
camino: et disalutesole porto et laudabile nellafine dellamia
cena. Ma pero che piu profictabile sia questo mio cibo: pri
ma che uenga laprima uiuanda: uoglio mostrare come man
giare si dee. Dico che si come nelprimo capitolo esallegato:
questa expositione conuiene essere litterale et allegorica. Et
accio dare adintendere: siuuol sapere che lescripture siposso
no intendere: et debonsi exponere maximamete per quattro
sensi. Luno sichiama litterale: Et questo e quello che sinasco
de sottolmato diqueste sauole: et e una uerita ascosa sotto bel
la menzogna. Si come quando dice Ouidio che Orpheo fa
ceua con lacethera mansuete lefiere: liarbori: et lepiante ad
se mouere. Che uuol dire chel sauio huomo con lostrumen
to dellasua uoce faccia mansuescere et humiliare glicrudeli
chuori: et faccia muouere allasua uoluntade coloro che hano
uita discientia et darte. Et coloro che non hanno uita discien
tia ragioneuole: alcuni son quasi chome pietre. Et pche questo
nascondimento fusse trouato per glisauii nelpenultimo trac
tato simostrera ueramente; Veramente litheologi questo sen
so prendono altrimenti che lipoeti; Ma poche mia intentione

e/quello modo dipoeti feguitare: prendo lofenfo allegoricho
fecódo che p lipoeti e ufato. Loterzo fen o fichiama morale
Et questo e qllo che lilectori deono interafméte andare, appo
ftando p lefcripture ad utilita diloro et diloro difcreti. Si co
me apoftare fipúo nelleuágelio: quádo Chrifto falio ilmon
te p tranffigurarfi: che degli dodici apoftoli meno feco litre
In che moralmente fipuo intendere: che alle fecretiffime co
fe noi douemo hauere pocha compagnia. Loquarto fenfo fi
chiama anagorico: cioe/fopra fenfo. Et qfto e quando fpiri
tualméte fiexpone una fcriptura: laquale etiádio nello fenfo
litterale perlecofe fignificate fignifica dellefupne cofe della
eternal gloria. Si come uedere fipuo in quel cáto del ppheta
che dice. Che nelluscita delpopolo difrael degypto: i giudea
e facta fcá et libera. Che auégna effer uero fecódo lalittera
fia manifefto: nó meno e uerò qllo che fpiritualméte fintéde
cioe/ che nellluscita dellaia dalpeccato effa fia facta fácta et
libera i fua podeftade. Et i dimoftrare qfto fempre lalittera
fe dee andare inázi. Si come qllo nellacui fentétia lialtri fo
no inchiufi: et fanza laquale farebbe ipoffibile et inrationa
le intehdere aglialtri: et maximaméte allo allegórico e ipoffi
bile: poche in ciafcuna cofa che ha dentro et difuori e ipoffi
bile uenire aldentro: fe prima nó fiuiene aldifuori; Onde có
cofiacofa che nellefcripture fia fempre lodifuori: ipoffibile
e uenire allaltre maximaméte allallegorica fenza prima uè
nire allitterale. Ancora e ipoffibile: poche in ciafchuna cofa
naturale et artificiale e impoffibile pcedere allaforma fanza
pma effer difpofto ilfugiecto fopra che laforma dee ftare. Si
come ipoffibile e laforma diloro uenire: fe lamateria cioe/lo
fuo fugiecto nó e digefta et apparecchiata. Et laforma dellar
ca uenire: fe lamateria cioe loligno nòn e prima difpofta et
apparecchiata. Onde cóciofia cofa che lalitterale fentétia fé
pre fia fugiecto et materia dellaltre maximaméte dellallego
fica: ipoffibile e prima uenire allaconofcézà dellaltre cheal
fua; Ancora e ipoffibile: poche i ciafcuna cófa naturale et
artificiale e ipoffibile pcedere: fe prima nó e facto lofódamé
to: Si cóe nellacafa et fi cóe nelloftudiare. Onde conciofia
cofa/cheldimoftrare fia edificatione difcientia: et lalitterale

dimostratione sia fundaméto delaltre:maximaménte dellalle
goria:ipossibile eallaltre uenire prima ché a quella.Ancho
ra posto che possibile fusse:sarebbe irrationale cioe:fuori
dordine.Et pero con molta faticha et con molto errore si pée
derebbe.Onde si chome dice il Philosopho nelprimo della
physica.Lanatura uuole ché ordinataménte siproceda nella
nostra conoscenza:cioe procedendo daqllo che conoscemo
méglio:in quello che conoscemo non così bene.Dico chela
natura uuole i quáro questa uia diconoscere e:in noi natural
ménte innata.Et pero se glialtri sensi dalitterali sono meno
intesi che sono:si come manifestaménte appare:inrationabi
le sarrebbe procedere ad essi dimostrare:se prima lolitterale
nó fusse dimostrato.Io adúche p qste ragioni tutta uiasopra
ciascuna cázone ragionero prima lalitteral sététia:et appres
so diquella ragionero lasua alleghoria:cioe/lanascosa uerità
Et tal uolta degliatri ensi toccherò incidentéménte chome
alluog o et tempo siconuerra.

Vita nuona

ragionato

Ominciando adunche dico:che lastella di Venere
due fiate riuolta era in quel suo cerchio che lafa
parere serotina et marúttina secondo due diuersi
tempi:appresso lotrapassaménto diquella beata beatrice:ché
uiue in cielo con gliangeli:et in terre có lamia anima:quan
do quella gentile donna chui feci mentione nellafine dellaui
ta nuoua:parue primaménte accompagnata damore a gli
occhi mei:et prese luogho alcuno dellamia mente.Et si cho
me ragionero:per me nello allegato libello:piú dasua gentí
lezza che damia electione uennie:chio adesser suo accósen
tisse.Che passionata ditáta misericordia sidimostraua sopra
lamia uedoua uita:chelli spirti degliocchi mei allei sisero ma
ximaménte amici.Et cosi facti détro lei poi fero tale:chelmio
beneplacito fu contento ad disposarsi ad quella immagine.
Ma poche nó subitaméte nasce amore:et fassi gráde et uiene
pfecto:ma uuole tépo alcúo et nutriméto dipésieri:maxima
ménte la doue sono pésieri cótrarii:chello ipediscono:cóuéne
p na che qsto núouo amore fusse pfecto:molta battaglia itra
lopésiero delsuo nutriméto:et qllo ché gliera cótrario:ilqle

er ella gloriosa Beatrice teneua ancora laroccha della mia
mente: Peroche luno era soccorso dellaparte dinanzi conti
uamente: et laltro della parte dellamemoria didrieto. El soc
corso dinanzi ciascuno di crescea: che far non poteua laltro
comento quello che impediua in alcuno modo adare indrie
to iluolto. Perche ame parue si mirabile: et anche duro a sof
ferire chio nolpotei sostenere: quasi exclamado: et p iscusare
me dellaueritai nelaquale pareua me hauere macho disorte
a: dirizzai latuoce mia in quella parte onde procedeua la
uictoria delnuouo pesiero che era uirtuosissimo: si come uir
tu celestiale: et comincai a dire.

Voi chentendendo ilterzo ciel mouete

Allintendimeto dellaqual canzone bene imprendere: con
uiene prima conoscere lesue: parti: si che leggiere sara poi
losuo intendimeto auedere: accioche piu non sia mestiere di
predicere qste parole p lespositione delaltre. Dico che qsto
ordine che in questo tractato siprendera: tenere intedo per
tutti glialtri. Adunche dico che lacazone proposta e cotenu
ta da tre parti principali. Laprima e loprimo uerso di quella
nellaquale sinducono ad audire: cioe che dire intendo certe i
telligentie: o uero per piu usato modo uolemo dire angeli: li
quali sono allariuolutione delcielo di Venere: si come mout
tori diquello. Laseconda e litre uersi che appresso delprimo
seghono: nelquale simanifesta qllo che dentro spiritualmete
sentia intra diuersi pensieri. Laterza e loquito et lultimo
uerso: nelaquale siuuole lhuomo parlare allopera medesima
quasi a cosortare quella. Et tutte queste tre parti p ordine so
no come detto e disopra et dimostrato.

D piu latinamente uedere la sententia litterale alla
quale hora sintende delaprima parte sopra diuisa: et
dasapere chi et quati sono costoro che sono chiama
ti allaudientia mia. Et qual e questo terzo cielo: ilquale dico
loro mouere. Et prima diro delcielo: poi diro diloro achui io
parlo. Et auenga che quelle chose p rispecto dellauerita assai
pocho sapere sipossono: quello tato che lhumana ragione ne
uede ha piu delectatioe chelmolto elcerto dellecose dellequa
li sigiudica secondo lasentetia delphilosopho in quello degli
animali. Dico aduche che delnumero decieli et delsito diuer

samente esseutito damolti: auegnia che lauerita esultimo sia
trouata. Aristotile credette seguitando solamente lantcha
grossezza degli Astrologi che fussono pure octo cieli degli
quali loextremo et che contenesse tutto: fusse quello doue le
stelle fisse sono: cioe lasphera octaua: et che difuori daesso nō
fusse altro alchuno. Anchora credette chelcielo delsole fusse
immediato con quello dellaluna cioe secondo a noi. Et que
sta sua sententia chosi erronea puo uedere chi uuole nelseco
do de cielo et mundo: che nel sechondo delibri naturali uera
mente egli dicio sischusa nel duodecimo dellamethafisica do
ue mostra bene se hauer seguito pur lautrui sententia la doue
dastrologia glicoñuiene parlare. Ptolomeo poi accorgendo
si che lottaua sphera simoueua per piu mouimenti: ueggiedo
ilcerchio suo partire daldiritto cerchio: cheuolgie tutto dorie
te in occidente: costretto daprincipii di philosophia che di ne
cessita uuole un primo mobile semplicissimo: puose unaltro
cielo essere fuori delloStellato: loquale facesse questa reuoly
tione da oriente in occidente: loquale dico che sadimpiesce
quasi in uentiquattro hore: et quattordici parte dunaltra delle
quindici grossamente assegniando. Si che secondo lui seco n
do quello che sitiene in astrologia et in philosophia: Et poi
che quelli mouimenti furno ueduti: sono noue li cieli mobi
li. Losito deliquali e manifesto et determinato: sechondo che
per una arte che sichiama prospectiua arismetricha et geo
metricha sensibilemente et ragioneuolemente e ueduto et
et per altre experientie sensibili: si come nello eclypsi delso
le appare sensibilemente la luna essere sottolsole. Et si cho
me per testimonianza di Aristotile che uide chogli occhi se
chondo che dice nelsechondo di cielo et mundo: laluna essen
do nuoua entrare sotto a Marte dallaparte non lucente. Et
Marte non stare celato: tanto che rapparue dalaltra nō lucen
te della luna che era uerso occidente.

T esordine delsito questo: che loprimo che nu
merano e quello doue e laluna. Losechondo e
quello doue e Mercurio. Loterzo e quello do
ue e Venere. Loquarto e quello doue e ilsole.
Loquinto e quello doue e Marte. Losesto e quello doue e

Gioue. Lo septimo e/quello doue e/Saturno. Lottauo e/quel
lo dellestelle. Lonono e/ quello che non e/sensibile: senon
per questo mouimento che e/detto disopra: Loquale chiama
no molti christallino: cioe: diaphano: o uero tutto trasparen/
te. Veramente fuori ditutti questi li catholici pongono locie
lo impyrio: che tanto uuol dire quanto cielo difiamma o uero
cielo luminoso. Et pongono esso essere immobile: per haue
re in se sechondo ciaschuna parte: et cioche la sua materia
uuole. Et questo e/chagione salprimo mobile per hauere ue
locissimo mouimento: che per losuo feruentissimo appetito
che ciaschuna parte diquello nono cielo che e/mediato aquel
lo essere coniuncto con ciaschuna parte di quello nonocie
lo diuinissimo cielo quieto: in quello siriuolgie con tanto de
siderio: che lasua uelocita e/quasi incomprehensibile: et quie
to et pacifico: et i luogho diquella soma deitade: che sola pie
namente uede. Et questo luogho sie/dispiriti beati: sechondo
che lasancta chiesa uuole et tiene: che non puo per modo al/
chuno dire mezognia. Et ancora Aristotile pare questo sen
tire a chi bene lo intende nelprimo libro di cielo et mundo.
Questo e/losourano edificio delmondo: nelquale tutto ilmo
do sinchiude: et difuori delquale nulla e/Et adesso non e/il
luogho: ma formato su solo nelaprima mente: laquale gligre
ci chiamano Prothonoe. Questa sie/quella magnificentia:
della quale parlo il Psalmista quando dicie a Dio cosi. Ele
uata est magnificentia tua super celos. Leuata e lamagnifi
centia tua sopra licieli. Et cosi richogliendo cioche ragiona
to e/ pare che dieci cieli sieno: Dequali quello di Venere sia
el terzo: Delquale sifa mentione in quella parte che mostra
lo intendo. Et e/dasapere che ciaschuno cielo disotto dalchri
stallino, ha due poli fermi quanto ad se: Et lonono cielo gli
ha fermi et fissi et non mutabili secondo alchuno rispecto:
Et ciascuno si lonotto chome glialtri hanno uno cerchio che
si puo chiamare equatore delsuo cielo propio: loquale ugual
mente in ciaschuna parte dellasua reuolutione el rimoto da
luno polo et dalalro: sichome puo sensibilmente uedere:
che uolge um pomo o alcunaltra cosa ritonda. Et questo cerchio
ha piu rarezza nelmuouere che alchunaltra parte delsuo
cielo inciaschuno cielo come puo uedere chi ben chonsidera.

et ciascuna parte quantella e/piu presso ad essa: tanto piu ra
tamente si muoue: quanto piu lle rimota et piu presso alpolo
piu e/tarda: poche lasua riuolutione e/minore: et conuiene
essere in uno medesimo tempo dinecessitade co lamaggiore.
Dico anchora che quanto ilcielo e/piu presso alcerchio equa
tore tanto e/piu mobile p comparatione alisuoi: poche ha piu
mouimeto: et piu actualitade: et piu uita: et piu forma: et piu
tocca diquello che e/sopra se: et p conseguete piu uirtuoso.
Onde lestelle delcielo stellato sono piu preise diuirtu tra loro
quato piu sono presso a questo cerchio. Et insul dosso dique
sto circhio nelcielo di Venere delquale alpresente sitracta el
una speretta che per semedesima i esso cielo siuolgie. Locer
chio delaquale liastrologi chiamano epicielo. Et si come la
grande spera due poli uolgie cosi qsta piccola: Et cosi a qsta
piccola locerchio equatore: et cosi el piu nobile quato e/piu
presso diquello. Et in su larcho o uer dosso di questo cerchio
e/fixa lalucetissima stella di Venere. Et auegnia che detto sia
essere dieci cieli secondo lastretta uerita: questo numero no
glicoprede tutti: che questo dicul e/facta mentione: cioe lepi
cielo: nelquale e fixa la stella: e/uno cielo p se o uero spera:
et non ha una essentia con quello chelporta: auegnia che piu
sia conaturale ad esso che glialtri: et con esso e/chiamato uno
cielo: et dinominasi luno et laltro dallastella. Come glialtri
cieli et laltre stelle sieno non e/alpresente datractare. Basti
cioche e/detto dellauerita delterzo cielo: delquale alpresente
intendo: et delquale pienamente e/mostrato quello che alpre
sente ne mestiere.

    p   Oi che mostrato nelprecedete capitolo quale e/que
         sto terzo cielo: et come in semedesimo e/disposto:
         Resta adimostrare chi sono questi chel muouono:
E/adunche dasapere primamente che limouituri diquelli so
no sustantie separate damateria: cioe intelligentie: lequali la
uolgare gente chiama angeli. Et diqueste creature si chome
del cieli diuersi diuersamente hano sentito: auenga che laue
rita sia trouata Furono certi philosophi dequali pare essere
Aristotele nellasua methaphisilica: auenga che nelprimo di
cielo et mundo incidentemete paia sentire altrimeti creddio
no solamente essere tante queste quate circulatione fussono
neglicieli: et no piu: dicendo che laltre sarrebbono state eter

nalmente sidaruo:sanza operatione:che era impossibile co
ciosia cosa che illoro essere sia loro operatione. Altri furno
si come Platone huomo excellentissimo che puosono no so
lamente tante intelligentie quati sono imouimenti delcielo:
ma etiadio quate sono lespetie dellecose cioe/lemaniere delle
cose si come e una spetie tutti glihuomini:et unaltra tutto lo
ro:et unaltra tutte lelarghezze:et cosi dituto. Etuolsero che
si come leintelligentie decieli sono generatrici diqlli:ciaschu
na delsuo:cosi qste fossero generatrici delle altre cose et exe
pli ciascuno dellasua spera: Et chiamale Plato ydee:che tato
e adire quato forme et nature uniuersali. Ligentili lechiama
no dei et dee. Aduegna che no cosi philosophicamete quelle
intendessero come Plato. Et adorauano leloro immagini:et
faceuano loro grandissimi templi: Si come a Giuho laquale
dissero dea dipotentia. Si come a Pallade o uero Minerua la
quale dissero dea disapientia. Si come a Vulcano ilquale dis
sero dio delsuoco. et a Cerere laquale dissero dea dellabiada
Lequali cose et opinioni manifesta latestimonianza depoeti
che ritragono i parte alcuna almodo degentili et nesacrifitii
et nelaloro fede. Et anche simanifesta i molti nomi antichi ri
masi o p nomi o per sopranomi agli lochi et antichi edificii
come puo ben ritrouare chi uuole. Et auegna che p ragione
humana qste opinioni disopra fussero fornite et p expientia
no lieue acora lauerita p loro ueduta no sue: et p difecto da
maestrameto che pur di ragioe ueder sipuo i molto maggior
numero essere le creature sopradette che no sono lieffecti che
lihuomini no possono itedere: Et luna ragioe e qsta. Nessu
no dubita:ne philosopho ne gentile:ne iudeo ne christiano:
ne alcuna secta: chelle no sieno piene di tutta beatitudine o
tutte o lamaggior parte:et che quelli beati non sieno in pfec
tissimo stato. Onde conciosia cosa che qlla che e qui lhuma
na natura no pur una beatitudine habbi:ma due: Si come ql
la dellauita ciuile et quella della cotemplatiua. Irrationale sa
rebbe:se noi uedemo quelle hauere beatitudine dellauita ac
tiua:cioe/ciuile nelgouernare delmodo:et no hauessero qlla
della comtemplatiua:laquale e/piu excellente et piu diuina.
Et conciosia cosa che quella che ha labeatitudine delgouerna
re no possae laltr hauere:pche lointellecto loro e/ uno et ppe
cuo:conuiene essere altre di fuori diqsto ministerio che sola

c i

mente uiuano fpeculãdo. Et perche quefta uita e/piu diuina
Et quãto lacofa e/piu diuina:e/piu di Dio fimigliãtë. mani
fefto el che quefta uita e/piu da Dio amata. Et fe ella e/ piu
amata:piu le lafua beatanza ftata larga: Et fe piu le ftata lar
ga:piu uiuente lha dato che alaltrui:Perche ficonchiude che
troppo maggior numero fia quello diquelle creature che gli
effecti nõ dimoftrano. Et non e/contro aquello che pare dire
Ariftotile nel decimo dellethica: che alefuftantie feparate cõ
cõuegna pure lafpeculatiua uita:come pur lafpeculatiua cõ
uegna lor pur allafpeculatiõe. dicerte fegue lacirculatiõe del
cielo che e/delmõdo gouerno:laquale e/quafi una ordinata
ciuilitade intefa nellafpeculatione demotori. Laltra ragione
fie/che nullo effecto e/maggiore delacagiõe: po che lacagiõe
non puo dare quello che nõ ha. Onde cõcio fia cofa cheldiui
no intellecto fia cagione dituto maximamëte dello itellecto
humano:che lhumano quello nõ foperchia:ma da effo el im
proportionalmente fopchiato. Dunche fe noi p laragiõe di
fopra et p molte altre intendiamo Dio hauere potuto fare in
numerabili quafi creature fpirituali:manifefto el lui quefto
hauer facto maggior numero. Altre ragioni fipoffono uede
re affai. Ma quefte baftino alprefente. Ne fimarauigli alcu
no fe quefte altre ragioni che dicio hauer potemo non fono
deltutto dimoftrate: che po medefimamëte douemo admira
re laloro excellentia:laquale foperchia gliocchi dellamente
humana. Si come diceil Philofopho nelfecõdo dellamethafi
fica:et afferma loro effere: poi che nõ hauédo diloro alcuno
fenfo:dalquale comincia lanoftra conofcëza: pure refpléde
nello noftro intellecto:alcuno lume delauiuaciffima loro effé
tia:inquãto uedemo lefopradette ragioni et molte altre: fi co
me afferma chi ha gliocchi chiufi laere effere luminofa p un
poco difpléndore o uero razzo che paffa p lepupille delpolpa
ftrello:che nõ altrimenti fono chiufi linoftri occhi itellectua
li mentre che lanima e/legata et incatenata per liorgani del
noftro corpo.

d   Etto e/che p difecto damaeftramento liantichi laue
rita nõ uidero dellecreature fpirituali: auegna che
ãllo popolo difraele fuffe in parte da fuoi propheti
amaeftrato: neliãli p molte maniere diparlare et p molti mo
di dio hauea lor parlato. Ei cõt lapoftolo dice. Ma noi femo

dicio amaestrati dacolui che uéne daqllo: dacolui che lefece:
dacolui che leconserua; cioe/dalloimperadore delluniuerso:
che e/Christo figliuolo delsourano iddio: et figliuolo diMa
ria uergine femina ueraméte: et figlia di Ioacchino: et dadá
mo huomo ueramente: loquale fu morto danoi: perche cir̃e
cho uita: l quale fu luce che allumina noi nelletenebre. Si co
me dice Giouanni euangelista: Et disse anoi laueritade diql
le cose che noi sanza lui sapere non potauamo: ne uedere ue
ramente. Laprima cosa et loprimo segreto che nemostrò fu
una dellecreature predette ciò fu quel suo grande legato che
uenne a Maria giouinecta donzella ditredici anni daparte
delsanatore celestiale. Questo nostro saluatore có lasua boc
ca disse: chelpadre lipoteua dare molte legioni dangeli. Que
sti non nego: quando detto lisù chelpadre haueua comádato
agliangeli che gliministrassero et seruissero. Perche manife
sto e/anoi quelle creature in lunghissimo numero, perche la
sua sposa et secretaria sancta chiesa delaquale dice Salomo
ne. Chi e/qsta che scende deldiserto piena diquelle cose che
dilectano: appoggiata sopra lamico suo: dice crede et predica
quelle nobilissime creature quasi innumerabili: et partele p
tre gerarchie: che e/adire tre principati sancti o uero diuini:
Et ciaschuna gerarchia ha tre ordini: Si che noue ordini di
creature spirituale lachiesa tiene et afferma: Loprimo e/qllo
degliangeli: Losecondo degliarchangeli. Loterzo de Troni
Et questi tre ordini fanno laprima gerarchia: non prima quá
to a nobilitade: non ad creatione: che piu sono laltre nobili:
et tutti furono insieme create: Ma prima quanto alnostro sali
re adloro altezza. Poi sono ledominationi: appresso leuirtù
di: poi liprincipati. Et questi fanno laseconda gerarchia. So
pra questi sono lepotestati: et li Cherubini: Et sopra tutti so
no li Seraphini: Et questi fanno laterza gerarchia: et e/prótis
sima ragione delaloro speculatione: Et lonumero i che sono
legerarchie: e quello in che sono gliordini. Che cóciosiaço
che lamaiesta diuina sia in tre persone che háno una sub
stantia: diloro sipuote triplicemente contemplare: che sipuo
contemplare dellapotentia somma delpadre: laquale mira la
prima gerarchia: cioe: quella che e/prima pernobilitade. Et
che lultima noi annoueriamo. Et potesi comtemplare lasom
ma sapiétia delfigliuolo: et questa mira laseconda gerarchia:

Et puotesi contemplare lasōma et feruētissima charitade del
spirito sācto: et questa mira laterza gerarchia: laquale piu p
piñqua anoi porge delli doni che essa riceue. Et cōciosiacosa
che ciaschuna persona nelladiuina trinitade triplicemēte si
possa cōsiderare: sono i ciascuna gerarchia tré ordini: che di
uersamente cōtemplano. Puotesi contemplare ilpadre: non
hauendo rispecto senon ad esso. Et questa cōtēplatiōe fāno
li Seraphini: che ueggiono piu dellaprima cagione che nulla
angelica natura. Puotesi considerare lopadre secondo che
ha relatiōe alfigliuolo: cioe/come dalui siparte: et come cō
lui siunisce. Et questo contemplano li Cherubini. Et puotesi ancora considerare lopadre secondo che dalui pcede lospi
rito sancto: et come dalui siparte: et come cō lui siunisce. Et
questa contemplatione fanno lipotestadi: Et pquesto modo si
puote cōtemplare del figliuolo et del spirito sācto: pche cōn
uengono essere noue maniere dispiriti cōtēplatiui admira
re nelaluce che sola semedesma uede pienamēte. Et nō e qui
datacere una parola. Dico che ditutti questi ordini siperdero
no alquāti tosto che furono creati: forse in numero della de
cima parte: alaquale restaurare fu lhumana natura poi crea
ta: Linumeri: gliordini: legerarchie narrano glicieli mobili
che sono noue: et lodecimo annuntia essa unitade et stabilita
di Dio. Et pero dice il Psalmista. Licieli narrano lagloria di
Dio: ei lope delle sue mani annuntiano losirmamento. Per
che ragioneuole e credere: che limouitori delcielo dellaluna
sieno dellordine degliangeli: Et quelli diMercurio sieno gli
Archāgeli: Et quelli diVenere siano li Troni: liquali natura
ti delloamore delsancto spirito fanno laloro opatione cōnna
turale ad esso: cioe/lomouimento diquel cielo pieno damore
dalquale prende laforma deldecto cielo uno ardore uirtuoso
p loquale lanime diqua giu saccedono ad amore secōdo lalo
ro dispositione. Et pche gliantichi saccorsono che quel cielo
era qua giu cagione damore: dissero amore essere figliuolo
diVenere. Si cōe testimonia Virgilio nelprimo delleneida.
Oue dice Venere ad Amore: Figlio uirtu mia: figlio delsō
mo padre: che lidardi di Tifeo: cioe/quello gigante non chu
ri. Et Ouidio nelquinto diMethamorfoseos: quādo dice che
Venere disse ad Amore: Figlio armi mie potentia mia. Et
sono questi Troni che algouerno di questo cielo sono dispē

ſati in numero non grande: degliquali per li philoſophi et p̄
li aſtrologi diuerſamente eſentito ſecódo che diuerſamente
ſentiro delleſue circulationi: aduenga che tutti ſiano accorda
in queſto: che tãti ſono quãti eſſi mouimẽti fãe: liquali ſe
condo che nellibro dellaggregatione delle ſtelle epilogato ſi
troua dallamigliore dimoſtratione degliaſtrologi: ſono tre.
Vno ſecondo che laſtella ſimuoue uerſo loſuo epicielo. Lal
tro ſecódo che lepicielo ſimuoue có tutto lociclo ugualmente
con q̄llo del ſole. Loterzo ſecondo che tutto q̄llo cielo ſimuo
ue: ſeguédo ilmouimẽto della ſtellata ſpera da occidente in
oriente in cento anni un grado. Si che q̄ſti tre mouimẽti ſo
no tre mouitori. Ancora ſimuoue tutto queſto cielo et nuól
geſi colloepicido daoriẽte i occidente ogni di naturale una
fiata. Loquale mouimẽto ſe eſſo eſ da itellecto alchuno: o ſe
eſſo eſdalarapina del p̄mo mobile dio loſa: che ame pare prẽ
ſumptuoſo adiudicare. Queſti mouitori che mouino ſono i
tendendo lacirculatione in quel ſugecto p̄pio che claſchuno
muoue: laforma nobiliſſima delcielo che ha i ſe principio di
queſta natura paſſiua gira toccata dauirtù mouitrice: che
queſto itende: Et dico toccata nó corporalmẽte per tanto di
uirtu laquale ſidiriza in quello. Et queſti mouitori ſono q̄lli
a quali ſintéde di parlare: et dacui io ſo mia domáda.

℩ Ecórido che diſopra nel terzo capitolo di q̄ſto tra
ctato ſidiſſe adbene intendere laprima parte dela
propoſta cázione: cóueniua ragionare di quelli cie
lli et deloro mótori negli tre precedenti cápitoli eſ ragionato.
Dico adunche aquello chio moſtrai: ſonó mouitori del cielo
di Venere. O VOI CHE INTEDENDO. Cioeſ coll in
tellecto ſolo: come detto eſ diſopra: loterzo cielo. VDITE
IL RAGIONARE. Et non dico udite pche elli odano al
cuno ſuono: che elli nó hãno ſenſo: Ma dico udite: cioeſ con
q̄llo udire cheglihãno che eſitendere p̄ itellecto, dico Vdite lo
ragionare loq̄le eſnelmio core: cioeſdétro dame che acora nó
eſdifuori apparito. Et eſdaſapere che i tutta queſta cázone ſe
códo luno ſenſo et laltro il core ſipréde p̄ loſecreto dentro, et
nó p̄ altra ſpetial parte delaia et delcorpo. Poi gliho chiama
ti adudire q̄llo che dire uoglio: Aſſegno due ragioni pche io
conueneuolemente deggio alóro parlare: Luna ſieſlanouitá
delamia códitióe: laq̄le p̄ nó eſſere daglialtri huomini ſperta

C iiij

nõ sarebbe cosi daloro itesa: come dacoloro chetedono libo
ro effecti nellaloro opaniõe. Et q̃sta ragione tocco quãdo dico

Chio nol so dir altrui si mi par nuouo

Laltra ragiõe e/quãdo lhuomo riceue beneficio o uero igiu
ria p̃ma ua q̃llo ritrahere achi glelesa se può che ad altri accio
che se egli e beneficiato: esso che loriceue si mostri conoscete
uerso ilbenefactore: Et se langiuria iduca losactore abuõna
misericordia colledolci parole: et q̃sta ragiõe toccho q̃dõ dico

Ilciel che segue louostro ualore

Gentili creature che uoi sete

Mitragge nello stato ouio mitrouo

Cioe/adire lopaniõe uostra cioe/ la uostra circulatiõe e/ q̃lla
che mha tracto nellap̃sete cõditiõe: po cõchiudo et dico chel
mio parlare aloro dee essere si come e/detto. Et q̃sto dico qui

Perchel parlat dellauita chio prouo

Par che sidrizi degnamente auoi

Et dopo queste ragioni assegnate pri=go loro de lontendere
quando dico,

Pero uiprego che lomintendiate

Ma po che i ciascũa maniera disermone lodicitore maxima
mẽte dee intẽdere alap̃suasiõe cioe/allabellire dellaudietra: si
cõe aq̃lla che e/ p̃ncipio dituttelaltre p̃suasiõi cõe lirhectorici
sãno: et potẽtissima p̃suasione siha arẽdere luditore attẽto p̃
mettere didire nuoue et grãdissime cose. Seguito io allap̃re
ghiera facta dellaudiẽtia q̃sta p̃suasiõe cioe/dico abellimento
annũtiado loro lamia itentiõe: laq̃le e/dadire nuoue cose:cio
e/ladiuisione che nelamia anima et gran cose cioe/ loualore
delaloro stella. Et questo dico in quelle ultime parole dique
sta prima parte.

Io uidito delcor lanouitate

Come lanima trista piange in lui

Et come un spirto contra ei fauella

Cheuien peirazzi dellauostra stella

Et ap̃seno intendimento diq̃ste parole dico che q̃sto non e/al
tro che un freq̃nte pẽsiero a q̃sta nuoua donna comẽdare et

beltire. Et q̃sta aia nõ e/altro che unaltro pẽsiero acõpagna
o dicõsentimẽto che repugnãdo adq̃sto comẽda et abelliſce
lamemoria diq̃lla glorioſa Beatrice. Ma po che ancora lulti
ma ſetẽtia dellamẽte: cioe loſentimẽto ſitenea p q̃sto pẽsiero
che lamemoria aiutaua: chiamo lui aia et laltro ſpirito. Sicõe
chiamare ſolemo ciptadini q̃lli che lateghõno: et non coloro
che lacõbattono: aduẽga che luno et laltro ſia citãpdino. Di
co ácora che q̃sto ſpirito uiene p lirazzi dellaſtella: pche ſa
ere ſiuuole che lirazzi diciaſcun cielo ſono lauia p laquale
diſcende laloro uirtu i q̃ste coſe diqua giu. Et po che lirazzi
nõ ſono altro che uñ lume che uiene dalpiricipio dellaluce p
aire fino allacoſa illuminata: et luce nõ ſia ſenõ nellaparte
dellaſtella: poche laltro cielo e/ diaphano cioe/trãſparẽte: nõ
dico che uegnã q̃stoſpirito cioe/q̃sto penſiero daloro cielo in
tutto: ma dalaloro ſtella: laquale p la nobilita deſuoi mouitõ
e/ditanta uirtu: che nelleñoſtre aẽ et nellaltre noſtre cõſe
ha grãdiſſima podeſta: nõ obſtãte che eſſa ciſia lontana: qual
olta piu ceappiſſo. clxvii. uolte tãto q̃to e/piu almezo delatẽr
a: che cia diſpatio ẽremilia dugẽto ciquãta miglia: Et q̃sta e/
litterale expoſitiõe dellaprima parte dellacãnzone.

　　Nteſo puo eſſere ſufficientemẽte p lepñarrãte parole
　　della litterale ſetẽtia lapm̃a paite: pche alaſecõda e dã
intẽdere: nellaq̃le ſimanifeſta q̃llo che dẽtro io ſetẽia dellabat
aglia: et q̃sta parte haũeua diuiſiõe: che iprima cioe/nel pm̃o
uerſo narro laqualitade diq̃sta diuerſitade ſecõdo laloro radi
ce che erano dentro a me. Poi narro q̃llo che diceua luna et
altra diuerſitade: Et po pm̃a q̃llo che dicea lapte che pdẽ
ũa cioe/neluerſo che ilſecõdo diq̃sta parte et loquarto dellacã
zone. Adeũidẽtia dũche delaſciẽtia dela pm̃a diuiſiõe e/daſa
ere che lecoſe deono eſſere denominate dalultima nobilita
delaloro forma. Si cõe lhuomo delaragiõe et nõ delſenſo nõ
daltro che ſia meno nobile. Onde quãdo ſidice lhuomo uiue
e/ſidee itẽdere lhuomo uſare laragiõe: che e/ſua ſpetiale uĩ
et acto delaſua nobile parte. Et po chi dalaragione ſiparte
e/uſa pure laparte ſenſitiua nõ uiue huomo: ma uiue beſtia
Si come dice quello excellentiſſimo Boetio. Aſino uiue diri
mente dico: peroche lopenſiero e/propio acto dellaragione
che lebeſtie non penſaño che nõ lhanno. Et non dico pur
delleminori beſtie: ma diq̃lle che hãño apparẽza humana: et

spirito dipecora o daltra bestia abomineuole. Dico adunche
che uita delmio core: cioe delmio détro suole essere un pésie
ro suaue: Suaue e/tato q̃to suaso cioe/ abellito dolce piacéte
dilectoso: q̃sto pésiero che sene gia spesse uolte apiedi delsire
dicostoro: acuto parlo che idio: cioe/ adire cheio pésádo cóté
plaua loregno/debeati. Et dico lafinal cagione incontanente
pche lasso io saliua pensando: quando dico.

Ouuna donna gloriar uedea

Adare aditédere che pche io era certo et sono p̃ sua gratiosa
reuelatione che essa era i cielo: Onde io pésado spesse e uolte
come possibile mera menádaua quasi rapito: poi subséq̃nte
méte dico leffecto diq̃sto pésiero: adare adintédere lasua dol
ceza laquale era táta che mifaceua disioso delamorte: p̃ áda
re doue ella era. Et cio dico quiui.

Dicui parlaua me si dolcemente
Che lanima dicea io men uo gite

Et q̃sta e/laradice delluna delle diuersitadi che era i me. Et e/
dasapere: che q̃ si dice pésiero et nó aia diq̃llo che saliua aue
dere q̃lla beata: p̃ chi era spetial pensiero a quello acto: Laia
sintéde come detto e/nelprecedente capitolo p̃ logenerale pé
siero col consentimento. poi quando dico.

Or apparisce chi lofafuggite

Narro laradi e delaltra diuersitade dicédo: si come q̃sto pen
siero disopra suole essere uita dime: chosi unaltro apparisce
che fa questo cessare: Et dico fuggire p̃ mostrar q̃llo esser có
trario: che naturalmente luncontrario fugge laltro: et quelle
che fugge mostra p̃ difecto diuirtu fuggire. Et dico che q̃sto
pésiero che dinuouo apparisce e/poderoso i prédere me: et i
uicere laia tutta: dicendo che esso signoreggia si chelchuore
cioe/lomio dréto triema: et lomio difuori lodimostra i alcúa
nuoua seblanza. Subseq̃nteméte mostro lapotétia diq̃sto pé
siero nuouo p̃ suo effecto dicendo: che esso misa mirare una
dóna: et dicemi parole dilusinghi: cioe/ ragiona dinázi agli
occhi delmio itelligibile effecto et p̃ meglio iducermi pmetté
domi che lauista degli occhi suoi e/sua salute. Et ameglio fa
re cio/credere allaia expta dice: nó e/daguardare negliocchi
diq̃sta dóna p̃ psona che tema ágoscia disospiri, Et e/bel mo

o rectorico:quãdo difuori pare lacofa difabellirfi: et détro
veramète fabellifce. Piu nõ poteua q̃fto nouo péfier o damo
e iducere lamia méte acófétire: che ragionare delauirtu del
h   Ora che moftrato co   ‖ liocchi dicoftei pfudamente.
me et p che nafce amore: aladiuerfita che micõbattea p
cedere ficõuiene: ad aprire lafentétia diq̃lla parte nella
quale cótédono i mie diuerfi péfaméti. Dicó che p̃ma ficõuie
ne dire diq̃lla parte delaia: cioe dellàticho péfiero: et pòi p la
ltro: p q̃fta ragione: che fépre q̃llo che maximaméte dire inté
de ildicitore: fidee faluare didrieto: poche q̃llo che ultimmaé
e fidice piu rimane nellaio dello uditori. Onde cõciofiacofa
che io intéda piu adire et aragionare q̃llo che lopa dicoftoro
cuio parlo fa che q̃llo che effa diffa: ragionouole fu p̃ma di
e et ragionare lacóditióe dellaparte che ficorrópeua: et pòi
q̃lla delaltra che figeneraua. Veramète q̃ nafce undubio: ilq̃
le nõ e/datrapaffare fáza dichiarare. Potrebbe dire alchuno
cóciofia cofa che amore fia effecto diq̃fte itelligentie acùi io
parlo. Et q̃llo dip̃ma fuffe amore cofi cõe q̃fto dipoi: pche la
loro uirtu corrópe luno: et laltro genera: concio fia cofa che
inázi dee q̃llo faluare: p laragióe che ciafcuna cagione ama
lofuo effecto: et amando q̃llo: falua q̃llaltro. A q̃fta q̃ftione fi
puo leggiermète rifpódere: che leffecto dicoftoro e/amore cõ
me e/detto: pòche faluare nolpoffoño fenòn in q̃li fubgetti
che fon fottopofti allóro circulatióe: effo tranfmutato diq̃lla
parte che fuori diloro potefta i q̃lla che ue détro: cioe dellaia
partita defta uita i q̃lla che e i effa. Si cõe lanatura humana
trafmuta nellaforma humana lafua conferuatiõe di padre i
figlio: pche nõ puo i effo padre ppetualmente colfuo effecto
cóferuare: dico effecto iq̃to laia colcorpo cógiüti fono effecti
diq̃lla che e/partita ppetualméte dura i natura piu che huma
na: et cofi e/foluta laq̃ftóe. Ma po che delaimortalitadelaia e
q̃ tócchato: farò una digreffione ragionádo diq̃lla: pche diq̃l
la ragionádo fara bello terminare loparlare diq̃lla uiua Bea
rice beata: delaquale piu parlare i q̃fto libro nõ itendo: i p p
ponimento dico che itra tutte lebeftialitadi q̃lla e/ftoltiffima
uiliffima et dánofiffima: chi crede dopo q̃fta uita nõ effere al
tra uita: poche fe noi riuolgiamo tutte lefcripture fi dephilo
fophi come deglialtri faui fcriptori tutti cócordano i q̃fto che
in noi fia parte alcuna ppetuale. Et q̃fto maximaméte pare

uolére Ariſtotile in q̃llo dellaia. Queſto par uolere maxima
méte ciaſcuno ſtoyco. Queſto par uolere Tullio ſpetialméte
l q̃llo libello delauecchezza: queſto par uolere ciaſcun poeta
che ſecõdo laſede degétili hãno parlato. Queſto par uolere
ciaſcuna legge: giudei: ſaracini: tartari: et qualunche altri ui
uono ſecõdo alcuna ragione: che ſe tutti fuſſero igannati: ſe
guiterebbe una ipoſſibilita che pur aritrahere ſarebbe horri
bile. Ciaſcuno e certo che lanatura humana e pfectiſſima di
tutte laltre nature diqua giu. Et q̃ſto nullo niega: et Ariſtoti
le lafferma quãdo dice nel .xii. degli aiali che lhuomo e pſec
tiſſimo dituti gliaiali. Onde concioſia coſa che molti che ui
uono iteraméte ſieno mortali. Si come aiali bruti: et ſieno ſã
za q̃ſta ſperãza tutti métre che uiuono cioe daltra uita: ſe la
noſtra ſperãza fuſſe uana: maggiore ſarebbe lonoſtro diſe
cto che dinullo altro aiale: concioſia coſa che molti gia ſieno
ſtati che hãno data q̃ſta uita p q̃lla. Et coſi ſeguiterebbe che
lopfectiſſimo aiale cioe lhuomo fuſſe ipfectiſſimo che e ipoſ
ſibile: et che q̃lla parte cioe laragióe che e ſua pfectióe mag
giore fuſſe alui cagióe di maggior difecto: che deltutto diuer
ſo pare adire. Ancora ſeguiterebbe che lanatura cõtra ſeme
deſima q̃ſta ſperãza nellamente humana poſto haueſſe: poi
che detto e che molti alamorte delcorpo ſono corſi: p uiuere
nellaltra uita: Et q̃ſto e ãcora ipoſſibile. Ancora uedemo cõ
tinua expientia delanoſtra imortalitade nellediuinationi de
noſtri ſogni: li q̃li eſſer nõ potrebbono ſe i noi alcuna parte
imortale nõ fuſſe: cõcioſia coſa che imortale eſſere conuéga
loriuelãte o ſcorporeo che ſia: ſe bene ſi péſa ſottilméte: Et di
co corporeo et icorporeo: p lediuerſe opinióí che trouo dicio
et q̃llo che moſſo o uero iformato dainformatore imediato
debba pportione hauere allo iformatore: et dallo imortale al
lo imortale nulla ſia pportione. Ancora nacerta ladoctrina
ueraciſſima di xpo: laquale e uia uerita et luce, Via: pche per
eſſa ſãza ipediméto andiamo alla felicita di q̃lla imortalitade
Verita: pche non ſoffera alcuno errore. Luce: pche allumia
noi nelletenebre dellaignorantia mõdana. Queſta doctrina
dico che ne fa certi ſopra tutte altre ragioni: peroche quella a
noi e data: che l noſtra imortalitade uede et miſura. Laqua
le noi non potemo perfectamente uedere mentre chel noſtro
immortale colmortale e miſchiato. Ma uedemolo per fede p

fectamente: Et per ragione louedemo có ombra doscuritade
laquale incontra per miftura delmortale collimortale. Et ciò
ce effere potentiffimo argumento: che in noi luno et laltro
fia. Et io cofi credó: cofi affermo: cofi certo fono: Et ad altra
uita migliore dopo quefta paffare: la oue quella gloriofa don
na uiue: dellaquale fu lanima mia innamorata: quádo cónten
deua: come nel feguente capitolo firagionerà.

       Ornando alpropofito dico che quefto uerfo che in
    comincia.

Troua contraro tal che lodifttugge

Intédo manifeftare qllo che lanima mia dentro ame ragiona
ua: cioe lantichó pen fiero cónfra lohuóuo. Et prima brieue
mente manifefto lacagione delfuo lameuteuole parlare quan
do dico.

Troua contraro tal che lodifttugge

Lhumil penfiero che parlar mifuole

Dunangiola chen cielo e coronata

Quefto e quello fpiritual péfiero delqual detto e difopra:
che foleua effere uita delcor dolente: poi quádo dico.

Lanima piangefi ancor lendole

Manifefto laia mia effere acora dalafua parte: et có triftitia
parlare: Et dico che dice párole lamétádofi: quafi come fima
rauigliaffe dellafubita trafmutatione dicendo.

Olaffa me cóme fifugge

Quefto pietofo che mha confolata

Ben puo dire cófolata: che nellafua gráde pdita quefto pen
fiero che nelcielo faliua fahaueua data molta cófolatióe. poi
appreffo ad fcufa di fe dico: che fiuolge tutto lomio penfiero
cioe lanima delaquale dico quefta affannata: et parla contra
agliocchi. Et quefto fimanifefta quiui.

Degli occhi miei dice quefta affannata

Et dico che ella dice diloro et chontra loro tre chofe. La
prima fie/ che beftemia lhora che quefta donna liuide. Et
qui fiuole fapere: Che aduegna che piu chofe negli occhi
ad una hora poffono uenire: ueramente quella che uiene
per recta linea nella punta della pupilla: quella ueramente

et fiuede: et che nellaimaginatiua fifuggella folaméte. Et q̃
fto e/po chelneruo p loquale corre lofpirito uifiuo e/ diritto
a quella parte. Et po ueraméte locchio laltro occhio non puo
guardare: fi che effo ne fia ueduto dalui: che fi come q̃llo che
mira riceue laforma dellapupilla p recta linea: cofi p q̃lla me
defima linea lafua forma feneua i q̃l che lamira. Et molte uol
teneldirizzare diq̃fta linea difcoccha larcho dicolui alquale
ogni arme e leggiere. po quãdo dico. CHE TAL DON
NA LIVIDE. Eftãto a dire q̃to che gliocchi fua et imia fi
guardaro. La feconda cofa che dice fie che riprende lafua di
fobedientia quando dice.

Et perche non credeano a me dilei

Poi procede alaterza cofa et dice: che nõ dee fe riprédere di
puidiméto: ma loro dinõ ubidire: pche dice: Se alcuna uol
ta di q̃fta dõna ragionando diceffe: negliocchi dicoftei doue
rebbe effer uirtu fopra me; fe ella haueffe operata lauia diue
nire. Et quefto dice qui.

Io dicea ben negliocchi dicoftei

Et ben fidee crédere che laia mia conofcea lafua difpofitione
acta ariceuere lacto diq̃fta dõna: et po nõ temea: che lacto del
liagenti fipréde nel difpofto paciéte. Si come ilphilofophõ di
ce nelfecódo delaia. Et po fe lacera haueffe fpirito datemere
piu temerebbe diuenire alraz zo delfole che nõ fa lapietra:
poche lafua difpofitiõe riceue q̃llo p piu forte opatione. Vlti
mamaméte manifefta lanima nel fuo parlare laprefumptione
loro pericolofa effe ftata quando dice

Et non miualle chio né fuffi accorta

Che non miraffertal chio nefon morta

Nõ lamiraffer dice colui dicui pma detto haueca cholui che li
miei pari uccide: et cofi termina lefue parole alleq̃le rifpóde
lonono péfiero fi côe nel feguénte capitolo fidichiareya.
    d Imoftrata e/ la fétentia diq̃lla parte nellaq̃le parla laia
    cioe láticho péfiero che ficorruppe. Hora feq̃nteméte
fi dee moftrare lafentétia dellaparte nellaq̃le parla lopéfiero
nuouo aduerfo: Et q̃fta parte fi contiené tutta nel uerfo che
comicia. TV NON SEMORTA. Laq̃l parte abene iten
dere: fiuuole in due partite: che nellapma parte che comicia

Mira quantella e piatofa

Dice adutiche cōtinuandoſi alultime ſue parole; Non eſuē
che tu ſia morta. Ma lacagione pche morta ti pare eſſere
ſe/uno ſmarrimento nelquale ſe caduta uilemente p queſta
dōna che e apparita. Et qui eſdanotare che ſi cōe dice Boē
tio nelaſua conſolatione: Ogni ſubito mouimento dicoſe nō
uiene ſanza alcuno diſcorrimēto danimo. Et qſto uuol di
ſe loriprendere diqueſto penſiero: ioqual ſichiama ſpiritel
damore. A dare adintendere chelcōſentimento mio piegaua
in uer dilui: Et coſi ſipuo queſto itēdere maggiorimēte: et cō
conoſcere laſua uictoria: quādo dice: gia anima noſtra ſacē
coſi familiare diquella. Poi come e/detto cōmāda quello che
far dee queſta anima ripreſa p uenire lei ad ſe in lei dice.

Mira quantelle piatoſa et humile

Che ſono propio rimedio alatemenza: delaqual pareua lani
ma paſſionota: Due coſe ſon queſte che maximamēte cōgiū
te ſāno dolla pſona bene ſperare: maximamēte lapietade la
quale fa riſplēdere ogni altra bōntade collume ſuo. Perche
Virgilio di Enea parlando i maggior ſua loda pietoſo lochia
ma. Et non e/pietade quella che crede lauolgare gente: cioē
dolerſe delaltrui male: anzi el queſto un ſuo ſpetiale effecto
che ſichiama miſericordia et paſſione. La pietade non e/paſ
ſione: anzi e/una nobile diſpoſitione danimo apparecchia
ta diriceuere amore: miſericordia et altre caritatiue paſſioni
Poi dice. Mira anche quanto el

Saggia et corteſe nella ſua grandezza

Hor dice tre coſe lequali ſecondo quelle che p noi acquiſtar
ſi poſſono: maximamente fanno la perſona patiente. Dice
SAGGIA. Hor che e/piu bello in donna che ſapere? Dice
CORTESE. Nulla coſa ſta piu in dōna bene che corteſia
E non ſieno limiſeri uolgari anche diqueſto uocabulo ingā
ti che credono che corteſia non ſia altro che larghhezza :
E lalarghezza e/una ſpetiale et non generale corteſia. Cor
teſia et honeſtade e/tuttuno. Et peroche nelecorti antichamē
te leuirtudi et belli coſtumi ſuſauano: ſi come hoggi ſuſa lo
contrario: ſitolſe quello uocabolo. Et fu tanto adire corteſia
quāto uſu dicorte: Loqual uocabolo ſe oggi ſitoglieſſe dalle
corte maximamente ditalia non ſarebbe adire altro che tur

pezza. Dico, NELLA SVA GRANDEZZA. La
grandezza temporale delaquale qui s'inteinde maximamete
sta bene accompagnata cö ledue predette bontadi: po chella
presume: che mostra lobene et laltro delapersona chiaramen
te: et quanto sapere et quato habito uirtuoso: non si pare per
questo lume nö hauere: et quanta materia et quäti initii sidi
scernono p hauere questo lume: Meglio sarebbe aglimisen
grädi matti stolti et uitiosi essere i basso stato che ne imondo
ue doppo lauita sarebbono täto ifamati. Veramete di costo
ro dice Salomone nelleclesiastico. Et unaltra infermitade
pessima uidi sottolsole: cio ricchezze cöseruäte i male dellor
signore. Poi subsequetemete ipone allei: cioe allaia mia che
chiami pmai costei sua döna pmettedo allei cne dicio assai si
contentera: quädo ella sara dellesue adornezze accorta. Et
questo dice quiui

Che se tu non tinganni tu uedrai

Ne altro dice infino allafine diquesto uerso: Et qui termina
lasentetia litterale dituto öllo che i questa canzone dico par
lando aquelle intelligentie celestiali.

Rimamete secondo che disopra dissi lalittera diösto
comento quädo partio leparti principali diquesta cä
zone: io miriuolgo cö lafaccia delmio sermone ala
canzone medesima: et aquella parlo. Et accioche östa parte
piu pienamete sia itesa: dico che generalmete sichiama i cia
scuna cäzone tornata poche lidicitori che imprima usaro di
farla senno õlla pche cätata õlla: lacä zone cö certa parte del
cäto adessa siritornasse. Ma so rade uolte aquella intetione la
fece. Et accioche altri saccorgesse: rade uolte lapuose cö lor
dine dellacanzone quäto e alnumero: che alanota e necessa
rio. Ma fecila quädo alcuna cosa in adornamento della can
zone era mestiero a dire fuori delasua sentetia: si chöme in
questa et nelaltre ueder sipotra. Et pö dico alpresente che la
bontade et labellezza diciascuñ sermone sono intraloro par
tite et diuerse: che labontade e nellasentetia: et labellezza
e nellornamento deleparole: et luna et laltra ercö dilecto: ad
uenga che labontade sia maximamente dilectosa. Onde con
ciosia cosa che labontade diquesta canzone fusse malageuo

le asentire per lediuerse persone che in essa sinducono apar
lare. Doue sirichieggiono molte distictioni. Et labellezza
fosse ageuole a uedere paruemi mestiero allacanzone che p
glialtri siponesse piu mente allabellezza che allabonta: Et q
sto el quello che dico in questa parte: Ma peroche molte sia
te aduiene che lamonire pare presumptuoso per certe condi
tioni: suole ilRhectorico indirectamete parlare altrui diriza
do lesue parole non aquello per cui dice: ma uerso unaltro.
Et questo modo sitiene qui ueramente: che allacanzone uan
no leparole: et aglihuomini laintentione. Dico adunche. Io
credo canzone che radi sono cioe pochi quelli che intedano
te bene. Et dico lacagione laquale e doppia. Prima peroche
faticosamente parli: faticosa dico per la chagione che detta
Poi peroche forte parli, forte dico quato allanouita della
sentētia, Hora appresso amonisco lei: et dico. Si per uentu
ra incontra che tu uadi la doue persone steno che dubitare ti
paiano nelatua ragione: no tismarrire: ma di loro: poi che no
uedete lamia bonta: ponete mente almeno lamia belleza. che
no uoglio in cio altro dire secondo che e detto disopra: seno
ne. O huomini che uedere non potete lasentetia di questa cā
zone non larisiutate pero: ma ponete mente lasua bellezza.
che el grande si per constructione: laquale sapartiene ogli
grammatici: si per lordine delsermone: che sapartiene agli
Rhectorici: si per lo numero dellesue parti: che sapartiene a
musici. Lequali chose in essa si possono ben uedere per chi
ben guarda. Et questa e tutta lalitterale sententia della pri
ma canzone: che e per prima uiuanda intesa inanzi

Poi che lalitterale sententia e sofficientemente di
mostrata: e daprocedere allaexpositione allegori
cha et uera: Et pero principiando ancora dacapo:
dico: che come per me fu perduto loprimo dilecto dellamia
anima: delaquale facta e mentione disopra: io rimasi ditanta
tristitia puncto: che conforto non miualeua alchuno. Tutta
uia dopo alquanto tempo lamia niente che sargomentaua di
sanare: puide poi che ne ilmio ne laltrui consolare ualeua: ri
tornare almodo che alcuno scosolato haueua tenuto acosolar
si Et misimi ad allegare et legere qllo no conosciuto damolti
libro di Boetio: nelqle captiuo et discacciato cosolato shaueua

Et udendo ancora che Tullio scripto hauea unaltraltro libro
nelquale tractádo dellamistade: haueua tocchate parole della
consolatione di Lelio huomo excellentissimo nellamorte di
Scipione amico suo: misimi alegere et allegare ollo: Et ad
uegna che duro mifusse prima étrare nellaloro setétia: final
mente uétrai tanto entro: quoto larte digramatica chio haue
ua: et umpóchó dimio ingegnio poteua fare: per loquale ige
gnio molte cose,quasi come sognado gia uedeua:si come nel
lauita nuoua sipuo uedere. Et si come essere suole che lhuo
mo ua cercando argénto: et fuori dellaintentione truoua oro
loquale occulta cagione presenta non forse sanza diuino im
perio. Io che cercaua diconsolarme: trouai nó solamete alle
mie lagrime rimedio: ma uocaboli dautori: et discietia: et di
libri: liquali considerádo giudicaua bene: che laphilosophia
che era donna diquesti autori: diquesse sciéne: et di questi li
bri fusse sóma cosa Et immaginaua lei facta come una dóna
gentile: Et non lapoteuo immaginare in acto alcuno senón
misericordioso. Perche si uolentieri losenso diuero lamiraua
che a pena lopoteua uolgere daquella: Et da questo immagi
nare comiciai adandare la douella sidimostraua ueracemen
te cioe/nellescuole dereligiosi: et alle disputationi diphiloso
phanti: si che in picchol tempo forse ditrenta mesi cominciai
asentire tanto della sua dolcezza: chelsuo amore cacciaua et
destruggeua ognaltro pensiero. Perche io sentendomi leua
re dalpesiero delprimo amore allauirtu diqsto quasi maraui
gliandomi aperse labocca nelparlare delaproposta cázone
mostrádo lamia códitione sotto figura daltre cose. poche del
ladóna dicui io minnamoraua nó era degna rima diuolgare
alcuno palesemete: portare: ne gliuditori erano táto ben di
sposti che hauessero si leggiere lefictitii parole apprese: Ne
lauera cóe alafictitia. Peró sarebbe data loro fede alasététia
che diuero sicredéua deltutto che disposto fusse aqllo amore:
che nó sicredéua: diquesto cominciai dunche adire
Voi che intédendo il terzo ciel mouete.
Et perche come eldetto questa donna fu figliuola didio: regi
na ditutto. nobilissima et bellissima philosophia: el dauedere
chi furo questi mouitori: et qsto terzo cielo. Et prima delter
lo: secondo lordine trapassato: Et nó e qui mestiere di proce

dere diuidendo et ad littera exponédo che uolta parola ficti
tia diquello chella suona i quello chellantende p lapassata ex
positione questa sentétia fia sufficiétemente palese.   14

a   Vedere ꝗllo che per loterzo cielo sintende: prima si
uuole uedere che per questo solo uocobolo cielo io
uoglio dire: et poi siuedra come et pche ꝗsto terzo
cielo cisu mestiere. Dico che p cielo io intédo lascientia: et p
licieli lescientie: Et p tre similitudini che licieli hanno colle
sciétie maximaméte et p lordine et numero i che paiono con
uenire. Si come tractádo ꝗllo uocabolo cioe/terzo siuedra.
La prima similitudine sie/lareuolutione delluno et dellaltro
intorno a un suo imobile: che ciascuno cielo mobile siuolge
intorno alsuo cétro: loꝗale ꝗto p losuo mouiméto nó simuo
ue. Et cosi ciascuna sciétia simuoue intorno alsuo sugetto lo
quale essa non muoue: poche nulla scientia dimostra loppio
sugetto: ma suppone quello. Lasecóda similitudine sie/loillu
minare delluno et dellaltro: che ciascuno cielo illumina leco
se uisibili: cosi ciascuna scientia illumina laitelligibile. Et la
terza similitudine sie/linducere pfectione nelledisposte cose
Delalꝗe inductione ꝗto pma alapsectióe cioe delagenératio
ne sustantiale: tutti iphilosophi concordano che icieli siéno
cagioné: Aduenga che diuersaméte ꝗsto pógano quasi dalli
motori: Si cóe Plato: Auicéna: et Algazel. Liꝗli daesse stel
le sperialméte laie humane: Si cóe Socraté: et ancor Plato et
Dionysio achademico: iquali dauirtu celestiale: che e nelca
lore naturale delseme: Si come Aristotile et glialtri peripate
tici. Cosi delainductione dellapsectione: secódo lescientie so
no cagione i noi p lhabito delequali potemo laueritáde specu
laret che e ultima pfectione nostra. Si come dice il Philoso
pho nelsesto dellethyca: quádo dice: che uero e lobene dello
intellecto. Per ꝗste có altri similitudini molte sipuo lasciétia
cielo chiamare. Hora pche terzo cielo sidica e dauédere ad
che e mestiere fare cósideratione sopra una opatione: che e
nellordine decieli adquello dellescientie. Come adúche diso
pra e narrato lisepte cieli primi a noi sono ꝗlli dellepianeti:
poi sonó due cieli sopra ꝗsti mobili: et uno sopra tutti quieto
Alisepté primi rispódono lesepte scientie: deltriuio et delqua
driuio: cioe/grámatica: dialetica: rhectorica: arismetrica: mu
sica: geometria: et astrologia. Aloctaua spera cioe/allastella

d i

ta spera risponde lascientia naturale che fisica sichiama: et la
prima scientia che sichiama methasica: Allanona spera rispo
de lascietia morale. Et alcielo qeto risponde la scietia diuina
che e/theologia appellata. Et laragion pche cio sia breueme
te e/dauedere, Dico chelcielo dellaluna collagramatica fasso
miglia: pche adesso sipuo comparare: che se laluna siguarda
bene due cose siueggiono in essa propie: che no siueggiono
nellaltre stelle: Luna sie/lombra che e/i essa: laquale no e/al
tro che raritade delsuo corpo alaquale no possono terminare
lirazzi delsole: et p ripcuotersi cosi coe nelaltre parti. Lal
tra sie/lauariatione nelasua luminositade: che hor luce daun
lato: et hor dunaltro secodo chelsole lauede. Et qste due ppie
tadi ha lagramatica: che p lasua infinitade liraggi dellaragio
ne in essa no siterminano in parte spetialmente deuocaboli.
Et luce hor diqua hor dila: in tato qto certi uocaboli: certe de
clinationi: certe costructioni sono i uso: che gia non furono
et molti gia furuo cancor saranno, Si come dice Oratio nel
pricipio delapoetria: quado dice: Molti uocaboli rinasceran
no che gia cadero, Et locielo diMercurio sipuo coparare alla
dialethica p due ppietadi: che Mercurio e/lapiu picchola stel
la delcielo: che laqtita delsuo diametro no e/ piu di. ccxxxii.
miglia: secodo che pone Alphegrano: che dice qlla essere del
le. xxviii. parti luna deldiametro delaterra laquale e/sei milia
ciquecето miglia. Laltra ppieta sie che piu ua uelata derazzi
delsole chenulla altra stella. et qste due ppietadi sono nela dia
letica che ladialetyca. E/minore i suo corpo che/null'altra scio
tia. che psectamete e/copilata et terminata i ql tato testo che
nellarte uecchia et nella nuoua situruoua: Et ua piu uelata che
nulla altra scientia in qto procede co piu' sophistici et appro
babili argumeti piu che altra. Et locielo diVenere sipuo com
parare alla rhectorica p due ppietadi: Luna sie lachiarezza
delsuo aspecto: che e/suauissima auedere piu che altra stella
Laltra sie/lasua apparetia or damane or dasera. Et qste due
ppietadi sono nelarectorica: che larectorica e/ suauissima di
tutte laltre scietie: poche accio pricipalmete intede. Appare
damane quado dinazi deluiso delluditore loretorico parla:
Appe dasera cioe/ retro: quado laletttera p laparte remota si
parla p loretorico. Et locielo delsole sipuo coparare alarisme
trica p due propietadi. Luna sie/che delsuo lume tutte laltre

stelle siriformano. Laltra sie/che locchio nolpuo mirare. Et
qste due propietadi sono nelarismetrica.che delsuo lume tut
te lesciétie salluminano:poche liloro sugetti sono tutti sotto
alcuo numero cósiderati: Et nellecósideratiói diqlle sépre có
numero si pcede. Sicoé nellasciétia naturale el sugetto locor
po mobile:loquale corpo mobile ha i se ragioni dicótinuitadi
Et qsta ha i se ragione dinumero ifinito et delanaturale sció
tia. Lasua cósideratióe pricipalissima el cósiderare lipricipii
dellecose naturali:iquali sono tre:cioe/materia:priuatióe:et
forma:nequali siuéde qsto numero: nó solaméte i tutti insie
me:ma ancora i ciascuno e/numero chi ben considera sottil
ménte. Perche Pithagora secódo che gia dice Aristotile nel
primo delaphisica poneua ipricipii delecose naturali: lopari
et lodispari: cósiderádo tutte lecose essere numero. Laltra p
pietade delsole ancor siuede: nelnumero delquale e/larisme
trica: che locchio dellitellecto nolpuo mirare:pochel numero
quáto e in se cósiderato e infinito: Et qsto nó potemo noi in
tendere. Et locielo di Marte sipuò cóparare alamusica p due
ppietadi. Luna sie/lasua piu bella relatióe:che annumerádo
licieli mobili daqualunche sicomincia o dallinfimo o dal só
mo esso cielo diMarte e loquinto:esso e lomezo dituitti cioe/
delliprimi dellisecódi dellitei zi et delliquarti. Laltra sie che
esso se Marte disecca et ardé lechose perche losuo calore e si
mile aquello delfuocho. Et questo e quello perche esso pare
affocato dicalore quádo piu et quádo meno secódo laspessez
za et rantade deuapòri che séguitano:iquali per loro mede
simi molte uolte saccedono: si come nelprimo dellamethau
ra e determinato: Et però dice Albumasar:che laccendimen
to di questi uapori significa moite di Regi:o trasmutamen
to diregni:peroche sono effecti dellasignoria diMarte: Et Se
neca dice però che nellamorte di Augusto imperadore uide
in alto una palla di fuocho. Et in Firenze nel princi
pio della sua destructione ueduta fu nellaire in figura di
una croce: grandissima quantita di questi uapori seguaci
dellastella diMarte. Et queste due propietadi sono nelamusi
cà:laquale e tutta relatiua:si come siuede nelleparole harmo
nizate: et ne canti:dequali tanto piu dolce harmonia resulta
quanto piu larelatione e bella: laquale in essa scieptia maxi

d ii

mamente e̔bella pche maximamente in essa sintende. Anco
ra lamusica trahe ad se lispiriti humani:che quasi sono prin
cipalméte uapòri delcuore:si che quasi sicessano daogni opa
tione sie̔lanima in terra quando lode;et lauirtu ditutti quasi
corre̔ alospirito sésibile che riceue ilsuono. El locielo di Gio
ue sipuo comparare alageometria p due ppietadi. Luna sie̔
che muoue tra due celi repugnáti alasua buona tépantia. Si
cóe̔ qllo diMarte e̔qllo di Saturno. Onde Ptolomeo dice nel
lo allegato libro che Gioue e stella di tempata cóplexione in
mezo delafredurà di Saturno et delcalore di Marte. Laltra si
e̔ che infra tutte lestelle biancha simostra quasi argétata. Et
queste cose sono nellascientia dellageometria. Lageometria
simuoue trá due repugnáti adessa: Si come tral punto elcer
chio. Et dico cerchio largaméte ogni ritondo o corpo o supfi
cie:che si come dice Euclide lopunto e pricipio diqlla. Et se
condo che dice locerchio e psectissima figura in qllo che có
uiene pero hauere ragione disine. Siche tralpunto elcerchio
Si come tralpricipio elfine simuoue lageometria. Et queste
due alasua cortezza ipugnano:chelpunto p lasua idiuisibili
tade et imensurabile:elcerchio p losuo archo e impossibile
adquadrare psectaméte:Et po e impossibile amisurare apun
to. Et ancora lageometria e biachissima in qto e sáza macu
la derrore:et certissima per se et p lasua ácella che sichiama
pspectiua. Et locielo di Saturno ha due ppietadi:p lequali si
puo cóparare alastrologia. Luna sie̔ latardezza delsuo moui
mento p dodici segni che xxviiii·anni et piu secondo lescrip
ture degli astrologi uuole ditempo losuo cerchio. Laltra sie̔l
che sopra tutti lialtri pianeti essa e alta. Et qste due ppietadi
sono nelastrologia:che nelsuo cerchio cópiere:cioe nelapri
dimento diqlla uolge grádissimo spatio ditépo:si p lesue che
sono piu che dalcuna dellesopradette scientie:si p laspientia
che abene giudicare in essa sicóuiene. Et ancora e altissima
datutte glialtre:poche si come dice Aristotile nelcomiciamé
to delanima: Lascientia e alta dinobilitate p lanobilitade del
suo sugetto: Et p lasua certezza e qsta piu che alchuna delle
sopradette et nobile et alta p nobile et alto sugetto che delmo
uimento delcielo:E̔alta et nobile p lasua certezza:laquale
e sáza ogni difecto; Si come qlla che dapsectissimo et da re
gularissimo pricipio uiene:et se difecto i lei p alcuno si crede

non e/da la sua parte ma ſi come dice Ptolomeo el p laneglige̅tia
noſtra: et a qu̅ella ſi dee imputare.　　　　　　　　　　　15

　　a　Poſſo li co̅paratio̅i che facti deli ſepte p̅mi cieli e da p̅cedere
　　　　a glialtri che ſon tre: come piu uolte ſe narrato. Dico che͛l
　　　　cielo ſtellato ſi puo̅ co̅parare ala fiſica p tre p̅pietadi: et ala
methafiſica p altre tre: che lo cidimoſtra di ſe due uiſibili coſe: ſi
come lemolte ſtelle et ſi come lagalaxia: cioe͛ quel bia̅co cerchio
che luolgo chiama uia di ſaiacopo: et moſtraci luno depoli: et lal
tro tiene aſcuſo: et moſtraci uno ſuo mouime̅to da orie̅te ad occi
dente: et unaltro che fa da occidente ad orie̅te: quaſi citiene aſco
ſo: pche p ordine e dauere p̅ma la co̅patio̅e della fiſica: et poi q̅lla
dela methafiſica. Dico chel cielo ſtellato cimoſtra molte ſtelle che
ſeco̅do che ſaui de gypto ha̅no ueduto iſino alultima ſtella che ap
pare loro nelmeridie. M.xxii. corpora di ſtelle po̅gono: di cuio par

　　M xxij ſtelle

lo. Et di q̅ſto ha eſſo grandiſſima ſimilitudine cola fiſica: ſe ben ſi
guardano ſottilme̅te q̅ſti tre numeri: cio due: et ue̅ti: et mille: che
le due ſinte̅de lomouime̅to locale: ilq̅le e͛ daun puto adunaltro
di neceſſita. Et p loue̅ti ſignifica lomouime̅to delalteratio̅e: che
co̅cioſia coſa che dal.x.iſu no̅ ſiuada ſeno̅ eſſo diece altera̅do co̅
glialtri.x.et co̅ſe ſteſſo. Et lapiu bella alteratione che eſſo riceua
ſia la ſua di ſe medeſimo: et lap̅ma che riceua ſia ue̅ti: ragioneuo
leme̅te p q̅ſto numero lodetto mouime̅to ſignifica. Et p lomille
ſignifica lomouime̅to deſcreſcere: che in nome cioe q̅ſto mille e͛
lomaggiore numero: et piu creſcere no̅ ſipuo: ſeno̅ q̅ſto moltipli
ca̅do. Et q̅ſti tre mouime̅ti ſoli moſtra la fiſica: Si come nel q̅to
del primo ſuo libro el puato. Et p lagalaxia ha q̅ſto cielo ſimilitu
dine gra̅de co̅ la methafiſica. Perche e/da ſape che di q̅lla galaxia
li philoſophi ha̅no hauute diuerſe opinioni. Che li Pitagorici diſ
ſero: chel ſole alcuna uolta erro nella ſua uia: et paſſa̅do per altre
parti no̅ co̅uenie̅ti al ſuo feruore: arſe il luogo p loquale paſſo: et
ri maſeui q̅lla apparetia delarſura. Et credo che ſi moſſero dalla fa
uola di Phetote: la q̅le narra Ouidio nel p̅ricipio del ſuo metamor
foſeos. Altri diſſero: ſi co̅e fu Anaxagora et Democrito: che cio
era lume di ſole ripe͛oſſo i q̅lla parte. Et q̅ſte opinio̅i co̅ ragio̅i de
moſtratiue riprouarono. Quello che Ariſtotile ſi diceſſe non ſi
puo ben ſape dicio: poche la ſua ſe̅te̅tia no̅ ſitruoua cotale nellu
na tra̅ſlatio̅e co̅e nellaltra. Et credo che fuſſe loerrore delli tra̅ſla
tori: che nella nuoua par dire che cio ſia uno ragunamento diua
pori ſotto leſtelle di q̅lla parte che ſe̅pre tragono q̅lli. Et q̅ſta non
pare hauere ragio̅e uera. Nelauecchia dice che lagalaxia no̅ e͛

　　　　　　　　　　　　　　　　　　d　iij

altro che moltitudine distelle fixe i qlla parte tato picchole che di
qua giu distiguere nó lepossiamo:ma diloro apparisce qllo albo
re:loqle noi chiamamo galaxia. Et puo essere chelcielo i qlla par
se e'piu spesso:et po ritiene et ripseta qllo lume Et qsta opinione
pare hauere có Aristotile Auicena et Ptolomeo. Onde cóciosia
cosa che lagalaxia sia uno effecto diqlle stelle leqli nó potemo ue
dere:senó ploro leffecto itédiamo qlle cose:et lametafisica tracta
delle pme sustátie leqli noi nó potemo simigliáteméte itendere:
senó p liloro effecti. Manifesto e' chelcielo stellato ha grande si
militudine collamethafisica: Ancora p lopolo che uedemo signi
ficare lecose sensibili:deleqli uniuersalméte pigliádole tracta la
fisica. Et p lopolo che nó uedemo significa lecose che sono sáza
materia che nó sono sensibili deleqli tracta lametafisica: Et poha
lodetto cielo gráde similitudie có luna scietia et cólaltra. Ancora
p lidue mouiméti significa qste due sciétie:che plomouiméto nel
qle ogni di si riuolge et fa noua circulatione dipúto apúto signi
fica lecose naturali córruptibile:che cotidianaméte adipiano lo
ro uia:et laloro materia simuta disorma in forma:et diqstó tracta
lafisica. Et p lomouiméto qsi isensibile che sa da oriente i occidé
té p un grado i cento áni significa lecose icorruptibili leqli heb
bero dadio icomiciaméto di creatióe:et nó haráno fine. Et diqste
tracta lametafisica: po dico che qsto mouimento significa qlle che
essa circulatióe comicio:et nó harebbe fine: che fine delacircula
tione e'redire adun medesimo púto: alquale nó tornera qsto cie
lo secódo qsto mouiméo:che dalcomiciaméto delmódo poco piu
delasexta parte e'uolto. Et noi siamo nelultima eta'delsecoló: Et
attédiamo ueraméte lacósumatióe delcelestiale mouiméto Et co
si e'manifesto chelcielo stellato p molte ppietadi sipuo cóparare
alafisica et alamethafisica. Locielo cristallino che p pmo mobile
dinázi e'cótato:ha cóparatióe assai manifesta alamorale philoso
phia:che moral philosophia secódo che dice Thómaso sopra lose
códo dellethyca ordina noi alaltre scientie:che si cóe dice il Phó
nelqnto dellethyca. Laiustitia legale ordina lesciétie adappndere
et cománda pche nó sieno abádonate qlle essere appse et admae
strate. Cosi ildettó cielo ordina colsuo mouiméto lacotidiana re
uolutióe ditutti ghaltri:p laquale ogni di tutti quelli riceuono
qua giu lauirtu ditutte leloro parti. Che se lareuolatione diqsto
nó ordinisse:cioe pocho diloro uirtu qua giu uerrebbe:o diloro
uista, Onde pognamo che possibile susse questo nono cielo non
mouere:laterza parte delcielo sarebbe ancora non ueduta i cia

ſcun loco delaterra. Et Saturno ſarebbe. xiiii. ãni et mezzo acia
ſcun loco delaterra celato, Et Gioue ſei ãni quaſi ſiceleɾebbe. Et
Marte uno ãno q̃ſi. Et loSole. clxxxii. di et xiiii. hore Dico di cio
eſtáto tepo q̃to miſurano cotãti di. Et Venere et Mercurio quaſi
cõe loſole ſicele rebbe et moſterrebbe. Et la Luna p̃ tẽpo di xiiii
di et mezo ſtarebbe naſcoſa adogni gẽte. Et diuero nõ ſareb
be qua giu generatione ne uita daiale. o dipiãte: nocte nõ ſareb
be ne di: ne ſeptimane: ne meſi: ne ãnno. Má tutto lúniuerſo ſa
rebbe diſordinato: et ilmouimẽto degli altɾi ſarebbe indarno.
Et nõ altɾimẽti ceſſãdo lamorale philaſophia laltɾe ſciẽtie ſareb
bono celate alcun tẽpo: et nõ ſarebbe generatiõe ne uita diſelici
ta: et idarno ſarebbono ſcriptẽ et p̃ãticho trouate. Perche aſſai
e̓ maniſeſto queſto cielo ſe hauere alamorale philoſophia com
paratione. Ancora locielo empyreo per laſua pace ſomiglia ladi
uina ſciẽtia che piẽa e̓ditutta pace: laq̃le nõ ſoſfera lite alcuna
dopinioni o diſophiſtici argumẽti: p̃ laexcellentiſſima cerɾezza
delſuo ſugetto: loquale e̓ dio. Et diq̃ſta dice eſſo aſuoi diſcepoli.
Lapace mia do auoi. Lapace mia laſcio anõi. Dãdo et laſciãi
do loro alaſua doctɾina: chee̓ queſta ſcientia dicui io parlo. Di
coſtei dice Salomone. Seſanta ſono leregine: et octanta lamiche
concubine: et deleancille adoleſcenti nõ e̓ numero. Vna e̓ laco
lumba mia: et laperſecta mia. Tutte ſciẽtie chiama regine: dɾu
de: et ancille: Et queſta chiama columba: perche e̓ ſanza mácula
dilite. Et queſta chiama perſecta: perche perſectamẽte neſa ilue
ro uedere: nelquale ſichieà lanimá nóſtɾa. Et peró ragiónata cõ
ſi lacomparatiõe decieli aliſciẽtie uedere ſi puo: che per loteɾ
zo cielo io ſtẽdo laɾhettorica: laquale alteɾzo cielo e̓ aſſimiglia
ta: come diſopra appaɾe.

p̃ Er leragiónate ſimilitudini ſi puo uedere: chi ſono que
ſti mouitóɾi àchui io parló che ſono di quello mouito
ɾi: Si come Boetio et Tullio iquali colladolcezza del
lor ſeɾmone inuitaɾoɾio me come detto e̓ diſopra nello amore:
cioe̓ nello ſuo ſtudio diqueſta dõnã gẽtiliſſima philoſophia:
con liɾazzi dellaſtella loɾo: laquale e̓ laſcriptuɾa diquella: Onde
in ciaſchuna ſcẽtia la ſcriptura e̓ ſtella piẽa di lúce: laquale
q̃lla ſciẽtia dimoſtɾa: Et maniſeſtato queſto uedeɾe ſipuo lauerá
ſetentia del primo ueɾſo della cãzone própoſta per laexpoſitio
ɾe ſictitia et litteɾale. Et per queſta mideſima expoſitione ſipuo

lo secódo uerso itédere sufficiétemēte ifino aქlla parte doue dice

Questi miface unà donna guatdare

Oue siuuole sape che ქsta dóna e laphilosophia: laქle uēramēte
è dóna piena didolcezza: ornata donestade: mirabile disape: glo
riosa diliberta. Si cóe nelterzó tractato doue lasua nobilita sitra
terà sia manifesto: et la doue dice.

Chi ueder uuol lasalute

Faccia che gliocchi desta donna miri

Gliocchi diქsta dóna sono lesue demostrationi: leქli dritte negli
occhi dellitellecto inamorano laia liberata nelecóditiói: O dolcis
simi et ieffabili sembiáti: et rubatori subitani dellamēte humana
che nelledimostratiói negliocchi delaphilosophia apparue quádo
esso alisuoi drudi ragiona. Veramēte i uoi e lasalute p laqual si
fa beato chi uiguarda: et saluá dallamorte dellaignorátia et dalli
uitii. Oue sidice.

Sede non teme angoscia disospiri

Qui siuuole itendere se nón teme labore distudio et liti didubita
tioni: deleქli dal pricipio delisguardi diქsta dóna moltiplicatamé
te surgono. Et poi cótinuádo lasua luce: caggiono ქsi cóe nebu
lette matutine allafaccia delsole: et rimane libero et pieno dicerte
za lofamiliare intellecto: si cóe laire darazzi méridiani purgato
et illustrato. Loterzo uerso ácora sintéde p laexpositióe litterale
isino la doue dice. LANIMA PIANGE. Qui siuuole bene
attédere ad alcuna moralita: laქle iქste parole si puo notare: che
nó dee lhuomo p maggiór amico diméticare liseruigi riceuuti dal
minore: ma sepur seguir sicóuien luno et laiciar laltro: lomiglio
re e daseguire có alcúa honesta lamétáza/laltro abádonádo nd
laქle da cagióe a ქllo che segue dipiu amore: poi doue dice. DE
GLIOCCHI MIEI. Nó uuol altro dire senó che forte fu lho
rà che lapma dimostratióe diქsta dóna étró negliocchi dellitellec
to mio loქle fu cagione diქsto inamoramēto ppinქssima. et la do
ue dice. LIMIEI PARI. Sintéde laie libere delemisere et uili
delectationi et daliuolgari costumi: digegno et dimemoria dotate
Et dice poi. VCCIDE. Et dice poi. SONO MORTA. Che
par cótro aქl che detto e disopra delasalute diქsta dóna. Et po el
dasape che ქ pla luna deleparti et la parla laltra: leქli diuersamé
te litigano secódo che disopra el māifesto: óde nó el marauiglia
se la dice dicesse. et ქ dicono se bé siguarda: chi discéde: et chi sa

RE: Sitéde un pésiero che nasce delmio studio. Onde e̓dasape
che p amoré i q̃sta allégoria sép sintéde esso studio ſoq̃le e̓appli
catiõe dellaio iñamor.tõ dell.cosa aqu ella cosa poi quãdo dice

Tu uedrai di ſi alti miracoli adornezze

Annũtia che p lei ſiuedrãno liadornaméti demiracoli: et uero di
ce che gliadornaméti delleimarauiglie e̓uedere leçagiói diq̃lle le
q̃li ella dimostra: ſi cõe nl̃ principio dellamethaſiſica: pare ſétire
il Phõ: dicédo che p q̃ſte adornaméti uedere comiciarono lihuó
mini adinamorare diq̃ſta dóna. Et diq̃ſto uocabolo cioe̓ maraui
glia nel ſeq̃nte tractato piu pienaméte ſiparlerà. Tutto laltro che
ſegue poi diq̃ſta cãzone ſofficiétéméte e̓ p laltra expoſitiõe ma
niſeſto. Et coſi i ſine diq̃ſto tractato dico et affermo che ladóna di
cuio innamorai appresso lopmo amore fu belliſſima et honeſtiſſi
ma ſiglia delli patore delluniuerſo:alaq̃le Pithagora poſe nome
philoſophia. Et q ſitermina loſecódo tractato che p prima uiuan
da e̓meſo iñanz

　　a　Mor che nelamente miragiona
　　　　dellamia donna diſioſaménte
　　　　moue cóſe dilei meco ſouente
che lontellecto ſoura ſe diſuia
Loſuo parlar ſi dolceménte ſona
che lanima chaſcolta e̓che loſénte
dice ome laſſa chio nõ ſon poſſénte
didir quel che odo della donna mia
Et certo emi cõuien laſciar impña
ſio uo tractar diquel chodo dilei
ciochelmio itellecto nõ cõprède Et diq̃l cheſitéde
gran parte perche dirlo nõ ſaprei
Dunche ſe lemie rime haũran diſecto
chentraron nelalodã dicoſtei
dicio ſibiaſimi eldebole intellecto
Elparlar noſtro che nõ ha ualore

diritrar tutto cioche dice amore
  n   On uede ilsol che tuttolmondo gira
o   cosa tanto gentil quanto inquellora
che luce nella parte oue dimora
ladona dicui direamor miface
Ogni intellecto dila su lamira:
& quella gente che qui sinamora
nelor pensieri latruouano ancora
quando amor fa sentir dellasua pace
Suo esser tanto aque che gliel da piace
chenfonde sempre in lei lasua uertute
oltreldimado dinostta natura **Lasua aia pura**
che riceue dalui questa salute
lo manifesta in quel che laconduce
chen sue bellezzeson cose uedute
che gliocchi dicolor douella luce
Ne mandan messi alcor pien didisiri
che prendon aire & diuenton sospiri.
  i   N lei discende lauirtu diuina
      si come face in angelo cheluede
& qual donna gentil questo non crede
parli con lei/& miri gliacti suoi:
Quiui douella parla si dichina
unangelo diciel che recha fede
come lalto ualor chella possiede
e oltre aquel che siconuiene a noi
Gliacti soaui chella mostra altrui
nanno chiamado amor ciascuno adproua
iqlla uoce chelafa setire   Dicostei sipuo dire

gentil e/in donna cioche in lei si troua:
Et bello e tanto quanto lei simiglia:
& puossi dir chel suo aspecto gioua:
adconsentir cio che par inarauiglia:
onde la nostra fede e aiutata
po fu tal daetterno creata.

   c   Ose apparison nellosuo aspecto
        che mostran depiacer delpatadiso:
dico negliocchi & nelsuo dolce uiso
che leuiteca amor come a suo loco
Elle souerchian lonostro intellecto
come razzo disole in frale uiso
& petchio non leposso mirar fiso
miconuten contentar diditne poco
Sue bilta piouon fiamelle difoco
animate dun spirito gentile
che creatore dogni pensier bono Et tompo coe trono
glinnati uitiii che fanno altrui uile
peto qual donna sente sua biltate
biasimar/per non parer queta & humile
min costei che e/exemplo dhumiltate
questa e/colei chi humilia ogni peruerso
costei penso che mosse luniuerso.

  c Anzone par che tu parli contrato
       aldir duna sorella che tu hai
che questa donna che tanto humil fai
ella lachiama fera & disdegnosa.
Tu sai chel ciel sempre e lucente & chiaro
& quato in se non siturba giamai

ma linoftrocchi per cagioni affai
chiaman laftella ralhor tenebrofa
Cofi quandella lachiama argogliofa
non confidera lei fecondoluero.
ma pur fecõdo ql challei parea   **Che lafa temea**
Et teme ancora fi che mipar fero
quãtúche io ueggio la õuella mifenta,
cofi nfcufa fe tifa meftiero:
et quãdo poi allei tiraprefëta
dirai madonna fello ue ad grato:
io patlero diuoi in ciafcun lato.

c   Ofi cõe nelpcedëte tractato firagiona: lomio fecõdo amo
re prefe comiciamëto dalamifericordiofa fëbianza duna
dõna laquale amore poi trouãdo lamia difpofta uita alfuo
ardore aguifa difuocho:dipiccolar grãde fiãma faccefe. Si che
nõ folamëte ueghiãdo:ma dormëdo lume dicoftei nelamia tefta
era guidato. Et qto fuffe grande lodefiderio che amore diuedere
coftei midaua ne dire ne intëdere fipotrebbe. Et ilõ folamëte di
lei era cofi defiderofo: ma ditutte qllë pfone che alcuna pximita
haueffero allei:õ p familiarita:o p parétela alchuna. O qte nocti
furno che liocchi dellaltre pfonë chiufi dormëdo fipofauano che
miei nello habitacolo delmio amore fiffamëte guardauano. Et fi
come lomoltiplicato iccendio uuol pur difuor moftrarfi: che ftare
nafcofo efipoffibile:uolúta migiunfe diparlare amore:loqle del
tutto tenere nõ poteua. Et aduëga che pocha podefta io poteffi ha
uere dimio cõfiglio: pur itãto o puolere damore:o p mia pntez
za adeffo maccoftai ppiu fiate:che io deliberai et uidi che damor
parlãdo piu bello ne piu pfictabile fermone nõ era: che qllo nel
qle ficomëdaua lapfona che famaua. Et aqfto deliberamëto tre
ragioni minformaro:delequali luna fu lo ppio amore dimemede
fimo:loqle efpncipio ditutti glialtri. Si come uede ciafcuno che
piu lecito ne piu cortefe modõ difare afe medefimo honore nõn
el che honorare lamico: che cõciofia cofa che intra diffimili ami
fta effer nõ poffa:douunche amifta fiuede:fimilitudine fintëdet
et doue fimilitudine fintende:corre cõmune laloda eluitü pio. Et

diquesta ragione due grandi amaestramenti sipossono inte̅
dere. Luno sie/dipo̅ uolere che alchuno uitioso simostri ami
co:pche in cio siprende opinione no̅ buona dicolui che ami
co sifa. Laltro sie/che nessuno dee lamico suo biasimare pale
seme̅te:poche a semedesimo da deldito nellocchio. Se be̅ si
mira lapredetta ragione. Laseco̅da ragione fa lodesiderio de
laduratione diquesta amistade. Onde e̅ dasapere:che sicome
dice il Philosopho nelnono dellethyca nellamista delle perso
ne dissimili distato co̅uiene aco̅seruatione di̅qlla una pportio
ne essere intra loro:che ladissimilitudine a similitudine qua
si reduca. Si come intralsignore elseruo che adue̅gna chesse̅
uo no̅ possa simile beneficio re̅dere alsignore qua̅do dalui e̅
beneficiato:dee po̅ re̅dere q̅llo che̅ migliore puo̅ co̅ ta̅ta si
militudine et difranchezza:che̅ quello che e̅ dissimile per se̅
sifaccia simile p lomostramento dellabuona uolu̅ta̅: laquale
manifesta lamista sisferma et sico̅serua. Perche io co̅sidera̅
do me minore che questa donna:et ueggendo me beneficia
to dalei:dilei come̅dare secondo lamia facultade: laquale se
non simile e/p se:almeno lapro̅pta̅ uolu̅tade mostra che se
piu potesse piu farei: Et cosi fa simile ad quella diquesta ge̅
til donna. Laterza ragione fu uno argomento diprouide̅tia
Che si come dice boetio:no̅ basta diguardar pur quello che
e̅ dinanzi agli occhi:cioe/lopre̅se̅te: Et po̅ nedata laprouide̅
tia che riguarda oltre adq̅llo che puo aduenire. Dico che po̅
sai che damolti che diretro dame̅ forse sarei stato ripreso di
lieuezza danimo. Vdendo me essere dalprimo amor mutato
pche atorre uia q̅sta riprensione nullo migliore argomento
era che dire: quale era quella donna che mhaueua mutato e
che per lasua excellentia manifesta hauere sipuo co̅sidera
tione dellasua uirtu. Et p lintendime̅to delasua uirtu gra̅dis
sima sipuo pe̅sare ogni stabilita danimo essere aquella muta
bile: Et po̅ me no̅ giudicare lieue et non stabile. Impresi du̅
che alodare questa do̅na: et seno̅ come siconuenisse: almeno
nanzi qua̅tio potessi: Et comincia̅ adire.

Amor che nellamente miragiona

Questa ca̅zone principalme̅te ha tre parti. Laprima e̅ tutto
ilprimo uerso:nelquale proemialmente siparla. Laseco̅da so
no tutti ti̅tre liuersi segue̅ti:nequali tracta q̅llo che dire si̅te

de:cioe/lalodã diquesta gentile:loprimo dequali comincia.

Nõ uede ilsol che tuttol mõdo gira

Laterza parte e loquinto et lultimo uerso:nelquale dirizan
do leparole.alacãzone purga lei dalcuna dubitanza. Et diq
sti tre parti p ordine e/daragionare.

Acendomi dunche dalaprima parte che aproemio
diquesta canzone fu ordinata: dico che diuidere
in tre parti sicõuiene:che prima sitoccha laineffabi
le cõditiõe diqsto thema: Secondariamente siparra lamia in
sufficientia adquesto pfectamẽte tractare. Et comincia questa
secõda parte.

Et certo emicõuien lasciar impria

Vltimamẽte miscuso dainsufficiẽtia nellaquale nõ sidee por
re ame colpa. Et questo comincio quando dico.

Pero se lemie rime haran difecto

Dico dunche.

Amor che nellamente miragiona

Doue principalmente e/dauedere chi el questo ragionatore.
et che e/qsto loco nelquale dico esso ragionare. Amor uera
mẽte pigliãdo et sottilmente considerãdo nõ e/altro che uni
mento spirituale delanima et delachosa amata:nelquale uni
mẽto di propria sua natura lanima corre tosto et tardi secõ
do che e/libera ò impedita. Et laragione diquesta naturalita
puo essere questa. Ciascuna forma sustantiale procede dalla
sua prima cagione cioe/iddio: si come nellibro dicagione e/
scripto:et nõ riceueno diuersitate p qlla che e/simplicissima:
ma per lesecondarie cagiõi: et per lamateria i che discende
Onde nelmedesmo libro siscriue tractãdo delainfusiõe del
labonta diuina:et sanno diuerse bontãdi: dedoni per locon
corrimento delacosa che riceue: Onde tõciosia cosa che cia
scuno effecto ritenga dellanatura della sua cagione. Si cõe
dice Alpetragio quando afferma che quello che e/causato di
corpo circulare da in alcuno modo circulare essere. Ciaschu
na forma ha essere delladiuina natura in alcun modo. Non
che ladiuina natura sia diuisa et comuhicata in quelle:ma da
qlle participata p lomodo quasi dellanatura delsole e/partici
pata nellaltre stelle. Et qto laforma e piu nobile:tãto piu diq

sia natura tiene. Onde lanima humana che e forma nobilissi
ma diqueste cose che sotto locielo sono generate: piu riceue
dellanatura diuina che alchunaltra. Et po che naturalissimo
e in dio uolere essere: poche si chome nelloallegato libro si
leggie: Prima cosa e lessere: et anzi a quello nulla e. Laia
humana essere uuole naturalméte cõ tutto desiderio. Et po
chelsuo essere depende dadio: et per quello che si cõserua na
uralmente disia et uuole essere adio unita plosuo essere for
ificare. Et po che nellebõtàdi dellanatura delaragione simo
tra ladiuina uena: che naturalméte lanima humana cõ qlle
o uia spirituale siunisce: tanto piu tosto et piu forte: qto qlle
piu appaiono psecte Loquale appariméto elsacto secõdõ che
aconoscéza dellanima el chiara o ipedita. Et questo unire e
quello che noi dicemo amore: per loquale sipuo conoscere
quale e dentro lanima: uegendo difuori quelli che ama que
to amore: cioe luhiméto dellamia anima: cõ questa gentil dõ
na nelaquale deladiuina luce assai misimostraua. Et quello e
ragionatore delquale io dico: poi che dalui continui pensieri
nasceuano miranti et examinàti loualore diquesta dõna che
spiritualmente facta era colamia anima una medesima cosa.
Loloco nelquale dico esso ragionare: sie lamente. Ma p dire
che sia laméte: non siprende dicio piu intédimento che dipri
ma. Et po e dauedere che qsta méte significa. Dicó adúche
chel Philosophó nel secondo dellanima partendo le potentie
diquella: dice che lanima principalmente ha tre potentie: cio
niuere sentire et ragionare: et dice anche mouere. Ma questa
sipuo colsentire far una: pero che ogni ahima che séte: o cõ
tutti sensi o con alcuno solo simuoue. Si chè mouere e una
potentia colsentire: Et secõdo che esso dice e manifestissimo
che queste potentie sono intra se: per modo che luna e son
damento dellaltra. Et quella che e fondamento: puòte per se
essere partita: Ma laltra che si fonda sopra essa: non puo da
quella essere partita. Onde lapotentia uegetatiua per laqua
le siuiue e fondamento: sopra loquale sisente: cioe uede:
ode: gusta: odora: èt toccha. Et questa uegetatiua potentia
per se puo essere anima. Si chome uedemo nelle piante
tutte lasensitiua sanza quella essere non puote: Nõ sitruo
ua alcuna chosa che séta che nõ uiua: Et qsta sésitiua potétia

el fondamento dellaintellectiua cioe/ dellaragione. Et po nō lecose animate mortali laragionatiua potentia sanza lasensi tiua nō sitruoua:ma sensitiua sitruóua fáza questa. Si come nellebestie:nelluccelli:nepesci:et in ogni animale bruto ue demo. Et quella aīa che tutte queste potétie cōprende el psec tissima ditutte laltre. Et laia humana laqle cō lanobilita della potentia ultima cioe/ragione participa delladiuina natura ad guisa disempiterna itelligentia:pchō lanima ētáto in qlla so uraña potentia nobilitata edinudata damateria:che ladiuina luce:come in angiolo razza in quella. Et po e/lhuomo diui no animale daphilosophi chiamato. Inqsta nobilissima par te delanima sono piu uirtudi:si come dice lo Philosopho ma ximamente nelsexto delaia:doue dice che in essa e una uirtu che sichiama sciētifica et una che sichiama ragionatiua o ue ro cōsigliatiua:Et cō questa sono certi uirtudi:sicome i qllo medesimo luogo Aristotile dice. Si come lauirtu inuentiua e giudicatiua ; Et tutte qste nobilissime uirtudi et altre che sono in quella excellentia potentia sichiama insieme cō qsto uocabolo delquale siuolea sapere che fusse:cioe/mente:pche el manifesto che p mente sintendē questa ultima et nobilissi ma parte dellanima. Et che cio fusse lointēdiméto siuede che solamēte delhuomo et dellediuine sustantie questa mēte si predica. Si come p Boetio sipuote apertamēte uedere che p mia la predica deglihuomini.Onde dice allaphilosophia:Tu et dio che nellamēte degli huomini mise. Poi la predicha di dio quādo dice adio. Tutte lecose produci dallosupiō exem pio. Tu bellissimo bel mōdo nellamēte portate: ne mai dani male bruto predicata fue:anzi damolti huomini che del apar te pfectissima paiono defectiui nō pare douersi nē poterfi p dicare. Et po qlli cotali sono chiamati nelagramatica amenti et dementi cioe/sanza mēte.Onde sipuote omai uedere che e/mente:che e quello fine et pretiosissima parte dellaia che e deitade. Et questo e/lluogo doue dico:che amore miragiona dellamia donna.

　　n　　On sanza cagione dico che questo amore nellamēn
　　　　　　te mia fa lasua opatione:ma ragioneuolamēte cio
　　　　　　sidice adare aintēdere quale amore e questo p lo lo
co nelquale adopera;Onde e/dasape che ciascuna cosa come
detto e/disopra p laragione disopra mostrata alsuo spetiale

amore cioe lecorpora semplici hãno amore naturato in se al
loro loco ꝓppio. Et pò laterra sẽpre discéde alcẽtro: losuoço al
lacircũferẽtia disopra lũgo ilcielo delaluna. Et po sempre sa
le aquello lecorpora cõposte prima: si come sono leminiere:
hãno amore la doue laloro generatione e ordinata: et in ꝗllo
crescõno aquello uigore et potentia. Onde uedemo lacalami
ta sempre dalaparte delasua generatione riceue uirtu. Lepiã
te che sõno prima animate hãno amore acerto luogo piu ma
nifestamẽte secõdo che lacõplexione richiede: Et po uedemo
certe piãte lũgo lacque quasi piãtarsi: et certe sopra gliocchi
delemõtagne: et certe nellepiagge, et dapie demõti: Leꝗli so
sitrasmutano o muoiono deltuito ꝩ uiuono quasi triste: si co
me cose disgiũte dalloro amico. Liaiali bruti hanno piu ma
nifesto amore: nõ solamẽte aglihuomini: ma luno alaltro ue
demo amare. Lihuomini hãno loro propio amore allepfecte
et honeste cose. Et poche lhuomo aduẽga chè una sola sustã
tia sia tutta sia forma: ꝑ lasua nobilita ha in se lanatura diui
nà queste cose: tutti questi amori puote hauere: et tutti gli ha
Chè ꝑ lanatura del semplice corpo che nel sugetto signoreg
gia naturalmẽte ama landare giu. Et pò quãdo isu muoue lo
suo corpo piu saffaticha ꝑ lanatura secõda delcorpo mixto:
ama illuogo delasua generatiõe et ãcora lotẽpo. Et po ciascu
no naturalmẽte e dipiu uirtuoso corpo nelloco doue el gene
rato et nel tẽpo delasua generatiõe che i altro: Onde silegge
nelle storie d Hercule: et nello Ouidio maggiore et i Lucano
et i altri poeti: che cõbattẽdo colgigante che sichiamaua An
theo: tutte uolte chelgigante era stanco: elli poneua losuo cor
po sopra laterra disteso o per sua uoluta o ꝑ forza d Hercule
forza et uigore interamẽte delaterra i lui risurgeua: nelaqua
le et delaquale era esso generato. Di che accorgendosi Her
cule allafine prese lui: et stringẽdo quello et leuatolo dalla
terra tãto lo tenne sãza lasciarlo alaterra ricongiungnere:
che louinse: et ꝑ losopchio luccise. Et ꝗsta battaglia fu i afri
ca secũdo latestimoniãza delle scripture. Et ꝑ lanatura terza
cioe delepiante ha lhuomo amore acerto cibo: nõ inquãto el
cusibile: ma i quãto e nutribile. Et quel cõtal cibo fa sopera
di questa natura pfectissima: et laltro nõ cosi: ma falla ipfecta
Et po uedemo certo cibo fare glihuomini formosi et mẽbruti
et bene uiuacemẽte colorati. Et cérti fare locõtrario di ꝗsto.

e i

Et p̄ la natura quarta degli animali cioe l senfitiua ha lhuomo
altro amore p̄ loquale ama secõdo la senfibile apparentia: si
come beftia. Et queſto amore nellhuomo maximamente ha
niestiere directore p̄ la sua fopchieuole operatione neldilecto
maximamēte del gufto et deltacto. Et p̄ la qntã et ultima natu
ra cioe uera humana ó meglio dicēdo cioe/angelica: cioe l ra
tionale: ha lhuomo amore alauerita et alauirtu. Et daqueſto
amore nasce lauera et perfecta amiftade dello honeſto tracta
dellaquale parla il Philofopho nelloctauo dellethyca quando
tracta dellamiftade. Onde ādcio che queſta natura si chiama
mēte come difopra e/moſtrato: diſſe amore ragionare nella
mente p̄ dare adintēdere che q̄ſto amore era q̄llo: che i q̄lla
nobiliſſima natura nasce cioe/diueritade et diuirtude. Et p̄ ri
fchiudere ogni falfa opinione dame: p laquale fuſſe foſpica
to lomio amore eſſere per senfibile dilectatione: dico poi
DISIOSAMENTE. A dare adintēdere la sua cõtinuáza
et lofuo feruore. Et dico che moue fouente cofe che fáno diſ
uiare lintellecto. Et ueramente poche imiei penfieri dicoſtei
ragionãdo molte fiate uolean cofe cõchiudere dilei: chio nõ
lepoteua intēdere: et fmarriuomi fi che quafi parcua difuori
alienato: come chi guarda p louiſo con una ritta linea: prima
uede lecofe p̄xime chiaramēte: poi procedēdo meno leuede
chiare: poi piu oltre dubita: poi maximamēte oltre p̄cedendo
louiſo difgiõto nulla uede. Et q̄ſta e/luna ieffabilita diq̄l che
p̄ tema ho prefo. Et cõseq̄ntemēte narro laltra quãdo diço:

Lofuo parlate.

Et dico che limia penfieri che son parlar damore fonõ dilei che
lamia aia cioe lomio effecto arde di potere cio cõ laligua nar
rare. Et pche dire nol poſſo: dico che laia fenelamēta dicēdo

Laſſa chio non fon poſſente

Et q̄ſta e laltra ineffabilita cioe l che lalingua nõ e diq̄llo/che
lo intellecto uede pienamente feguace. et dico.

Lanima che lafcolta et che lofente

A fcoltare quanto alleparole et sentire quanto alladolcēzza
delfuono:

q̄   Vãdo ragionate fono ledue ineffabil tadi diq̄ſta mate
     ria cõuienfi p̄cedere ad ragionare leparole che nãrra

io lamia insufficiétia. Dico adúche che lamia isufficientia
pcede doppiaméte si come doppiaméte tráscende laltezza di
costei p lомodo che detto e/che ame cóuiene lasciare per po
uerta dintellecto molto diquello che e/uero dilei: et che quasi
nellamia méte raggia: laqle come corpo diaphano riceue ql
lo nó terminádo. Et qsto dico i qlla seguéte particola.

Et certo emiconuien lasciar imptia.

Poi quandodico.

Et diquel che sintende

Dico che nó pur aqllo che lo intellecto non sostiene: ma eñ
io aql chio intédo sufficiétemére: nó po che lalingua mia nó
e ditáta facúdia che dir potesse cio che nelpensiero m io sene
ragiona: Perche e idiuedere che arispecto della uerita pocho
sia quello che dira: Et cio risulta in gran loda dicostei se ben
si guarda: nellaquale prícipalméte sintende. Et aqlla oratio
ne si puo dir ben che uegna dalafabrica delrhetorico laquale
ciascuna parte pon mano alprincipale itéto. poi quádo dice.

Pero se lemie rime haran difecto

Et scusomi damia colpa delaqle nó deggio essere colpato ue
gédo altri lemie parole esser minori che ladigntia diqsta: Et
dico che se difecto sia nellemie rime: cioe nellemie parole che
a tractare dicostei sono ordinate dicio e/dabiasimare delade
bilita dellitellecto: et lacortezza delnostro parlare: Loqle pé
siero e/uíto: si che seguite lui nó púote adpieno: maximaméte
le la doue lopessiero nasce damore. Et pche quiui laia psúda
méte piu che altroue singegna. Potrebbbe dire alchuno tu
cusi te insiememéte che argométo dicolpa e/nó purgaméto
iñqto lacolpa sida allitellecto et alparlare che e/mio che si có
ne seglie buono io deggio esser lodato. In qto cosi seglie de
fectiuo: deggio essere biasimato: atio sipuo breueméte rispó
dere che nó maccuso ma scuso ueraméte. Et po el dasapé se
códo lasentétia del Phó nelterzo dellethyca che lhuomo e/de
gno diloda et diuitúpio solo i qlle cose che sono in sua pode
sta difare o di non fare: Ma in quelle nellequali non ha po
desta non merita ne uituperio né loda: peroche luno et laltro
e/darendere altrui: aduéga che lecose sieno parte delhuomo
medesimo. Onde noi nó douemo uitupare lhuomo pche sia
el corpo dasua natiuita laido: poche nó fu i sua podesta farsi

c II

bello:ma douemo uituperare lamala dispositiõe delamateria
onde esso e facto:che fu pticipio del peccato delanatura: Et
cosi nõ douemo lodare lhuomo p biltade chabbia disua nati
uitade nelsuo corpo che nõ fu esso dicio factore. Ma douemo
lodare lartefice cioe lanatura humana: che tãta bellezza pdu
ce lasua materia quãdo ipedita daesso non e. Et po disse bene
lopte allipadore che rideua et scbernia lalaidezza delsuo cor
po: Dio fece noi: et nõ essi noi. Et sono ãste parole del ppe
ta in un uerso delsalterio scripti nepiu nõ meno come nellari
sposta delprete. Et po ueggiamo ficatiui malnati che põgo
no lostudio loro in azzimare laloro opatione che dee essere
tutta cõ honestade: che nõ e altro affare: che ornare lopea
daltrui: et abandonare lapropia. Tornãdo dunche alproposi
to dico che nostro stellecto p difecto delauirtu dalaquale tra
he quello chel uede che uirtu organica: cioe lasãtasia nõ puo
a certe cose salire: poche lafantasia nolpuo aiutare: che non
ha ildiche: si come sono lesustãtie partite damateria: daleqli
et se alcuna consideratione diquelle hauer potemo: intende
re non lopotemo ne comprendere perfectamente. Et dico
nõ e lhuomo dabiasimare: che nõ esso fu diquesto difecto fa
ctore:anci fece cio lanatura uniuersale: cioe iddio che uolse
in questa uita priuare noi diquesta luce: che pche egli lofacce
se: presumptuoso sarebbe aragionare. Si che se lamia consi
deratione mitrãsportaua in parte doue lafantasia uenia me
no allintellecto: sio non poteua intendere: nõ sono dabiasi
mare: Ancora e posto fine alnostro ingegno: aciascuna sua
opatione nõ danoi ma daluniuersale natura. Et po e dasape
che piu ampi sono litermini dello ingegno: che adparlare: et
piu ampi aparlare: che adaccennare. Dunche selpensier no
stro nõ solamente quello che a pfecto intellecto nõ uiene: ma
etiãdio quello che a pfeto stellecto sitermina: e uincente del
parlare: nõ siamo noi dabiasimare: poche nõ siamo dicio fa
ctori. Et po manifesto me peramente scusare: quãdo dico.

Dicio sibiasimi ildebil intellecto

Elparlar nostro che non ha ualore

Diritrar tutto cio che dice amore

Che assai si dee chiaramẽte uedere labuona uolũta: alaquale
hauere sidee rispecto nemeriti humãni: et cosi õmai sintẽdi

azzimare

laprima parte pricipale di q̃sta cãzone che corre mo p̃ mano
q̃ Vãdo ragionãdo p laprima parte aperta el lasen
tẽtia diquella pcedere sicõuiene allaseconda: dela
quale p meglio uedere tre parti senecõuẽgono fa
re secõdo che i tre uersi sicõprende: che nelaprima parte io
comẽdo q̃sta dona interamẽte et comunemẽte si nellaia co
me nelcorpo: nellasecõda discẽdoa laude spetiale dellaia: nel
terza alaude spetiale delcorpo. Laprima parte comincia.

Non uede ilsol che tuttolmondo gira

La seconda comincia

In lei discende lauirtu diuina

La terza comincia.

Cose appariscon nellosuo aspecto

Et q̃ste parte secõdo ordine sono da ragionare: dico dunche.

Non uede ilsol che tuttolmondo gira

Doue el dasapere apfecta intelligẽtia hauere: come lomõdo
dalsole el girato. Prima dico che p lomõdo io nõ intẽdo qui
tuttolcorpo delluniuerso: ma solamẽte q̃sta parte delmare et
delaterra seguendo lauolgare uoce che cosi susa chiamare.
Onde dice alcuno quello ha tuttolmondo ueduto: dicẽdo par
te delmare et dellaterra. Questo mõdo uolse Pythagora et li
suoi seguaci dire che fusse una dellestelle: et che unaltra allei
fusse opposita cosi facta: et chiamaua q̃lla Antiscõa: et dice
ua che erano ãbe in una spera che siuolgea i occidente da
oriẽte: et p q̃sta reuolutione sigiraua losole intorno anoi: et
hor siuedea: et hor nõ siuedea. Et dicea chelfuoco era nelme
zo diq̃ste: ponẽdo q̃llo essere piu nobile corpo che lacqua et
che laterra: et ponẽdo lomezo nobilissimo itra liluoghi deli
quattro corpi sẽplici: Et pò diceua chelfuoco quando pare
ua salire: secõdo louero almezo discendeua. Platone fu poi
daltra opinione: et scripse in uno suo libro che sichiama thy
meo: che laterra colmare era bene lomezo dituttto: Ma chel
suo tondo tutto sigiraua attorno alsuo cẽtro: seguẽdolprimo
mouimẽto delcielo. Ma tarda molto p lasua grossa materia:
et p lamaxima distãtia daq̃llo. Queste opiniõi sono riproua
te p false nelsecõdo decelo et mũdo dãq̃l glorioso Phõ: alq̃le
lanatura piu apse lisuoi secreti. Et p lui qui el puãto q̃sto mõ

Mondo ℔.

Stella.

Ag k.

do cioe/laterra ſtare i ſe ſtabile et fixa in ſepiterno: et leſue
ragioni che Ariſtotile dice aroper̄e coſtoro et affermare laue
rita nõ e/mia itẽtione q̃ narrare: pche aſſai baſta alagẽte a
cui io parlo per laſua grãde auctorita ſape che q̃ſta terra eſi
xa et nõ gira: et che eſſa colmare e/cẽtro delcielo. Queſto cie
lo ſigira intorno a q̃ſto cẽtro cõtinuamẽte co ne noi uedemo
Ne lacui giratiõe cõuiene dineceſſita eſſere due poli fermi:
et uno cerchio ugualmẽte diſtãte daq̃lli che maximamẽte gi
ri. Di q̃ſti due poli luno e/manifeſto q̃ſi atutta laterra diſcop
ta cioe/q̃ſto ſeptẽtrionale: laltro e/q̃ſi atutta ladiſcopta terra
celato cioe/lomeridiõale. Locerchio che ielmezo diq̃ſte ſin
tẽde ſie/q̃lla parte delcielo ſottolq̃le ſigira ilſole quãdo ua
collariete et collalibra. Onde e/daſape che ſe una pietra po
teſſe cadere daqueſto noſtro polo: ella caderebbe la oltre nel
mare occeano apũto inſu quello doſſo delmare: doue ſe fuſſe
uno huomo: laſtella ſempre ſarebbe iſul mezo del capo. Et
credo che daRoma a q̃ſto luogo andãdo diritto p tramõtana
ſia ſpatio quaſi di dua milia ſeicẽto miglia o poco dalpiu al
meno. Immaginãdo adũche p meglio uedere i queſto luogo
chio diſſe: ſia una cittade: et habbia nome Maria. Dico anco
ra che ſi dalaltro polo cioe/meridionale cadeſſe una pietra:
chella caderebbe inſu quel doſſo delmare occeano che apũto
iii q̃ſta palla oppoſito aMaria. Et credo che daRoma la doue
caderebbe quella ſeconda pietra diritto andãdo uerſo mezo
giorno ſia ſpatio diſepte milia ciquecẽto miglia poco dapiu
almeno. Et q̃ imaginamo unaltra citta chabbia nome Lucia
Et diſpatio diqualũche lato ſitira lacorda didiece milia dugẽ
to miglia. Eli tra luna et laltra mezo lo cerchio di tutta q̃ſta
palla. Si che liciptadini diMaria tẽgono lepiãte cõtra lepiã
te diquelli di Lucia. Immaginianſi anche uno cerchio inſu q̃
ſta palla che ſia i ciaſcuna parte ſua tãto lungi daMaria quã
to da Lucia. Credo che queſto cerchio ſecõdo chio cõprẽdo
p leſẽtẽtie degliaſtrologi: et p quella d'Alberto delamagna
nellibro dellanatura deluoghi: et dele propietadi: et deglie le
menti: et anche p lateſtimõiãza di Lucano ielnono ſuo li
bro diuiderebbe q̃ſta terra diſcopta dalmare occeano la nel
mezo die: quaſi p tutta laextremita delprimo climate: doue
ſono: intra laltre genti li Garamãti che ſtãno ſempre quaſi
nudi: Aliquali uẽne Catone colpopolo diRoma laſignoria

Cesare fuggédò. Segnati qsti tre luoghi sopra qsta palla
legiermété sipuo uedere cóelsole lagira. Dico adunche chel
cielo delsole siriuolge da occidéte ioriéte nó dirittaméte có
tra ilmouiméto diurno cioe deldi et delanocte:ma tortamété
cótra qllo:si chelsuo mezo cerchio che ugualmente entra li
suoi poli nelquale ellocorpo delsole:sega i due parti opposi
te delcerchio deli due primi poli:cioe nelpricipio dellariete:
et nelpricipio dellalibra:et partesi per due archi daesso:uno
uerso septétrione:et unaltro uerso mezo giorno:ipunti de
quali archi sidilúgano ugualeméte dalprimo cerchio daogni
parte p uenti tre gradi et uno púto piu. Et luno púto e ilpri
cipio del cácro:et laltro e ilpricipio delcapricorno:po conuie
ne che Maria uenga nelprincipio dellariete:quádo ilsole ua
sotto lomezo cerchio deprimi poli:esso sole gira ilmódo itor
no giu alaterrá o uero almare:cóe una mola delaquale non
paia piu che mezo locórpo suo:et qsta ueggia uenire mótan
do aguisa huná uite dintorno:táto che adémpia nouantuna
rota et poco piu:quádo qste rote sono adépiute losuo monta
re e laMaria qsi táto qto esso móta anoi nellameza terrache
del giorno et delameza nocte uguale:Et se uno homo fusse
diritto iMaria:et sépre alsole uolgesse iluiso:uedrebbesi qllo
andare nelbraccio diritto. Poi p lamedesima uia páre discen
dere altre nouantuna rota et poco piu:tanto chelli gira intor
no giu alaterra o uero almare se non tutto mostrádo. Et poi
sicela:et comincialo auedere Lucia:laquale mótare et desce
dere intorno se:allor uede con altre tante rote quante uede
Maria. Et se uno huomo fusse in Lucia diritto:sempre che
uolgesse lafaccia uersolsole:uedrebbe quello andarsi nello
braccio sinistro:perche sipuo uedere che questi luoghi han
no un di dilanno di sei mesi:et una nocte daltre tanto tépo:et
quádo lunó ha logiorno:et laltro ha lanocte. Cóuiene áche
che locerchio doue sono ligáramáti:cóe detto é isu qsta palla
ueggia losole apúto sopra se girare nó amodo dimola:ma di
rota:laqle nó puo i alcúa parte uedere se nó meza quádo ua
sotto lariete. Et poi louede pártire da se :et uenire uerso Ma
ria nonáta et uno die et poco piu :p altri táti ad se tornare
et poi qdo e tornato ua sotto lalibra:et áche siparte et ua uer
Lucia nonáta et undi et poco piu :et i altri táti torna. Et qstó
poco ilqle tutta lapallá cerchiá sép ha lo di uguale collanocte

e iiii

o dila o diqua chelsole gliuada: et due uolte lanno ha lassate
gradissima dicalore: et due piccholi uerni. Cóuiene anche
che lidue spacii che sono i mezo deledue cittadi imaginare:
et losole delmezo ueggiano losole disuariataméte secondo
che sono rimoti et ppinqui qsti luoghi: Si come omai p qllo
che detto e/puote uedere chi ha nobile ingegno; alqle e/bel
lo umpoco difatica lasciare. pche uedere omai sipuote che p
lodiuino puidimento lomondo e/si ordinato: che uolta laspe
ra delsole: et tornata adun punto qsta palla doue noi siamo
i ciascuna parte dise riceue táto diluce qto ditenebre. O in
effabile sapiétia che cosi ordinasti: quáto e/pouera lanostra
mente ad té comprendere. Et uoi acui utilitade et dilecto io
scriuo in quáta cechitade uiuete nó leuádo gli occhi suso aq
ste cose: tenendoli fixi nelsango delauostra stoltezia.   6

ij   Elprecedente capitolo e/móstrato pche modo i.sole
        gira. Si che omai sipuó pcedere adimostrare lasen
        tentia delaparte alaquale sintende. Dico dóche che
inqsta parte prima comincio adcomendare qsta dóna p có
paratione allaltre cose. Et dico chelsole girádo ilmódo non
uede alcuna cosa cosi gentile come costei: pche segue che q
sta sia secódo leparole gentilissima dituite lecose chelsole al
lumina: et dice inqllora. Onde e/dasape che hora p due mo
di siprende dagliastrologi. Luno sie/che deldi et lanocte san
no xxiiii hore: cioe/xii deldi et. xii dellanocte: quanto chel
di sia gráde o piccholo: Et qste hore sifáno piccole et grádi
neldi et nella nocte: secondo chel di et lanocte cresce et sce
ma. Et qste hore usa lachiesa: quádo dice prima: terza: sexta
et nona: et chiamási cosi hore téporali, Laltro modo sie/che
facendo deldi et dellanocte. xiiii hore: taluolta ha ildi le. xv.
hore: et lanocte lenoue: tal uolta ha lanocte le. xvi. et ildi le
viii. secondo che cresce et scema lodi et lanocte: et chiaman
si hore equali. Et nello eqnoctio sépre qste et qlle che tépora
li sichiamano sono una cosa: poche essédo lo di equale della
nocte cóuiene cosi auenire. Poi quando dico·

Ogni intellecto dila su lamira

Comédo lei nó hauédo rispecto ad altra cosa: et dico che le i
telligentie delcielo lamirano: et che lagente diqua giu genti
le pensano dicostei quádo piu hãno diqllo che loro dilecta.

Et qui e/dasape che ciascuno intellecto difopra fecodo che e
fcritto nellibro dellecagioni cogiiofce qllo che e/fopra fe: et
quello che e/fotto fe. Conofce adunche iddio fi come fua ca
gione: Conofce qllo che e/fotto fe: fi come fuo effecto. Et po
che dio e/uniu prfaliffima cagione ditutte lecofe: conofcendo
i: tutte lecofe conofcono: fi fecodo modo dellaitelligetia p
che tutte leintelligetie conofcono laforma humana: in quato
ella e/p intentione regolata nelladiuina mete: maximamete
conofcono qlla intelligetia motrice: pche fono fpetialiffime
cagioni diquella et dogni forma generale. Et conofcono qlla
pfectiffima tato quato effere puo: Si come lor regola et exe
plo. Et fe effa humana forma exemplata et idiuiduata non e/
pfecta: no e/manco deldetto exemplo: ma delamateria laqua
le e/indiuidua. Pero quado dico.

Ogni intellecto dila fu lamira

No uoglio altro dire: feno chella e/cofi facta come lexeplo
intetionale che della humana effentia e/nelladiuina mente:
et p qlla uirtu laqle maximamente i qlle menti ageliche che
fabricano colcielo quefte cofe diqua giu. Et aquefto afferma
re fubiungo quando dico.

Et quella gente che qui finnamora

Doue e/dasape che ciafcuna cofa maximamente difidera la
fida pfectione: et in qlla fiqueta ogni fuo defiderio: et p qlla
ogni cofa e/defiderata. Et qfto e/quel defiderio che fepre ne
fa parere ogni delectatione maca: che nulla delectatione e fi
grade i qfta uita che allaia noftra poffa torre lafete: che fem
pre ildefiderio che detto e no rimaga nelpefiero. Et poche q
fta e ueramete qlla pfectioe: dico che qlla gente che qua giu
maggiore dilecto riceue: quado piu hano dipace: allora rima
ne qfta ne loro penfieri: p qfta dico tato effere pfecta: qto fo
mamente effere puo lhumana effentia. poi quado dico.

Suo effer tanto aquel che gliel da piace

Mostro che non folamente qfta dona e/ pfectiffima nella hu
mana genaratione: ma piu che pfectiffima: inquanto riceue
dalla diuina botade oltre lodebito humano. Onde ragioneuo
lemente fipuo credere: che fi come ciafcuno maeftro ama la
fua opa piu optima che laltre: cofi dio ama piu laperfona hu

mana optima che tutte laltre. Et pó che lasua larghezza nõ
sistregne danecessitade dalcunó termine:non ha riguardo lo
suo amore aldebito dicolui che riceue:ma sopchia qllo in do
no et i benefitio di uirtu et di gratia. Onde dico qui che esso
iddio che da lessere acostei per charita delasua perfectione in
fonde in essa delasua bonta oltre litermini deldebito delano
stra natura. Poi quando dico.

La sua anima pura

Pruouó cioche detto el sensibile testimoniaza. Que eldasa
pere che si cõt dice lo Philosopho nelsecondo delaia. Laia el
acto delcorpo: et sella elsuo acto elsua cagióe: Et poche si co
me elscripto nellibro allegato delecagioni. Ogni cagione in
fonde nelsuo effecto dellabõtade che riceue dalacagióne su
Infonde et rende alcorpo suo delabonta delacagióe sua che
da. Onde cóciosia cosa che i costei siueggiano quáto e dala
parte delcorpo marauigliose cose:tãto che fáno ogni guarda
tore disioso diqlle uedere:manifesto e che lasua forma ciot
lasua aia che lacóduce si cóe cagione ppia riceue miracolosa
mête lagratiosa bõta didio. Et cosi pua p qsta appáreza che
e oltre aldebito delanatura nostra laqlę i lei e pfectissima co
me detto eldisopra:qsta dõna eldádio benefitiata et facta no
bile cosa. Et questa etutta lasentétia litterale delaprima par
te delaseconda parte principale.

Omendata questa dõna comunemête si secõdo laia
come secõdo ilcorpo. Io pcedo acomiendare lei spe
tialmête secõdo laia. Et prima lacomédó secõdo lo
suo bene elgrãde i sé. Poi lacomédo secõdo chelsuo bene el
grande i altrui: et utile almódo: Et comincia questa parte se
conda quando dico.

Di costei sipuo dire

Dunche prima dico

In lei discéde lauirtu diuina

Onde eldasape che ladiuina bõta i tutte lecose descéde altri
mêti esser nó potrebbono. Ma aduéga che qsta bõta simuo
ua daséplicissimo pricipio diuersamête siriceue secondo piu
et meno dalecose riceuute. Onde scritto el nellibro dellea
gioni. Laprima bõta mãda lesue bõtadi sopra lecose cõ uno
discorrimêto. Veramête ciascuna cosa riceue daquello disco

rimento secódo lomodo delafua uirtu et delfuo effere. Et di
cio fenfibile exéplo potemo hauere dalfole. Vedemo laluce
delfole laquale e/una dauno fóte deriuata: diuerfaméte dale
corpora effere riceuúta. Si come dice Alberto i quello libro
che fa dello intellecto: che certi corpi p molta chiarita di dya
phano hauere i fe mifta tofto chelfole liuede; diuétano táto
luminofi: che p moltiplicaméto diluce i quelli e/loloro a fpec
to: et rendono aglialtri dife grãde fplendore: fi come e/loro:
et alcuna pietra. Certi fono che per effere tutti dyaphani nõ
folaméte riceuono laluce: ma ãlla nõ impedifcono: anzi ré
dono lei delloro colore colorate nellaltre cofe. Et certi fono
tãto uincéti nellapurita deldyaphano che diuétano fi radiãti
che uicono larmonia dellocchio: et nõ filafciano uedere fan
za fatica deluifo: fi cõe fono lifpecchi. Certi altri fono táto
faza dyaphano: che quafi poço delaluce riceuono fi come la
terra. Cofi labõta didio e/riceuuta altriméti dalefuftantie fe
parate cioe/dagliãgeli che fono faza groffez za dimateria q
fi dyaphani p fapurita delaloro forma. Et altrimenti laia hu
mana: che aduéga che dauna parte fia damateria libera: dau
altra e/fpedita. Si cõe lhuomo che tutto nellacqua fuor del
capo: delãle nõ fipuo dire che tutto fia nellacã: ne tutto fuor
dãlla. Et altriméti dagliaiali: lacui aia tutta i materia e/cõpfa
ma táto dico alãto nobilitata: Et altriméti daleminere et altri
méti dalaterra che dalialtri: poche e/materialiffia et po remo
tiffia et i pportionaliffima ala pma fimpliciffia et nobiliffima
uirtu: che fola e/itellectuale cioe/iddio Et auéga che pofti fia
nõ q gradi generali: non diméno fipoffono porre gradi fin
gulari: cioe che ãlla riceue dellaie humane altriméti una che
lunaltra. Et pò che lordine intellectuale deluniuerfo fifale et
difcéde p gradi ãfi cótinui dalaifima forma alaltiffima. Alla
ltima fi cõe uedemo nellordine fefibile et tralãgelica natura
che e/cofa itellectuale et laia humana nõ fia grado alcúo: ma
fu ãfi luno et laltro continuo p gliordini degradi: et tralaia
humana et laia piu pfecta delibruti aiali ãcor mezo alcuno
nõ fia. Et noi ueggiamo molti huomini táto uili et di fi baffa
conditione: che quafi non pare altro che beftia: et cofi e/ da
porre et dacredere fermaméte che fia alcuno fanto nobile
et difi alta códitione: che ãfi non fia altro changelo: altrimé
tinõ ficótinuerebbe lumana fpetie da ogni parte che effere
nõ puo. Et ãfti cotali chiama Ariftotile nel. vii. dellethyca di

uini. Et cotale dico io che eiqsta donna. Si che ladiuina uirtu
aguisa che discéde nellágelo discéde i lei. poi quádo dico.

Et qual donna gentil questo non crede

Pruoui questo p laexpiétia che hauer dilei sipuo: i qlle opa
tioni che sono ppie delaia rationale: doue ladiuina luce piu
expeditaméte raggia cioe nelparlare: et negli acti che regg
menti et portaméti sogliono essere chiamati, Onde eldasape
che solaméte lhuomo itra liaiali parla: et ha regimenti et ac
che sidicono rationali: poche solo elli ha i se ragione. Et che
se alcuno uolesse dire cótradicédo che alcuno uccello parli
Si come pàre dicerti maximaméte dela ghazza et delpappa
gallo: Et che alcuna bestia fa acti o regiméti: sicóe pare del
lascimia o dalcua altra: Rispódo: che nó e uero che parlino
ne habbinó regimenti: pó che nó háno ragione dalaquale q
ste cose cóuengono pcedere: ne eii loro lopricipio diqueste
opatiói: ne conoscono che sia cio: he itédono p qllo alchuna
cosa significare. Mà solo qllo che ueggono et odono riprese
tare. Onde si cóe laimagine delecorporali alcuno córpo lu
cido sirapresenta si come nellospecchio. Cosi laimagine cor
porale che lospecchio dimostra non e uera: Cosi laimágine
dellaragióne cioe gliacti et loparlare nellaia bruta ripreséta
o uero dimostra nó e uera. Dico che qual dória gentile nó
crede ql chio dico: che uada có lei: et miri glisuoi acti. Nó di
có quale huómo pó che piu honestaméte p ledóne siprende
expientia che p lhuomo. Et dico qllo che dilei có lei sentin
Dicendo qllo che fa losuo parlare: et che fáno lisuoi regimé
ti: chelsuo parlare p laltezza et per ladolcézza sua genera
nelaméte dichi lode uno pésiero damore: loquale io chiamo
spirito celestiale: poche lassu e losuo pricipio: et dila su uie
ne lasua séténia: si cóe disopra e narrato. Delqual pensiero
si pcéde i ferma opinióe: che qsta sia miracolosa donna diuir
tude: et isuoi acti penlaloro soauita et p laloro misura fanno
amore disueghiare et risentire la donuche e dellasua potéza
seminata p buona natura: laqual natura semenza sifa cóe
nel seguente tractato simostra, poi quando dico. DICO
STEI SIPVO DIRE. Intédo dinarrare cóe labonta et
lauirtu dellasua aia e aglialtri buona et utile. Et prima cóe
ella e utile allaltre dicédo,

Gentil e in donna cio che in lei fi troua

Doue manifefto exemplo rendo aledonne:nelquale mirãdo poffono fare parere gentile quello feguitado. Secõdamente rro comella e/utile a tutte laltre genti dicédo che lafpecto fuo aiuta lanoftra fede laqle piu che tutte laltre cofe e/utile a tutta lhumana generatione: Si come qlla p laqle cápiamo la eternal morte:et acqftiamo eternal uita:et lanoftra fede aiu a poche cóciofia cofa che pricipaliffimo fondaméto della fe noftra fieno miracoli facti p colui che fu crucifixo ilquale creo lanoftra ragione:et uolle che fuffe minore delfuo pote et facti poi nelnome fuo per lifancti fuoi. Et molti fieno robftinati:che diquelli miracoli p alchuna nebbia fieno du biofi:et nõ poffano credere alcuu miracolo fãza uifibilemé dicio hauere experiétia. Et qfta dõna fia una cofa uifibi lemête miracolofa. Et dellaqle gliocchi de gli huomini poffo no cotidianamente experientia hauere:danoi faccia poffibile lialtri. Manifefto e che quefta dõna colfuo mirabile afpecto noftra fedé aiuta. Et po ultimaméte dico:che daetternó cio etternalmente fu ordinata nellamente:didio in teftimonio dellafede acoloro che i quefto tempo uiuono:et cofi termina lafecõda parte fecõdo lalitterale fua fententia. §

Ntra glieffecti deladiuina fapientia lhuomo e/ mira biliffimo:cõfiderãdo come i una forma ladiuina uir tute tre nature congiũfe:et come fottilmente cóuie ne effere armoniato locorpo fuo a cotal forma effendo orga nizato per tutte quafi fue uirtudi. Perche lamolta cócordia tra tanti organi cóuiene ad bene rifponderfi: Pochi perfecti huomini in tanto numero fono. Et fe cofi e/mirabile quefta creatura certo non pur colleparole e/ datemere ditractare di fe códitioni:ma etiã dio colpenfiero: Si che i cio quelle pa role dellecclefiaftico: Lafapientia didio precedette tutte qlle cofe che cercaua. Et qllaltre doue dice. Piu alte cofe dite nó domãderai:et piu forte cofe dite nó cerchèrai. Ma quelle co fe che dio ticomãdo penfa:et i piu opere nó fia curiofo cioe follicito. Io adunche che in quefta terza particola dalchuna códitione dicotale creatura parlare intendo i quãto nelfuo corpo p bonta dellanima fenfibile bellezza appare temoró famente non ficuro cominciare intendo:et fe non adpieno:

almeno alcuna cofa ditanto nodo difnodare. Dico adunche
che poi che apta el lafentétia diQlla particola nelaquale que
fta dóna el comendata delaparte dellaia:da pcedere et dauede
re el come quando dico.

Cofe apparifcon nellofuo afpecto

Io cómédo lei dalaparte delcorpo: Et dico che nel fuo afpecto
apparifcon chofe leQli dimoftrano dipiacere. et intra gli altri
diquelli diparadifo lopiu nobile eQllo che efcritto et fine di
tutti gli altri fie cótentarfi: Et Qfto fie effere beato: Et Qfto
piacere e ueramente. Auenga che p altro modo nellafpecto
dicoftei:che guardádo coftei lagéte ficótéta: táto dolcemé
te ciba labellezza dicoftei gliocchi derifguardatori. Ma p al
tro modo che p locótétare in paradifo el ppetuo: che nó puo
ad alcuno effere quefto. Et po che potrebbe alcuno hauèr dó
mádato doue Qfto mirabile piacere appare i coftei. Diftiguo
nella fua pfona due parti:deleQli lhumana piacéza etdifpia
céza piu appáre. Onde e dafapé che in qualúche parte lani
ma piu adopera delfuo offitio: che aquella piu fiffámente in
tende adornare:et piu fottilméte quiui adopera. Onde uede
mo che nellafaccia dellhuomo la doue fa piu del fuo offitio:
che in alchuna parte difuori: tanto fottilmente intende: che p
fottigliarfi quiui tanto quanto nella fua materia puote nul
lo uifo ad altro uifo efimile: Perche lultima potentia della
materia laquale in tutti quafi diffimile:quiui firiduce iñ acto
Et però che nellafaccia maximamente in due luoghi opera
lanima:però che in quelli due luoghi quafi tuttea ttré lenatu
re delanima hanno iurifdictione:cioel negliocchi et nellaboc
cha quelli maximamente adorna. Et quiui pone lo intento
tutto ad far bello fepuote. Et in quefti due luoghi dico io che
apparifcono quefti piaceri dicendo.

Negliocchi et nelfuo dolce rifo

Liquali due luoghi per bella fimilitudiné fipoffono appella
re balchoni deladonna che neldificio delcorpo alita cioe lani
ma:poche quiui auéga che Qfi uelata fpeffe uolte fidimoftra
dimoftrafi negliocchi tanto manifefta:che conofceré fipuo
lafua prefente paffione chi bene lamira. Onde concio fia có

sa che sei passioni sieno propie dellanima humana dellequali
sa mentione lo Philosopho nellasua rhectorica:cioe/ gratia:
zelo: misericordia: inuidia:amore:et uergogna. Dinulla da
questi puote essere lanima passionata: che alla finestra degli
occhi non uegna lasembianza se per grande uirtu drento
non sichiude. Onde alchuno gia sitrasse gli occhi: perche la
uergogna drento non siparesse difuori. Sicome dice Statio
poeta del Thebano Edippo: Quando dice che con eterna no
ta soluette ilsuo damnato pudore. Dimostrasi nellabocchar
quasi come colore dopo uetro. Et che e/ridere:sen o una cor
ruscatione delladelectatione delanima:cioe/ uno lume appa
rente difuori secondo che sia dentro. Et pero siconuiene al
lhuomo adimostrare lasua anima nella allegrezza modera
tamente ridere con honesta seueritade: et con pocho moui
mento dellesue braccia. Si che donna che allhora sidimostra
coe detto ei paia modesta et no dissoluta:Onde cio fare neco
mada illibro deleqttro uirtudi cardinali. Lotuo riso sia saza
chachinno:cioe sanza schiamazzare: come ghallina. Hay
mirabile riso dellamia dona:dicui io parlo che mai non si
sentiua senon dellochio . Et dico che amore lerecha: queste
chose quiui: si come alluogho suo:doue sipuo amore doppia
mente considerare: Prima lamore dellanima speciale a que
sti luoghi . Secondariamente lamore uniuersale:che le cho
se dsipone ad amore: et adessere amate: che ordina lanima
adordinare queste parti.
Poi quando dico.

Elle souerchian lo nostro intellecto

Excuso me di cio che ditanta excellentia dibilitade pocho pa
re chio tracti soprastando ad quella. Et dico che pocho nedi
co per due ragioi. Luna sie/che queste cose che paiono nel
suo aspecto soperchiano lointellecto nostro cioe/ humano .
Et dico come questo soperchiare e/facto:che facto per lomo
do che souerchia ilsole lofrale uiso:non pur losano et forte .
Et laltra sie/che fixamente mosso guardare non puo: perche
qui sinnebria lanima:si che incontanente doppo disguarda
re disuia in ciascuna sua operatione.
Poi quando dico.

Sua bilta pioue fiamelle difuoco

Ricorro aritractare delfuo effecto. Poi che dilei tractare iterā
mēte nō fipuo. Onde e/dafapere che ditutte ālle cofe che litel
lecto noftro uicono, fi che nō puo uedere āllo che fono cōue
neuoliffimo tractare p liloro effecti. Onde didio et delle fue
fuftātie fepate et delaprima materia cofi parlādo potemo ha
uere alcuna conofcentia: Et po dico che labilta diquella pio
ue fiamelle difuoco cioe ardore damore et dicharitade.

Animate dun fpirito gentile

Cioe informato ardore duno gentile fpirito: cioe diritto ap
petitto: per loquale et delquale nafce origine dibuono penfie
ro. Et nō folamente fa quefto: ma diffa et diftrugge lofuo cō
trario delibuoni penfieri: cioe /liuitii innati: liquali maxima
mēte fono debuoni pēfieri nemici. Et qui e/dafape che certi
uitii fono nellhuomo: aliquali naturalmēte elli e/difpofto: fi
come certi p complexiōe colerica fono adira difpofti. Et que
fti cotali uitii fono inati cioe/cōnaturali. Altri fono uitii cō
fuetudinarii: aliquali nō ha colpa lacōplexione: ma laconfue
tudine: Si come laintempātia et maximamēte deluino. Et
quefti uitii fiuincono et fifugono p buona confuetudine: et
faffi lhuomo p effa uirtuofo fanza faticha hauere nellafua
moderatioue: Si come dice il Philofopho nelfecōdo delethy
ca. Veramente quefta differentia e/intra lepaffioni cōnaturā
li et leconfuetudinarie. Che lecōfuetudinarie p buona cō
fuetudine deltutto uanno uia: po chelpricipio loro cioe/lāmā
la cōfuetudine p lofuo contrario ficorcōpe. Ma lecōnaturali
ilprincipio delequali e/lanatura delpaffionato: tutto che mol
to p buona confuetudine fi facciano licui: deltutto nō feneuā
no quanto alprimo mouimento: Ma uanofene bene deltutto
quāto aduratione: pche lacōfuetudine nō e/equale alanatura
nelaquale e/lanatura diquelle. Et po e/piu laudabile lhuomo
che diriζζa fe et regge fe: Ma il naturato cōtro alimpeto del
lanatura: che colui che e/bene naturato fifoftiene in buono
regimēto. Lodifuiato firouina: Si come e/piu laudabile uno
malcauallo reggere che unaltro nō reo. Dico adunche che ā
fte fiamelle che piouono dalfafua bilta come detto e/ rōpono
liuitii innati: cioe cōnaturali: adare adintēdere che lafua bel
lezza ha podefta in rinouare natura in coloro che lamirano

che miracolosa cosa. Et quello conferma questo che detto e/
disopra nellaltro capitolo: quãdo dico chella e/aiutatrice dela
fede nostra. Vltimatamente quando dico.

Pero qual donna sente sua biltate

C õchiudo sotto colore dãmonire altrui lofine a chi facta sue
tanta biltate. Et dico che qual dõna sente p mãco la sua bil
tade biasimare: guardi i qsto pfectissimo exemplo doue sin
tende che nõ pur admigliorare lobene e/facta: ma etiãdio afa
re delamala cosa bona cosa. Et subgiungne i fine.

Costei penso che mosse luniuerso

C ioe iddio: adare adintédere che p diuino proponimento la
natura cotale effecto produsse: Et cosi termina tutta lasecõ
da parte principale diquesta canzone.
      Ordine delpresente tractato richiede poi che delle
      due parti diquesta cãzone prima sono secõdo che
      fu lamia intétione ragionate: che alaterzã siprocé
da: nelaquale io intendo purgare lacãzone dauna reprensio
ne laquale alei potrebbe esser stata cõtraria. Et a questo che
io prima ch e alasua cõpositione uenisse: parendo a me qsta
dóna facta cõtra ame fiera et superba alquãto: feci una balla
tecta nellaquale chiamai questa donna orgogliosa et dispiata
ta: che pare essere cõtra quello che qui siragiona disopra · Et
po mi uolgo alacãzohe: et sotto colore dinsegnare allei cõe
scusare lacõuiene scuso quella. Et e/una figura qsta quando
alecose inanimate siparla: che sichiama dallirhetorici proso
popea: et usanla molto spesso ipoeti ·

Canzone epar che tu parli contraro

Lontellecto delaquale apiu ageuolemente dare adintendere
micõuiene i tre particole diuidere che prima sipropone a ch e
lascusa fa mestiere. poi siprocede con lascusa quando dico.
TV SAI CHEL CIELO. Vltimamété parlo alacan
zone si che a psona amaestrata dicllo che dee fare qdo dicó

Cosi tiscusa se tifa mestiero

Dico dunche iprima. O canzone che parli diquesta donna
con tanta loda: et par che tu sia contraria ad una tua sorella
p similitudine dico sorella che si come sorella e/detta quella
femena: che dauno medesimo/generãte e/generata: cosi puo

f i

cipio di Iohāni nel uāgelio sipuo lasua eternita āptamēte no
tare. Et quīci nasce che la doue q̄sto amore splende tutti gli
altri amori sifanno obscuri et quasi spensi. Imperoche ilsuo
obgiecto etterno improportionalmēte glialtri obgiesti uince
et sopchia: et po iphilosophi excellētissimi neloro acti aperta
mente ildimostrano: p liquali sappiamo essi tutte laltre cose
fuor che lasapienza hauere messe á nō calere. Onde Demo
crito della ppria psona nō curādo ne barba / ne capelli / ne
unghie sitoglea. Platone de beni tēporali nō sicurādo larea
le dignitade misse in nō calere: che figluolo di Re fu. Aristo
tile daltro amico nō curādo cōtralsuo migliore amico fuor di
quella cōbattette / si come contra lonominato Plato. Et pche
di q̄sti parliamo / quādo trouiamo glialtri che p q̄sti pensieri
laloro uita disprezorono: si come Zeno: Seneca: Socrate: et
molti altri. Et po é manifesto che ladiuina uirtu a modo dan
gelo in q̄sto amore neglhuomini discēde. Et p dare experien
tia di cio grida subsequentemēte lotexte.

Et qual donna gentil questo non crede
Parli con lei et miri

Per dōna gētile sintēde lanobile anima dingegno et libera
nella sua potestade: che ellaragione. Onde laltre anime dire
nō sipossono dōne: ma ancille: poche nō p lorō sono: ma p al
trui: et ilphilosopho dice nel secōdo della methafisica che q̄lla
cosa ellibera che per sua cagione dice: et nō per altrui. dice.

Parli con lei & miri glia ti suoi

Cioe accōpagnisi cō q̄sto amore: et guardi a q̄llo che dentro
dallui trouerra: et in parte netoccha dicendo.

Quiui douell i parla sidichina

Cioe doue laphilosophia elin acto sidichina un celestial pen
siero: nelquale siragiona q̄sta esser piu che humana opatione
Dice DEL CIELO. A dare a intēdere che nō solamēte
essa: ma e pensieri amici diquella sono abstracti dalle basse et
terrene cose. Poi subsequētemēte dice comella ualora et ac
cende amore douūq̄ ella simostra con lasuauita de gliacti
che sono tutti gli suoi sembianti honesti / dolci / et sanza so
uerchio alcuno. Et subsequentemente a maggiore persuasio
ne della sua compagnia fare dice.

Gentil e∫in donna cio che in lei ∫i troua
Et bello e∫tanto quáto lei ∫omiglia
Ancora ∫oggiugne,
Et puo∫ti dire chel ∫uo a∫pecto gioua
Doue e∫dà∫ape che il∫guardo di q̃ta dóna fu a noi co∫i lar
gamente ordinato / nõ pur pla faccia che ella nedimo∫tra ue
dere:ma ple co∫e che netiene celate de∫iderare et acqui∫tare.
Onde ∫i come p lei molto di q̃llo ∫iuede p ragione. Et p co∫e
quente uedere p ragione che ∫anza lei pare marauiglia:co∫i
p lei ∫icrede ogni miracolo / in piu alto itellecto puo hauere
ragione:et p cõ∫equéte puo e∫∫er e. Onde lano∫tra buona ∫e
de ha ∫ua origine:dalquale uiene la∫peranza del pučduto de
∫iderare:et p q̃lla na∫ce lopatione della charita:p lequali tre
uirtu ∫i∫aglie à philo∫ofare aquelle athene cele∫tiali:doue gli
∫toici et peripathetici et epycuri p larte della uerita etterna
in un uolere cõcordeuolméte concorrono.
        El precedéte capitolo q̃∫ta glorio∫a dóna e∫cõmen
    n   data ∫ecõdo luna delle ∫ue parti componenti:cioe
        amore. Hora in q̃∫to nelquale io intendo exporre
quel uer∫o che comincia
Co∫e appari∫con nello ∫uo a∫pecto
∫icõuiene tractare cõmédando laltra parte ∫ua:cioe ∫apiétia∫
Dice adúq̃ iltexto che nella faccia di co∫tei appari∫cono co
∫e che mo∫tranp de piaceri di paradi∫o:et di∫tingue illuogho
doue cio appare:cioe negliocchi et nel ri∫o. Et qui ∫icõuiene
∫ape che gliocchi della ∫apienza ∫ono le∫ue dimo∫trationi:
con lequali ∫iuede lauerita certi∫∫i∫∫iméte:et il∫uo ri∫o ∫ono
le∫ue p∫ua∫ioni:nellequali ∫idimo∫tra laluce interiore della
∫apienza ∫otto alcuno uelaméto. Et in q̃∫te due co∫e ∫i∫ente
quel piacére altu∫∫imo di beatitudine:ilquale e∫maximo bene
in paradi∫o: Que∫to piacére in altra co∫a diquagiu e∫∫ere nõ
puo:∫e nõ nelguardare in q̃∫ti ochi et in q̃∫to ri∫o. Et laragio
ne e∫q̃∫ta:che concio ∫ia che cia∫cuna co∫a naturalméte di∫ia
la∫ua p∫ectione:∫anza q̃lla e∫∫er nõ puo cõtéta:che e∫∫er bea
to:che quátúq̃ laltre co∫e haue∫∫e ∫éza q̃∫ta / rimarrebbe in
lui de∫iderio:ilquale e∫∫ere nõ puo con labeatitudine:accio
che labeatitúdine ∫ia co∫a perfecta:et ilde∫iderio defectiua

p   Artédomi diquesta difgreffione che meftiero efta
ta auedere laucritade: ritorno alpropofito: et dico
che fi come linoftri occhi chiamano cioe giudicano
lafiella talora altriméti che fia lafua uera códitione: cofi qlla
ballatecta cófideroi qfta dóna fecódo, lapparenza difcordan
te daluero per infermita delaia che ditroppo difio era paffio
nata: et cio manifefto quádo dico. CHE LANIMA TE
MEA. Si che fiero, mi parea cioche uedeua nelafua prefen
tia. Doue e dafapere che quáto lagéte piu fiunifce alpatiéte
tanto e piu forte. Et po lapaffione fi come p lafententia del
Philofopho in quello de generatione fipúo cóprédere. On
de quáto lacofa defiderata piu fappropinqua aldefiderante:
tanto lodefiderio e maggiore: et laia piu paffionata piu fiuni
fce alaparte cócupifcibile: et piu abádona larazione. Si che
alhora nó giudica come huomo lapfona: ma quafi cóe altro
animale: pur fecódo lapparenza nó fecondo laueritade. Et
quefto e quello perche lofembiáte honefto fecódo ilugro: ne
pare defdegnofo et fero. Et fecódo quefto cotale féfuale giu
dicio parlo quella ballatetta. Et i cio fintende affai che quella
canzone cófidera quefta donna fecódo laueritade p ladifcor
dantia che ha có qlla. Et nó fanza cagione dico. LA DO
VELLA MISENTA. Et nó la douio lafenta. Et io cio
uoglio dare adintéendere lagráde uirtu che lifuoi occhi haue
uano fopra me: che come fe fuffe ftato cofi per ogni lato mi
peffaua lorazzó loro. Et quiui fipotrebbono ragioni natura
li et fopra naturali affegnare: ma bafti qui táto hauere detto
Altroue ragionero piu cóuéneuoleméte. Poi quádo dico.

Cofi tifcufa fe tifa meftiero

Impongo alacanzone come p leragioni affegnate tifcufi la
doue e meftiero: cioe la doue alcúo dubitaffe di quefta cótra
rietade. Che nó e altro adire fenó che qualúche dubitaffe i
cio che quefta canzone daquella ballatetta fidifcorda: miri i
quefta ragione che détta e. Quefta cotale figura in rhetori
ca e molto laudabile: et anche neceffaria: cioe quádo leparole
fono aduna pfona et laintentione e adunaltra: po che lamu
nire e fempre neceffario et laudabile: et nó fempre fta cóue
neuoleméte nellabocca diciafcuno. Onde quádo ilfigiuo
lo e conofcente deluitio delpadre: et quádo lofubdito e coho

scente del uitio del signore: et quãdo lamico conosce che uer
gognia crescerebbe alsuo amico quello amonédo: o manche
rebbe ilsuo honore: o conosce lamico suo nõ piacéte: ma ira
condo alla manitione. Questa figura e bellissima et utilissi
ma: et puossi chiamare dissimulatione: et essimigliare allopa
diquel sauio guerriero che cóbatte ilcastello dauno lato p le
uare ladifesa dalaltro che nõ uanno a una parte laintentione
dellaiutorio et labattaglia. Et impongo a costei ánche che do
mandi parola di parlare aquesta dõna di lei: doue si puo inten
dere che lhuomo nõ debbe essere presumptuoso a lodare al
trui / nõ ponendo bene ppriamente se gliel piacere della pso
na lodata: pche molte uolte credendosi alcuno dare loda / da
biasimo / o p difecto del datore / o p difecto di ãllo che ode.
Onde molta discretione in cio hauer si cõuiene: laqual discre
tione e quasi un domandare licenza pelmodo chio dico che
domandi ãsta canzone. Et cosi termina tutta sa litterale sen
tentia diquesto tractato: perche lordine dellopera domanda
allallegorica expositione omai seguendo lauerita pcedere.
        I come lordine uuole ancora dal principio ritornan
f   do dico che questa dõna e ãlla donna dellontellecto
        che philosofia sichiama. Ma poche naturalmente le
lode danno desiderio diconoscere lapsona lodata: et conosce
re lacosa sia sapé quello chella e in se cõsiderata et p tutte le
sue cose si come dice ilphilosofo nel principio della phisica:
et cio nõ dimostri il nome: auégha che cio significhi: si come
dice nel quarto della methafisica: doue si dice che ladifinitio
ne e ãlla ragione chel nome significa. Cõuiensi qui prima
che piu oltre si pceda per lesue laude mostrare et dire che el
questo che sichiama philosofia: cioe ãllo che questo nome si
gnifica: et poi dimostrata essa piu efficacemente sitractera la
presente allegoria. Et prima dirò chi ãsto nome pma diede:
poi pcederò alla sua significatione. Dico adunq che antica
mente in italia quasi dal principio della cõstitutione di Rõ
ma che fu seceto cinquãta anni pòco dal piu almeno prima
chel Saluatore ueniffe: secódo che scriué Paulo orosio / nel
tempo quasi che Numa pópilio secódo Re de romani uiuea
uno philosofo nobilissimo che sichiamo Pyctagora. Et che
egli fusse in quel tépo par che netochi alcuna cola Tito liuio
nella prima parte del suo uolume incidenteméte: et dinanzi
                                              f iii

dacostui erano chiamati seguitatori di scientia:et non philo
sofi:ma sapienti:si chome furono quelli septe saui antichissi
mi che lagente ancora nomina per fama. Loprimo dequali
hebbe nome Solon:elsecondo Chilon:ilterzo Periandro:
elquarto Dedalo:ilquinto Lidio:elsexto. Biante:ilseptimo
Perioneo. Questo Pyctagora domandato se egli siriputaua
sapiente / nego a se loquinto uocabolo:et disse se esser non
sapiente:ma amatore di sapientia:et quinci nacq̃ poi ciascu
no studioso in sapientia che fusse amatore di sapientia chia
mato:cioe philosofo:che tanto uale come in greco filos:che
e / adire amore in latino et quinci diciamo noi filos quasi
amore:et sofia quasi sapientia:onde filos et sofia tanto uale
quanto amore di sapientia. Perche uedere sipuo che questi
dua uocaboli fanno questo nome diphilosofo:che tanto uale
adire quanto amatore di sapietia:pche notare sipuo che non
daroganza ma dhumiltade e / uocabulo. Daquesto nasce il
uocabulo del suo pprio acto philosofia:si come dellamico na
sce iluocabulo del suo pprio acto:cioe amicitia. Onde sipuo
uedere considerando la significatione del primo et del secon
do uocabulo che philosofia non e/altro che amicitia a sapien
tia / o uero a sape:onde in alcuno modo sipuo dire ogniuno
philosopho secondo il naturale amore che in ciaschuno gene
ra desiderio di sapere. Ma poche le essentiali passioni sono co
muni a tutti / nó siragiona diquelle per uocabulo distinguen
te alcuno participante quella essentia:onde nó diciamo Gio
uanni amico di Martino intendendo solamente lanaturale
amicitia significare:per laquale tutti a tutti siamo amici:ma
per lamicitia sopra lanaturale generata che propria e/distin
cta in singulari psone. Cosi non sidice philosofo alcuno plo
comune amore:et e/laintétione di Aristotile nel octauo della
ethica quello sidice amico lacui amicitia nó e/celata al:a pso
na amata:et a cui lapsona amata e/anche amica:si che labeni
uolentia sia daogni parte. E q̃sto comune essere o p utilita o
p dilecto. Et cosi accioche sia philosofo cóuiene esser lamore
alla sapientia che fa luna delle parti:beniuolentia conuiene
essere lostudio et lasollecitudine che fa laltra parte anche be
niuolente:si che familiarita e/manifestamento di beniuolen
tia nasce tra loro:peroche sanza amore et sanza studio non

sipuo dire philofofo:ma conuiene che luno et laltro sia. Et si
come lamicitia per dilecto facta o per utilita non e lamicitia
uera:ma per accidente:si come lethica nedimostra:cosi laphi
losofia per dilecto o per utilita nõ e uera philosofia:ma per
accidente. Onde nõ sidebbe dire uero philosofo alcuno che
p alcuno dilecto cõ lasapiétia in alcuna sua parte sia amico:
si chome sono molti che sidilectano intendere canzoni:et di
studiare in quelle:et che sidilectano di studiare in rethorica
et in musica:et laltre scientie fughono et abbandonano:che
sono tutte membra di sapientia. Non sidebbe chiamare ue
ro philosofo colui che e amice di sapiétia per utilita:si come
sono legisti:medici:et quasi tutti gli religiosi:che nõ p sape
rè studiano:ma p acquistare monetà ł o dignita:et chi desse
loro ąllo che acquistare intendono nõ soprastarebbono allo
studio. Et si come intra le spetie dellamicitia quella che per
utilita e łmeno amicitia sipuo dire:cosi ąsti cotali meno par
ticipano del nome del philosofo che alcuna altra gente. Per
che si chome lamicitia per honestade facta e uera et perfecta
et perpetua:cosi laphilosophia e uera et pfecta:che e genera
ta per honestade solamente sanza altro rispecto et per bon
ta dellanima amicha che per diritto appetito et per diritta ra
gione. Sicome qui sipuo dire come lauera amicitia de glihuo
mini intra se che ciascuno ami tutto ciascuno che il uero phi
losofo ciascuna parte della sua sapientia ama:et lasapientia
ciascuna parte del philosofo inquanto tutto a se loriduce:et
nessuno suo pensiero ad altre cose lassa distendere. Onde
essa sapientia dice neprouerbi di Salamone:Io amo coloro
che amano me:et si chome lauera amicitia abstracta dellani
mo solo in se considerata ha per sugecto laconoscentia della
buona operatione et per forma lappetito di quella:cosi laphi
losofia fuori danima in se considerata ha per sugecto lointen
dere et per forma un quasi diuino amore allo intellecto. Et
si chome della uera amicitia e cagione efficiente lauirtu:chø
si della philosophia e cagione efficiente laueritade. Et si cho
me fine della amicitia uera e labuona dilectione che proce
de dal conuenire secondo lhumanita propriamente:cioe se
condo ragione:si chome pare sentire Aristotile nel nono

f iiii

dellethica:et cosi fine della philosofia e quella excellétissima
dilectione che nó pare alcuna intermissione / o uero difecto:
cioe uera felicita che p cótemplatione della uerita sacquista.
Et cosi sipuo uedere che omai questa mia dóna p tutte lesue
cagioni et perla sua ragione / et pche philosofia sichiama:et
chi e/uero philosofo:et chi e/p accidente. Ma po che alcune
feruore danimo tal uolta luno et laltro termine de gliacti et
delle passioni sichiamano:et perlo uocabolo del acto medesi
mo et della passione:si comè fa Vergilio nelsecódo della enei
da:che chiama Enea O luce / che era acto et speranza de tro
iani:che e/passione:che nó era esso luce ne sperãza:ma era
termine onde ueniua loro salute del cósiglio:et era termine
in che siriposaua tútta lasperanza della loro salute:si come
dice Statio nel quinto del thebaidos:quando Isisile dice ad
Archimore O consolatione delle cose et della patria pdutá:
o honore dello mio seruigio:Si come cotidianaméte diciamo
mostrando lamico uedi lamicitia mia:elpadre dice alfigliuo
lo amor mio. Per lúga cósuetudine lescientie nellequali piu
feruenteméte laphilosofia termina lasua uista sono chiamate
plo suo nome:si come lascientia naturale:lamorale:et la me
thaphisica:laquale pche piu necessariamente in quelle termi
na ilsuo uiso:et có piu feruore philosofia e/chiamata. Onde
sipuo come secódaméte lescientie sono philosofia appellare:
pche e/ueduto come laprimaia e/uera philosofia i suo essere:
laquale quella dóna di cui io dico si come ilsuo nobile nome
p cósuetudine e/comunicato alle scientie pcedere oltre có le
sue lode.

El primo capitolo diquesto tractato e/si piennamente
ragionato lacagione che mosse me a q̃sta canzone:
che non e/piu mestiero di ragionare:che assai leg
gierméte a q̃sta expositione che e/decta ella sipuo riducere:
et po secódo lediuisioni facte/lalitterale sentétia trascorrero
per questa / uolgendo ilsenso della lettera la doue sara me
stiero. Dico.

Amor che nella mente miragiona

Per amore io intédo lostudio ilquale io metteua p acquistare
lamore di q̃sta dóna. Oue siuuole sape che studio si puo qui
doppiaméte cósiderare. E / uno studio ilquale mena lhuomo
allhabito dellarte et della scientia. E / unaltro studio ilquale

nel habito acquistato adopa usando qllo et questo primo / et
quello chio chiamo qui amore:ilquale nella mia mente infor
maua cotinue:nuoue:et altissime cosiderationi di qsta dona
che disopra e/dimostrata. Si come suole fare lostudio che si
mette in acquistare una amicitia:che diquella amicitia gran
cose prima cosidero desiderando qlla. Questo e/qllo studio
et qlla affectione che suole precedere neglhuomini lagenera
tione dellamicitia quado gia dalluna parte e/nato amore:et
desiderasi et pcurasi che sia daltra:che si come disopra si di
ce philosofia e/quando lanima et lasapientia sono facte ami
che:siche luna sia tutta amata dalaltra; si come plo modo che
e/decto disopra:ne piu e/mestieri diragionare pla presete ex
positione. Questo primo uerso:che pemio fu nella litterale
expositione ragionato:poche parla prima sua ragione assai
dileggiero a qsta secoda si puo uolgere lontendimento:onde
alsecondo uerso ilquale e/cominciatore del tractato e/dapro
cedere la doue io dico.

Non uede ilsol che tuttolmondo gita

Qui e dasape che si come tractando di sensibil cosa p cosa
insensibile sitracta coueneuolmete:cosi di cosa itelligibile p
cosa no itelligibile tractare sicouiene:et poi si come nella lit
terale siparla cominciado dal sole corporale et sesibile:cosi
hora e da ragionare plo sole spirituale et intelligibile che e/
iddio. Nullo sensibile in tutto elmondo e piu degno di farsi
exemplo didio chel sole:ilquale di sensibil luce se prima:et
poi tutti ecorpi celestiali elementali allumina:cosi iddio se
prima co luce intellectuale allumina:et poi lecelestiali et lal
tre intelligibili. Ilsole tutte lecose col suo calore uiuifica:et
se alcuna necorrompe no e della intentione ne della cagio
ne:ma e accidentale effecto:cosi iddio tutte lecose uiuifica
in bonta:et se alchuna ne rea no e/della diuina intentione:
ma couiene p quello accidente esser loprocesso dello inteso
effecto:che se iddio fece gliangeli buoni et rei non fece luno
et laltro p intentione:ma solamente libuoni:seguito poi suo
ri dintentione lamalitia de rei:ma non si fuori dintentione
che iddio no sapesse dinanzi in se predire lalo o malitia:ma
tanta fu laffectione a pducere lacreatura spirituale che lapre
sentia dalquanti che amal fine doueuano uenire no doueua
ne poteua dio daquella productione rimuouere. Che non sa

rebbe dalodare lanatura:se sappiendo proprio che glifion
duno arbore in certa parte pdere sidouessino nó producesse
in quello fiori:et per gliuani abandonasse laproductione de
gli fructiferi. Dico adunque che Iddio che tutto intende che
suo girare et suo intendere non uede tanto gentil cosa quan
to lei uede:quando guarda la doue e lquesta philosophia:
che auengha che iddio esso medesimo guardando ueggia in
siemete tutto:inquanto ladistinctione delle cose e/in lui per
modo che leffecto e/nella cagione:uede quelle distincte. Ve
de adunq: questa nobilissima di tutte absolutamente inquan
to pfectissimamente in se lauede et in sua essentia:pche a me
moria siriduce in cio che e/decto disopra: Philosophia e/uno
amoroso uso di sapientia:ilquale maximamete e/in dio:pero
che in lui e/somma sapietia et sommo amore et sommo acto
che non puo essere altroue:se non inquanto daesso procede.
E l adunq: ladiuina philosofia della diuina essentia pó che in
esso nó puo essere cosa alla sua essentia aggiunta:et e/nobi
lissima:poche nobilissima e/laessentia diuina in lui per mó
do pfecto et uero quasi p etterno matrimonio:nellaltre intel
ligetie e/p modo minore quasi come druda:dellaquale nessu
no amadore prende cópiuta gioia:ma nel suo aspecto cóten
tane laloro uagheza:perche ueder sipuo che iddio nó uede:
cioe nó intéde cosa alcuna tanto gétile quáto q̃sta:dico cosa
alcuna inquanto laltre cose uede et distingue:come decto e/
ueggédosi essere cagione di tutto. O nobilissimo et excellen
tissimo cuore che nella sposa dello impadore del cielo sinten
de:et nó solamente sposa:ma suora et figlia dilectissima. ¶

       Eduto come nel principio delle lode di costei sottil
u   mente sidice essa essere della diuina substantia / in
       quanto primieramente siconsidera / daprocedere et
dauedere e/come secondariamente dico essa essere nelle cau
sate intelligentie. Dico adunque

Ognintellecto dilassu lamira

Doue e/dasapere che dilassu dico faccendo relatione a dio:
che dinanzi e/menzonato:et per questo sischiude le intelli
gentie che sono in exilio della superna patria:lequali philo
sofare nó possono:peroche amore e/in loro del tutto spento:

et a philosofare chome gia e/decto e /necessario amore: per
che siuede che leinfernali intelligétie dallo aspecto diquesta
bellissima sono priuate: et pero che essa e/beatitudine dello
intellecto / lasua priuatione e/amarissima et piena dogni tri
stitia: poi quando dico

Et quella gente che qui sinnamora

Discendo a dimostrare come nella humana intelligétia essa
secondariamente ancora uerrebbe: dellaquale philosofia hu
mana seguito poi perlo tractato essa commendando. Dico
adunque che lagente che sinnamora qui: cioe in questa uita
lasente nel suo pensiero: non sempre: ma quando amore sa
della sua pace sentire: doue sono dauedere tre cose che i que
sto texto sono tocchate. Laprima si e/quando sidice

Lagente che qui sinnamora

Perche pare sarsi distinctione nellhumana generatione: et
di necessita fare siconuiene: che secondo che manifestamète
appare: et nel seguente tractato per intentione siragionera /
grandissima parte de glhuomini uiuono piu secondo ilsenso
che secondo laragione: et quelli che secondo ilsenso uiuono
diquella innamorare e/impossibile: peroche dallei hauer nó
possono alcuna apprensione. Laseconda si e/quando dice

Quando amor fa sentire

Doue sipare far distinctione di tépo: laqual cosa anchó auen
gha che leintelligentie separate questa donna guardino con
tinuamente / lhumana intelligentia cio fare nó puo: peroche
lhumana natura fuor dellaquale sappagha lintellecto et lara
gione ha bisognio fuori di speculatione di molte cose a suo
sostentamento: perche lanostra sapientia e/taluolta habituale
solamente: et non actuale: et non incontra cio nellaltre intel
ligentie che sono di natura intellectiua / sono pfecte. Onde
quando lanima nostra nó ha acto di speculatione non sipuo
dire ueramente che sia philosophia: se nó in quanto ha lhabi
to diquella et lapotentia di poter lei suegliare: et però taluol
ta e/con quella gente che qui sinnamora: et taluolta no. La
terza e/quando dice lhora che quella gente e/con essa: cioe
quando amore della sua pace fa sentire: che non uuole altro

dire se nó quando lhuómò e in speculatióne. Et cosi siuede
come questa e dóna primieramēte didio; et secondariamente
dellaltre intelligentie separate p cōtinuo sguardare; et apres
so dellhumana intelligentia per riguardare discontinuato.
Veramēte sempre ellhuomo che ha costei p dōna dachiama
re philosofo: nó obstante che tuttauia nó sia nel ultimo acto
di philosofia: perche dallhabito maggiormente e altri da de
nominare. Onde diciamo alcuno uirtuoso nó solamēte uir
tu opando: ma lhabito della uirtu hauendo: et diciamo lhuo
mo facundo etiamdio nó parlando p lhabito della facundia:
cioe del ben parlare. Et diquesta philosofia in quanto dallhu
mana intelligenza e participata saranno omai lesecrete cō
mendationi amostrare: come gran parte del suo bene allhu
mana natura e conceduto. Dico aduṅqȝ appresso suo essere
piace tanto achi gliieleda: dalquale si come dafonte primo si
diriua che sempre actrae lacapacita della nostra natura: la
quale fa bella et uirtuosa. Onde auēgha che alhabito diꝗlla
p alquanti siuenga / nó siuiene si p alcuno che propriamēte
habito dire sipossa: peroche ilprimo studio cioe ꝗllo pelqua
le lhabito sigēnera nó puo quella perfectamente acquistare.
Et qui siuede lhumile sue lode che perfecta et impfecta no
me di perfectione non perde. Et per questa sua dismisuran
za sidice che lanima della philosophia lomanifesta in quello
che lacōduce: cioe che dio metta sempre in lei del suo lume.
Doue siuuole a memoria riducere che disopra e decto: che
amore e forma di philosofia: et pò qui sichiama anima di lei:
ilquale amore manifesto: et nel uso della sapientia ilquale
esso cōduce mirabili belleze: cioe cōtētamēto in ciascuna cō
ditione di tēpo et dispregiamento di quelle cose che glialtri
fanno lor signori. Perche auiene che glialtri miseri che cio
mirano ripensando illoro difecto dopo ildesiderio della per
fectione caggion in fatica di sospiri: et questo e ꝗllo che dice

Che gliocchi di color douella mira
Nemandan messi alcor pien di disiri
Che prendon aere & diuentan sospiri.

Icome nella litterale expositione dopo legenerali lode
alle spetiali sidiscéde prima della parte dellanima poi

dalla parte delcorpo: Cosi hora intende lotesto: dopo legene
rali comendarioni espetiali discendere. Onde si come detto
e disopra: philosophia p subgecto materiale qui ha lasapietia
et p forma: ha amore: et pcoposto delluno et dellaltro suso di
speculatione. Onde in questo verso che seqntemete comicia

In lei discende lauirtu diuina

Io intedo comedare laniore che e parte diphilosophia. Oue
e dasapere: che discendere lauirtu duna cosa in unaltra: non
e altro che ridurre quella in sua similitudine: si come negli
agenti naturali uedemo manifestamente che descendedo la
loro uirtu nellepatienti cose; rechano quelle aloro similitudi
ne tanto quanto possibile sono auenire adessere. Onde uede
mo losole che discendedo loraggio suo qua giu: riduce le co
se asua similitudine dilume: quato esse per loro dispositione
possano dalauirtu lume riceuere. Cosi dico che iddio questo
amore a sua similitudine riduce: quato esso e possibile allui
assimigliarsi. Et ponsi laqualita dellacreatione dicedo,

Si come face in angelo chel uede

Oue e anchora dasape chelprimo agete cioe dio pinge lasua
uirtu in cose per modo didiritto razzo: et in cose p modo di
splendore riuerberato. Onde nellintlligentie raggia ladiui
na luce senza mezo: nelaltre siripercuote daqste intelligen
tie prima illuminate. Ma po che qui efacta mentione diluce
et displendore: apfecto intendimento mostraro diquesti uoca
boli socodo che Auicena sente. Dico che lusanza diphiloso
phi e di chiamare locielo lume in quato esso e nelluo fontale
principio. Dichiamare razzo in quanto esso p lomezo dal
principio dalprimo corpo doue sitermina chiamare splendo
re: i quato esso ei altra parte alluminato ripcosso. Dico dun
che che ladiuina uirtu sanza mezo qsto amore trage, adsua
similitudine. Et cio sipuo fare mani festo maximamete icio:
che si come ildiuinio amore e tutto etterno: cosi couiene che
sia etterno losuo obgecto dinecessita: si che etterne cose sian
quelle chegli ama. Et cosi face aquesto amore amare: che la
sapietia nelaquale qsto amore fere etterna e. Onde e scritto
dilei. Dalpricipio dinazi desecoli creata sono: et nel secolo
che dee uenire non uerro meno. Et neprouerbi di Salomone
essa sapientia dice. Etternalmente sono ordinata. Et nel prih

lhuomo dire sorella dellopera che da uno medesimo opante
e/opata:che lanostra opatione i alcun modo e/generatione:
et dico che perche pare cotraria a quella dicedo / tu sai costei
humile: et quella fu supba:cioe fiera et disdegnosa:che tato
uale / proposta questa accusa pcedo alla scusa p exeplo:nel
quale alcuna uolta laueritade sidiscorda dalla appalenza:et
laltra p diuerso rispecto sipuo tractare. Dico

Tu sai chel ciel sempre lucente & chiaro

Cioe sempre co chiaritade:ma p alcuna cagione alcuna uol
ta e licito di dire quello essere tenebroso. Doue e dasape che
propriamente e/uisibile ilcolore et laluce:si come Aristotile
uuole nel secodo dellanima : et nellibro del senso et sensato
ben e/altra cosa uisibile:ma no ppriamete:poche altro sen
so sente qllo:siche no sipuo dire che sia ppriamete uisibile/
né ppriamete tagibile si come e/lafigura:lagradeza:ilnume
ro / ilmouimeto et lostare fermo:che sensibile sichiamano:
lequali cose co piu sensi copredimo:ma ilcolore et laluce so
no propriamete:pche solo coluiso coprendiamo:cioe no con
altro senso. Queste cose uisibili / si lepprie come lecomuni
inquanto sono uisibili / uengono dentro allochio:no dico le
cose ma leforme loro perlo mezo sifanno:no realmente:ma
intentionalmente si quasi come in uetro trasparente et nel
lacqua:che nella pupilla dellocchio qsto discorso che fa lafor
ma uisibile plo meno si siadepie:pche qllacqua e terminata
quasi come spechio che e/uetro terminato con piombo:siche
passar piu no puo:ma quiui amodo duna palla percossa sifer
ma:siche laforma che nel mezo trasparente no pare lucida
e/terminata. Et questo e/quello pche nel uetro piombato la
ymagine appare / et no in altro:diquesta pupilla lospirito ui
siuo che sicotinua da essa alla parte del cerebro dinazi doue
lasensibile uirtude si come in principio fontale subitamente
sanza tempo loripresenta. Et cosi ueggiamo:pche accioche
lauisione sia uerace:cioe cotale quale lacosa uisibile in se co
uiene che ilmezo pelquale allocchio uiene laforma sia san
za ogni colore:et lacqua della pupilla similmente:altrimeti
simacolerebbe laforma uisibile del color dimezo / et di qllo
della pupilla. Et po coloro che uoglion far parere lecose nel
lo spechio dalcun colore interpongono diquel colore tral ue
tro elpiobo:siche iluetro rimane copreso. Veramete Plato et

altri philosophi differo chelnostro uedere nõ era pche iluisi
bile ueniffe allochio:ma pche lauirtu uifiua andaua fuori al
uifibile. Et quefta opinione e/riprouata per falfa dal philofo
pho in quello del fenfo et fenfato. Veduto quefto modo del
la uifta / ueder fipuo leggiermente che auengha che laftella
fempre fia dun modo lucete et chiara:et nõ riceua mutatione
alcuna fe nõ dun mouiméto locale:fi come in quello de celo
et mundo e/puato:p piu cagioni può parere nõ chiara et nõ
lucente:pero puo parere cofi plo mezo che cõtinuamente fi
tranfmuta:et tranfmutafi quefto mezo dimolta luce in poca
luce:fi come alla prefenza del fole et alla fua abfenza e alla
prefenza ilmezo che e/diaffano e/tanto pieno di lume che e/
uincéte della ftella et po pare piu lucéte. Tranfmutafi anche
quefto mezo di fottile in groffo / di fecho in humido pli uá
pori della terra che cõtinuaméte falghono:loqual mezo cofi
trafmutato tranfmuta laymagine della ftella che uiene p effo
perla groffeza in obfcuritade / et p lhumido et plo fecho in
colore:pero può anche parere cofi p lorgano uifiuo:cioe loc
chio:loquale p infermitade et p fatica fimuta in alcuno colo
ramento et in alcuna debilitade:fi come aduiene molte uolte
che p effere latonica della pupilla fanguinofa molto per alcu
na corruptione dinfermitade lecofe paiono tutte rubicunde:
et pero laftella nepare colorata:et per effere iluifo debilitato
incontra in effo alcuna difgregatione di fpirito:fiche lecofe
non paiono unite:ma difgregate / quafi a guifa che fa lano
ftra lettera infulla carta humida. Et qfto e/qllo pche molti
quando uogliono leggere fidilungano lefcripture daglioc
chi:perche laymagine loro uengha dentro piu licuemete et
piu fottile:et in cio piu rimane lalettera difcreta nella uifta:
et pero puo anche laftella parere turbata:et io fui experto di
quefto lanno medefimo che nacque quefta canzone:che per
faticare eluifo molto a ftudio di leggere in tanto debilitai gli
fpiriti uifiui che leftelle miparcuano tutte dalchuno albore
ombrate:et p lungo ripofo in luoghi obfcuri et freddi et con
affre ldare ilcorpo dellocchio con lacqua chiara riuinfi lauir
tu difgregata che tornai nel primo buono ftato della uifta.
Et cofi appaiono molte cagioni perle ragioni notate / perche
laftella puo parere non come ella e/.

Occhi

Riterma a mae
43. cc

f ii. iiii

cofa fia che nullo defidera quello che ha ma quel che non ha
che e manifesto difecto. Et in questo fguardo folamente lhu
mana pfectione facquifta:cioe lapefectione delaragione: del
laquale fi come da prrincipaliffima parte tutta lanoftra effetia
depede:et tutte laltre noftre opatioi:fentire:nutrire:et tutto
fono p quella fola:et quefta e per fe et no p altri:fi che pfec
ta fia quella:pfecta e quella tanto:cioe che lhuomo e i quan
to egli e lhuomo ha diterminato ogni difiderio: et cofi e bea
to. Et po fidice nellibro dellafapientia. C hi gitta uia lafapie
tia et ladoctrina e infelice:che e priuatione dellefere felice
p lhabito delafapientia. Seguita che facquifta et felice eee
re contento fecodo lafententia del Philofopho. Dunche fiue
de come nellafpecto dicoftei dellecofe di paradifo appaiono.
Et po filegge nellibro allegato difapientia dilei parlado Efa
e cadore delleterna luce:fpechio faza macola dellamaiefa
didio. quando fidice.

Elle fouerchian lonoftro intellecto

Excufo me dicio:che poco parlar poffo diquelle p laloro fop
chianza. Doue e dafape:che i alcuno modo quefte cofe no
ftro intellecto abbagliano in quato certe cofe affermano effe
re che lintellecto noftro guardare no puo:cioe dio et laetter
nita et laprima materia che certiffimamente fiueghon:et co
tutta fede ficredono effere:et per qllo che fono intedere noi
no potemo:fenon cofe negado fipuo appreffare alafua cono
fcenza et no altrimenti. Veramete puo qui alcuno forte du
bitare come cio fia:che lafapientia poffa fare lhuomo beato:
no potedo allui pfectamente certe cofe moftrare: conciofia
cofa chel naturale defiderio fia lhuomo difape:et fanza ad
empiere lodefiderio beato effere no poffa. Accio fipuo chia
ramente rifpondere:cheldefiderio naturale in alcuna cofa e
mifurato fecodo lapoffibilitade delacofa defiderate:altrimen
ti andarebbe in cotrario defemedefimo che impoffibile e et
lanatura larebbe facto indarno:che e anche impoffibile. In
contrario andrebbe:che defiderando lafua perfectione. defi
dercrebbe lafua impfectione impoche defiderirebbe fe fem
pre defiderare:et no adempirei mai fuo defiderio. Et in que
fto errore cade lauaro maladetto:et non faccorge che defide
ra fe fempre defiderare andando diretro alnumero impoffi

bile a giugnere. Harebbe anchora lanatura facto indarno:
peroche non sarebbe ad alcuno fine ordinato: et però lhuma
no desiderio e misurato in questa uita aquella scientia che
qui hauer si puo: et quel punto non passa se non per errore:
ilquale e fuori dinaturale intetione: et cosi e misurato nella
natura angelica et terminato et quanto in qlla sapientia che
lanatura diciascuno può apprendere: et questa e la ragione
perche isancti non hanno tralloro inuidia: peroche ciascuno
aggiugne ilfine del suo desiderio: ilquale desiderio e con la
natura della bonta misurato. Onde concio sia cosa che cono
scere dio et dire altre cose quello esso e no sia possibile alla
nostra natura: quello danoi naturalmente non e sdesiderato
disape: et p questo e sladubitatione soluta. Poi quando dico

Sua belta pioue fiammelle difoco

Discendo a unaltro piacere diparadiso: cioe della felicita se
condaria aquesta prima: laquale dalla sua belta procede: do
ue e sdasapere che lamoralita e sbelleza della philosofia: che
si come labelleza del corpo resulta dalle membra inquanto
sono debitamete ordinate: cosi labelleza della sapientia che
e corpo di philosofia: come decto e sresulta dallordine delle
uirtu morali: che fanno quella piacere sensibilmente. Et po
dico che sua belta: cioe moralita: pioue fiammelle disuocho:
cioe appetito diritto: che sigenera nel piacere della morale
doctrina: ilquale appetito nedi parte etiandio dagli uitii natu
rali non che daglialtri. Et quinci nasce quella felicita laqua
se difinisce Aristotile nel primo dellethica dicedo che e ope
ratione secondo uirtu in uita perfecta. Et quando dice

Pero qual donna sente sua beltate

Procede in loda dicostei grido alla gente che laseguiti dicen
do loro losuo beneficio: cioe che per seguitare lei diuiene cia
scuno buono: pero dice QVAL DONNA: cioe quale
anima sente sua beltade biasimare p non parere qual parere
siconuiene guardi in questo exemplo. Oue e dasape e che
licostumi sono beltade dellanima: cioe leuirtu: maximamete
lequali tal uolta per uanita o per superbia sifanno meno bel
le o men gradite: si come nellultimo tractato ueder sipotra.
Et po dico che afuggire questo siguardi in costei: cioe cola
douella e exemplo dhumilta: cioe in quella parte di se / mo

g i

rale philosofia sichiamà. Et soggiungho che mirando costei
dico lasapientia sin questa parte ogni uitiato tornera diritte
o buono. Et pero dico

Questa cicolei chumilia ogni peruerso

Cioe uolge dolcemente chi fuori del debito ordine e piega
to. Vltimamente in maxima lode di sapientia dico lei essere
madre di tutto qualunq principio / dicédo che con lei iddio
comincio ilmondo: et spetialmente ilmouimento del cielo:
ilquale tutte lecose genera: et dalquale ogni mouimento e
principiato et mosso / dicendo

Costei penso chi mosse luniuerso

Cioe adire che nel diuino pensiero che e esso intellecto essa
era quando ilmondo féce: onde seguita che ella lofacesse: et
pero disse Salamone in quello de puerbiis in persona di Sa
lamone. Quando iddio apparechiaua icieli egli era presen
te: quando con certa legge et certo giro uallaua gli abyssi:
quando suso fermaua et sospendeua lefonti dellacque: quan
do circuiua ilsuo termino almare: et poneua legge alle ac
que che non passasseno isuoi confini: quando egli appende
ua efondamenti della terra con lui: et io era disponente tutte
lecose: et dilectauami piciascun di. O peggio che morti che
lauista di costei fuggite: aprite gliocchi uostri: et guardate
che innanzi che uoi fusse / ella fu amatrice di uoi / accocian
do et ordinando eluostro processo: et poi che facto fusse p uoi
dirizare in uostra similitudine uenne a uoi: et se tutti alsuo
conspecto uenire non potete / honorate lei ne suoi amici: et se
guite icomandaméti loro: si come che initiano la uolonta di
questa etternale imperadrice. Non chiudete gliorecchi a Sa
lamone che cio uidice / dicendo che lauia de giusti e quasi lu
ce splendiente che procede et cresce infino aldi della beatitu
dine / andando loro drieto mirando lelore opationi che esse
re debbono a uoi luce nel cámino diquesta breuissima uita.
Et qui sipuo terminare lauera sententia della presente can
zone. Veramente lultimo uerso che per tornata e posto per
la litterale expositione assai leggierméte qua sipuo ridurre
saluo intanto quanto dice che io lachiamai questa dóna fiera
et disdegnosa. Doue eldasapere che dal pricipio essa filoso
fia pareua a me quáto dalla parte del suo corpo / cioe sapien

tia / fiera:che non miridcua;inquanto lesue persuasioni an
chora nō intendeua :er disdegnosa che nō miuolgeua locchio
cioe che io nō poteua uedere lesue dimostrationi. Et ditutto
questo ildisecto era dal mio lato:et per questo et p quello che
nella sententia litterale el dato e/maniiesta allegoria della tor
nata. S iche tempo e /p piu oltre pcedere di porre fine aque
sto tractato.

Edolci rime damor chio solia
1   cercar nemie pensieri
     conuien chi lasci:nō perchio nō speri
ad esse ritornare
ma perche gliacti disdegnosi e feri
che nella donna mia
sono appariti mhan chiusa lauia
del usato parlare
e poi chel tempo mipar daspectare
diporro giu lomio suaue stile
chi ho tenuto nel tractar damore
e diro del ualore
per loqual ueramente homo e gentile
con rime aspre e sottile
nprouando ilgiudicio falso e uile
dique che uoglion che di gentileza
sia principio richeza
e cominciando chiamo quel signore
che alla mia donna negliocchi dimora
perchella di se stessa sinnamora

                                   g ii

t   Ale impetoche gentileza uolse
    secondo ilsuo parere
che fusse antica possession dhauere
con reggimenti belli
e altri fu dipiu lieue sapere
che tal decto riuolse
e lutima particola netolse
che non lhauea forsi elli
didrieto dacostui uan tutti quelli
che fan gentil per ischiatta altrui
che lungamente in gran richeza estata
et estanto durata
lacosi falsa opinion rranoi
che lhuom chiama colui
huomo gentil che puo dicer ifui
nepote o figlio di cotal ualente
benche sia da niente
ma uilissimo sembra achit uer guata
cui escorto ilcamino eposcia serra
& toccha tal che morto eua per terra
    hi difinisce huomo e legno animato
c   prima dice non uero
et doppol falso parla non inteso
ma piu forse non uede
similmente fu chi tene impero
in diffinire errato
che prima puose ilfalso: e daltro lato

con difecto procede
che lediuitie si come sicrede
non posson gentileza dar ne torre
pero che uili son dallor natura
poi chi pinge figura
se non puo esser lei non lapuo porre
ne ladiritta torre
fa piegar riuo che dallunge corre
che siano uili appare & imperfecte
che quantunque collecte
non posson quietar:ma dan piu cura
onde lanimo che e dritto e uerace
per lor discorrimento non silface

n e uoglion che uil huom getil diuegna
ne di uil padre scenda
nation:che per gentil gia mai sintenda
questo e dallor confesso
onde lalor ragion par che soffenda
inranto quanto assegna
che tempo e gentileza siconuegna
difinendo con esso
anchor segue dicio che innanzi ho messo
che sien tutti gentili, o uer uillani
o che non fusse a huom cominciamento
ma cio io non consento
ne eglino altresi se son christiani
perche antellecti sani
e manifesto ilor diri esser uani

et cosi per falsi gliripruouo
et dallor mirimuouo
et dicer uoglio omai si come io sento
che cosa e gentileza: et da che uiene
et diro isegni che gentil huom tiene

d̄ ico choghi uirtu principalmente
uien dauna radice
uirtute intendo che fa lhuom felice
in sua operatione
questo e secondo che lethica dice
un habito eligente
ilqual dimora in mezo solamente
e tal parole pone
dico che nobiltate in sua ragione
importa sempre ben del suo suggecto
come uiltate importa sempre male
e uirtute cotale
da sempre altrui di se buon intellecto
perche un medesimo decto
conuenghon ambedue thendimo effecto
onde conuien che luna
uengha dallaltra / o dun terzo ciascuna
ma se luna ual cio che laltra uale
et ancor piu dallei uerra piu tosto
et cio chi ho decto qui sia presuppolto

e gentileza dunque uirtute
ma non uirtute quella

si come ilcielo douunque lastella
ma cio non econuerso
et non in donna et in eta nouella
ueden questa salute
inquanto uergognose son tenute
che dauirtu diuerso
dunque uerra come dal nero ilperso
ciascheduna uirtute di costei
o uer ilgener lor chio misi auanti
pero nessun siuanti
dicendo per ilchiatta ison colei
quelli son quasi dei
che con tal gratia fuor di tutti rei
che solo idio allanima ladona
che uede in sua persona
perfectamente star si che dalquanti
chen seme di felicita sachosta
messa dadio nellanima ben disposta

l anima cui adorna esta bontate
nonla sitiene ascosa
che dal principio chalcorpo sisposa
lamostra infin lamorte
ubidiente, suaue, uergognosa
et nella prima etate
e sua persona acconcia di beltate
con le sue parte accorte

g iiii

in giouaneza temperata e forte
piena damore, e dicortese lodo
e solo in lealta far sidilecta
et nella sua senecta
prudente & giusta largheza senodo
e infe medesima gode
dudite e ragionar dellaltrui prode
poi nella quarta parte della uita
adio sirimarita
contemplando lafine chellaspecta
e benedisce litempi passati
uedere omai quanti son glingannati
  e   ontra glierranti mia tu tenandrai
    et quando tu sarai
in parte doue sia ladonna nostra
nolle tenere iltuo mestier coperto
tu lepuoi dir per certo
io uo parlando della donna uostra

Amore secondo laconcordeuole sententia de saui di
lui ragionanti / et secondo quello che per experien
tia continuamete ueggiamo / e che congiugne et
unisce lamante con laperfona amata. Onde Pycragora dice
Nellamicitia sifa uno dipiu et pero che lecose congiunte co
municano naturalmente intra se leloro qualita / intanto che
taluolta e/che luna torna del tutto nella natura dellaltra: sicó
tra che lepassioni della persona amata entrano nella persona
amante: si che lamor delluna sicomunica nellaltra: et chosi
lodio / eldesiderio et ognialtra passione: pche gliamici dellu
no sono daglialtri amati: et inimici odiati: pche in greco pro

uerbio e/decto De gliamici esser debbono tutte lecose comu
ni.Onde io facto amico di questa dona disopra nella uerace
expositione nominata cominciai adamare et a odiare secon
do lamore et lodio suo. Cominciai adunqs adamare lisegui
tatori della uerita:et odiare liseguitatori de glierrori et della
falsita / comella face. Ma peroche ciascuna chosa per se e/da
amare / et nessuna daodiare:se no per/soprauenimeto di ma
litia / ragioneuole et honesto e/non lecose ma lemalitie delle
cose odiare:et procurare da esse dipartire. Et accio se alcuna
persona intende lamia excellentissima donna / intende maxi
mamete a partire dico lamalitia delle cose:laqual cagione e/
didio:poche in lei e/tutta ragione:et in lei e/fontanalmente
lhonestade. Io lei seguitado nellopa si come nella passione
quato potea glierrori della gente abominaua et dispregiaua
non per infamia o uituperio de glierranti:ma de glierrori li
quali biasimando credeua fare dispiacere:et dispiaciuti parti
re da coloro che per essi erano da me odiati. Intra liquali er
rori uno maximante io riprendeua:ilquale no solamente e/
damnoso et picoloso a coloro che in esso siano:ma etiamdio
aglialtri che lui riprendono / parto dalloro et dano. Questo
e/lerrore dellhumana bontade:inquanto in noi e dalla natu
ra seminata:et che nobilita chiamar sidebbe:che p mala con
suetudine et p poco intellecto era tato fortificata:che opinio
ne di tutti nera falsificata:et della falsa oppinione nasceuano
ifalsi giudicii:et de falsi giudicii nasceuano le non giuste re
uerentie et uilipensioni:perche ibuoni erano in uillano di
specto tenuti:et gli uillani et maluagi honorati et exaltati:
laqual chosa era pessima confusione del mondo:si chome ue
der puo chi guarda quello che di cio puo seguitare sottilmen
te. Et perche conciol fusse chosa che questa mia donna un
pocho isuoi dolci sembianti transmutasse a me:maximamen
te in quelle parti oue io guardaua etcerchaua se laprima ma
teria de glielementi era da dio intesa:p laqual cosa un pocho
dal frequetare ilsuo aspecto misostene quasi nella sua absen
tia dimorando entrai a riguardare col pensiero ildifecto hu
mano intorno aldecto errore et per fuggire otiosita:che ma
ximamete diquesta donna e inimica:et p distinguere questo
errore che tanti amici letoglie propuosi di gridare alle gen

te che per mal cammino andauano:accioche per diritto cal
le si dirizasse:et cominciai una canzone:nel cui principio
dissi.

Ledolci rime damor chi sentia

Nellaquale io intendo ridurre lagente in diritta uia sopra la
ppria conoscéza della uerace nobilita:si come pla conoscen
za delsuo texto alla expositione dellaquale hora sintéde uede
re sipotra. Et po che in questa cázone sintese a rimedio:cosi
necessario nó era buono sotto alcuna figura parlare:ma con
uiensi per uia tostana questa medicina:accioche fusse tosta
na lasanita:dellaquale corropta a chosi laida morte sicorrea.
Non fara adunque mestieri nella expositione dicostei alchu
na allegoria aprire:ma solamente a sententia secondo latte
ta ragionare. Per mia donna intendo sempre quella che nel
la precédéte ragione e ragionata:cioe quella luce uirtuosissi
ma Philosofia:licui raggi fáno ifiori rinfronzire et sructifi
care lauerace de glhuomini nobilita:dellaquale tractare la
próposta cánzone pienamente intende.

El principio della impresa expositione per meglio
dare adintendere lasententia della próposta canzo
ne couiensi quella partire propria in due parte:che
nella prima parte proemialmente siparla: Nella seconda si
seguira iltractato:et comincia laseconda parte nel cominciá
mento del secondo uerso doue edice

Tale impero che gentileza uolse

Laprima parte anchora in tre membra sipuo comprendere.
Nel primo sidico pche dalparlare usato miparto. Nel secon
do dice quello che e di mia intentione a tractare. Nel terzo
domando aiutorio aquella cosa che piu aiutare mipup:cioe
alla uerita. Ilsecondo membro comincia

Et poi che tempo mipar daspectare

Ilterzo comincia

Et cominciando chiamo quel signore

Dico adunq che a me conuiene lasciare ledolci rime damo
re:lequali soleuano cercare imiei pensieri:et lacagione asse

gno:pche dico che cio non e/per intendimento dipiu non ri
mare damore:ma pero che nella donna mia nuoui sembianti
sono appariti:liquali mhanno tolta materia di dire alpresen
te damore. Oue e/dasapere che non sidice qui gliacti di que
sta donna essere disdegnosi et fieri / se non secondo lappa
renza:si chome nel decimo capitolo del precedente tractato
sipuo uedere:come altra uolta dico che lapparenza della ue
rita sidiscordaua. Et chome cio puo essere / che una medesi
ma chosa sia dolce:et paia amara / o'uero sia chiara:et paia
obscura / qui sufficientemente ueder sipuo appresso quando
dico.

Et poi che tempo mipar daspectare

Dico si chome decto e/questo che tractare intendo:et qui nõ
e/datrapassare con pie seccho:cioe che sidice in tempo aspe
ctare:imperoche potentissima cagione e /della mia mossa.
Ma dauedere e/chome ragioneuolmente quel tempo in tutte
nostre opationi sidebbe attendere:et maximamente nel par
lare. Iltempo secõdo che dice Aristotile nel quarto della phi
sica e/numero di mouimento secondo prima et poi:et nume
ro di mouimeto celestiale:ilquale dispone le cose diquaggiu
diuersamente a riceuere alcuna informatione:che altrimen
ti e/disposta laterra nel principio della primauera a riceuere
in se lainformationé dellherbe et de fiori:et altrimenti louer
no:et altrimenti e /disposta una stagione a riceuere ilseme
che unaltra. Et cosi lanostra mente in quanto ella e /fondata
sopra lacomplexione del corpo che ha a seguitare lacircula
tione del cielo:et altrimeti e /disposto un tempo:et altrimen
ti unaltro:perche le parole che sono quasi seme doperatione
sidebbono molto discretamente sostenere et lasciare:perche
bene siano riceuute / et fructifere uenghano:si perche dalla
loro parte nõ sia difecto di sterilita. Et pero iltepo e/dapuede
re si per colui che parla / chome per colui che debbe udire:
che se ilparlatore e/mal disposto / piu uolte sono le sue pa
role damnose:et se luditore e /mal disposto / mal sono quel
le riceuute che sono buone. Et pero Salamone dice nello
ecclesiastico Tempo / e /da parlare:et tempo / e /da tacere.

Et perche io sentendo me turbata dispositione perla cagioue
che decta e / nel precedéte capitolo a parlare damore / parue
a me che fusse daspectar tépo: ilquale seco porta ilfine dogni
desiderio: et appresenta quasi chome donatore a colóro: acui
nó incresce daspectare. Onde dice sacto Iacopo apostolo nel
la sua epistola qnto capitolo Eccho lagricola aspecta ilpretio
so fructo della terra patientemente sosteuendo infino che ri
ceua iltemporaneo et ilserotino. Et tutte le nostre brighe se
bene uegniamo a cercare iloro principii procedono quasi
dal nó cotioscer luso del tépo. Dico poi che daspectare mipa
re / diporro: cioe lasseroe stare ilmio stilo: cioe modo suaue
che damore parlando e stato tenuto: et dico di dire diquel ua
lore p loquale huomo e gétile ueracemete. Et auégha che ua
lore intender sipossa per piu modi: qui sipiglia ualore quasi
potentia dinatura / o uero bonta dagila data: si come disotto
siuedra: et pmetto di tractare diquesta materia con rima sot
tile et aspra. Perche sapere siconuiene che rima sipuó dop
piamente cósiderare: cioe largamente et strectamente. Stre
ctamete sintéde pur alla cócordantia che nellultima et penul
tima syllaba far sisuole. Largamete sintende per tutto quel
lo parlare che có numeri et tépo regolato in rimate cósonan
tie cade: et chosi qui in questo pemio prendere et intendere
siuuole. Et pero dice aspro / quanto alsuono deldictato che a
tanta materia non conuiene essere leno. Et dice sottile quan
to alla sententia delle parole che sottilmente argomentando
et disputando procedono. Et soggiungo

Riprouando il giudicio falso e uile

Oue sipromette anchora di riprouare ilgiudicio della gente
piena derrore falso: cioe rimosso dalla uerita: et uile / cioe da
uiltra danimo affermato et fortificato. Et eldaguardare accio
che in questo prohemio prima sipromette di tractare iluero:
et pói di riprouare ilfalso: Et nel tractato sifa loppositio: che
prima siriprouà ilfalso: et pói sitracta iluero: che pare non
cotienire alla promessione. Et pó e daspere che tutto che et
alluno et allaltro sintéda a tractare iluero et di riprouare il
falso sintende principalmete: di riprouare ilfalso sintéde in
tanto quanto la uerita meglio si fa apparire: Et qui prima si
promette di tractare del uero: si chome principale intento:

ilquale aglianimi de gliauditori porta desiderio dudire nel
tractato prima sitruoua ilfalso: accioche fuggite lemale opi
nioni lauerita poi piu liberamente sia riceuuta: Et qsto mo
do tenne ilmaestro dellhumana ragione Aristotile: che sem
pre prima combattette con gliaduersari della uerita: et poi
quella cogiunta lauerita mostroe ultimamente quando dico

Et cominciando chiamo quel signore

Chiamo lauerita che sia mecho: laquale e quel signore che
negliocchi cioe nelle dimostrationi della philosofia dimora:
et bene e signore che allei disposata lanima eldonna: et altri
menti e serua fuori dogni liberta. Et dice perche ella di se
stessa sinnamora: poche essa philosofia che e si come decto e
nel precedente tractato amoroso uso di sapientia / semedesi
ma riguarda. Quando apparisce labelleza de gliocchi suoi
allei che altro e a dire se no che lanima philosofante non so
lamente contempla essa uerita: ma anchora contempla elsuo
contemplare medesimo: et labelleza diquella nuolgendosi
sopra se stessa, et di se stessa innamorando perla belleza del
primo suo guardare. Et cosi termina cioche proemialmente
per tre membra porta iltexto del presente tractato.

Eduta lasententia del pemio e/ daseguire iltractato:
et per meglio quello mostrare partire siconuiene p
le sue parti principali: che sono tre: che nella prima
sitracta della nobilita secodo opinioni daltri. Nella seconda
sitracta di quella secondo lauera oppinione. Nella terza si
uolge ilparlare alla canzone adalcuno adornamento dicio
che decto e/. La seconda parte comincia

Dico chogni uirtu principalmente

Laterza comincia

Contra glierranti mia tu renandrai

Et appresso queste parti generali altre diuisioni fare siconuen
ghono a ben prendere lointellecto che monstrare sintende.
Pero nessuno simaraugli se per molte diuisioni siprocede:
concio sia cosa che grande et alta opera sia perle mani hora
alpresente da glsauctori poco cerchata: et che lungo conuen
gha essere iltractato et sottile nelquale p me hora sentra a di
strighare iltexto pfectamete secodo lasenteia che esso porta.

Dico adunque che hora questa prima parte sidiuide in due:
che nella prima siponogono leoppinioni altrui:nella seconda
siriprouano quelle:et comincia questa seconda parte

Chi difinisce huomo e legno animato

Anchora laprima parte che rimane si ha due membra. Ilpri
mo elauariatione delloppinione dello imperadore. Ilsecondo
elauariatione delloppinione della gete uolgare:che edogni
ragione ignuda:et comincia questo secondo membro

Et altri fu dipiu lieuesapere

Dico adunque TALE IMPERO: cioe tale uso lofficio im
periale. Doue e dasape che Federigo di soaue ultimo impe
radore de romani:ultimo dico p rispecto altempo presente:
non obstante che Ridolfo et Andolfo et Alberto poi electi
sieno appresso lasua morte et de suoi descendenti:domanda
to che fusse getileza:rispuose che era antica richeza et belli
costumi. Et dico che altri fu dipiu lieue sape:che pensando
et riuolgendo questa difinitione in ogni parte leuo uia lul
tima particola:cioe ibelli costumi:et tennesi alla prima:cioe
allantica richeza. Et secondo chel texto pare dubitare forse
p non hauere ibelli costumi / nõ uolendo perdere ilnome di
gentileza difini quella secõdo che p lui facea:cioe possessio
ne danticha richeza. Et dico che questa oppinione e quasi di
tutti:dicendo che dietro dacostui uano tutti coloro che fano
altrui gentile per essere diprogenie lungamente stata richa:
concio sia cosa che quasi tutti cosi latrano. Queste due oppi
nioni auegha che luna come decto e del tutto sia da nõ cura
re / dua grauissime ragioni pare che habino in aiuto. Lapri
ma elche dice ilphilosofo che qllo che pare aglipiu impossibi
le: e ideltutto esser falso. Lasecõda ragione e lauctorita della
difinitione dello impadore. Et pche meglio siuegha poi lauir
tu della uerita:che ogni auctorita cõuince / ragionare inten
do quãto luna et laltra diqste ragioni aiutatrice et possente e
prima dela impiale auctorita sape nõ sipuo:se nõ sitruouano
lesue radici:diquelle per intentione in capitolo spetiale e da
tractare.

   Lfondameto radicale della impiale maiesta secõdo
ilueroe ilanecessita dellhumana ciuilita che a uno
fine eordinata:cioe a uita felice:allaquale niessuno

per se e[s]ufficiente a uenire sanza laiutorio dalcuno:concio
sia cosa che lhuomo hà bisognio di molte cose:allequali uno
solo satisfare non può. Et pero dice ilphilosofo che lhuomo
naturalmete e[s]compagneuole animale. Et si come uno huo
mo asua sufficientia richiede copagnia domestica difamiglia
cosi una casa asua sufficietia richiede una uicinaza:altrimeti
molti disecti sosterrebbe:che sarebbono impedimento di se
licita. Et pero che una uicinanza se nõ può in tutto satisfare
conuiene a satisfaccimento diquella essere lacipta. Anchora
lacipta richiede. alle suo arte et alle sue difensioni hauere ui
cenda et fratellanza con le circa uicine cipta. Et pero fu fa
cto ilregno. Onde concio sia cosa che lanimo humano in ter
minata possessione di terra non siquieti:ma sempre desidera
gloria acquistare:si come per experientia ueggiamo discor
die et guerre conuiene surgere intra regno et regno:lequa
li sono tribulationi delle cipta et perle cipta delle uicinanze
et perle uicine delle case dellhuomo:et cosi simpedisce lafeli
cita. Et perche aqueste guerre et alle loro cagioni torre uia
couiene di necessita tutta laterra:et quanto allhumana gene
ratione apossedere e[s]dato esser monarchia:cioe un solo prin
cipato / et un principe hauere:ilquale tutto possedendo et piu
desiderare non potendo gli Re tengha cotenti netermini de
regni:si che pace intralloro sia:nellaquale siposino lecipta:
Et in questa posa leuicinanze samino:in questo amore leca
se piglino ogni loro bisogno:ilquale preso lhuomo uiua se
licemente:che e[s]quello perche lhuomo e /nato. Et aqueste ra
gioni sipossono reducere parole del philosopho chegli nella
politica dice:che quando piu chose a uno fine sono ordinate
che una diquelle couiene essere regolante / o uero reggente
et tutte laltre recte et regolate. Si come ueggiamo in una na
ue che diuersi ofici et diuersi fini diquello auno solo fine so
no ordinati:cioe a pigliare loro desiderato porto p saluteuo
le uia:doue si come ciascuno oficiale ordina lapropria opera
tione nel proprio fine:cosi e /uno che tutti questi fini confi
dera:et ordina quelle nellultimo ditutti:et questo e[s]ilnochie
ri:alla cui uoce tutti ubbidire debbono. Questo ueggiamo
nelle religioni negli exerciti in tutte quelle chose che so
nõ chome decto e /a fine ordinate:perche manifestamete
ueder sipuo che a perfectione della uniuersale religione del
la humana spetie conuiene essere uno quasi nochieri:che

che cõsiderãdo lediuerse cõditioni del mondo et glidiuersi et necessarii oficii ordinare habbia del tutto uniuersale et in repugnabile oficio di comandare: et questo oficio p̃ excellen tia imperio e chiamato sanza alcuna aditione: però che esso e di tutti glialtri comandamenti comandameto: et cosi chi ha questo oficio e posto et chiamato imperadore: peroche ditutti ecomandamenti egli e comandamento: et quello che lui dice atutti e legge: et per tutti debbe essere ubidito: et ogñialtro comandamento da quello di costui piglia rigore et auctori ta: et cosi simanifesta laimperiale maiesta et auctorita essere altissima nellhumana õpagnia. Veramente potrebbe alcu no cauillare dicendo tutto che almondo oficio dimperio si richieggia non faccio lauctorita del romano principe ragio neuolmẽte somma: laquale sintende dimostrare: peroche la romana potentia nõ per ragione ne per decreto di conuento uniuersale fu acquistata: ma per forza che allaragione pare essere cõtraria. A questo sipuo leggiermente rispondere che laelectione diquesto sommo oficiale conuenia primieramẽte procedere daquesto consiglio che p̃ tutti prouede: cioe iddio: altrimenti sarebbe stata laelectione per tutti non equale: con cio sia cosa che innanzi alloficiale predecto nessuno abene di tutti intendeua. Et po che piu dolce natura signoreggian do et piu forte in sostenendo et piu sottile in acquistando nõ fa che quella della gente latina: si chome per experientia si può uedere: et maximamente quello popol sancto nelquale lalto sangue troiano era meschiato: cioe roma: iddio quello elesse aquello oficio. Peroche concio sia cosa che a qllo obte nere non sanza grandissima uirtu uenire sipotesse: et aqllo usare grandissima et humanissima benignita sirichiedesse: Questo era quello popolo che acio piu era disposto. Onde non da forza fu principalmente preso perla romana gente: ma dadiuina prudentia che e sopra ogni ragione. Et in que sto saccorda Vergilio nel primo della eneida: quando dice in psona didio parlãdo acostoro: cioe a romani Ne termine dicose ne ditẽpo pongo: alloro ho dato impio senza fine. La forza adũq; nõ fu cagione mouête: si come credeua chi cauil laua: ma fu cagione strumêtale: si come sono icolpi del mar tello cagione del coltello: et lanima del fabro e cagione effi ciente et mouente: et chosi non forza ma ragione anchora

diuina essere stata principio del romano imperio. Et che cio
sia p dua aptissime ragioni uedere sipuo:lequali mostrano
quella cipta imperadrice et da dio hauere spetial nascimeto:
et dadio hauere spetial processo. Ma pero che in questo capi
tolo sanza troppa lungheza cio tractare no sipotrebbe:et gli
lunghi capitoli sono inimici della memoria / faro anchora di
gressione daltro capitolo perle tochate ragioni mostrare:che
non fieno sanza utilita et dilecto grande.

On e/marauiglia se ladiuina puidetia che del tutto
langelico et lhumano accorgimento sopchia / occul
tamente a noi molte uolte procede;concio sia cosa
che spesse uolte lehumane operationi aglhuomini medesimi
ascondino laloro intetione. Ma damarauigliare e forte quan
do laexecutione dello etterno consiglio tanto manifesto pro
cede:che e/lanostra ragione. Et po io nel cominciamento di
questo capitolo posso parlare con labocca di Salamone che
in persona della sapientia dice nelli suoi prouerbii Vdite:
peroche di gran chose io debbo parlare. Et uolendo lasmisu
rabile bonita diuina lhumana creatura a se ricoformare che
per lo peccato della preuaricatione del primo huomo da dio
era partita et disformata / electo fu in quello altissimo et con
giunctissimo concistoro diuino della trinita che ilfigliuolo
di dio in terra discendesse a fare questa concordia. Et pero
che nella sua uenuta ilmondo non solamente ilcielo ma later
ra coueniua essere in optima dispositione:et laoptima dispo
sitione della terra sia quando ella e /monarchia:cioe tutta a
uno principe come decto e /disopra / ordinato fu plo diuino
prouedimeto qllo populo et qlla cipta:che cio doueua adem
plere:cioe lagloriosa Roma. Et po anchora lalbergho doue
ilcelestiale Re entrare doueua coueniua essere modissimo
et purissimo / ordinata fu una pgenie sactissima:dellaquale
doppo molti meriti nascesse una femmina optima di tutte lal
tre:laquale fusse camera del figliuolo di dio:et questa pro
genie fu quella di Dauit:delquale nascesse labaldanza et
lhonore della humana generatione:cioe Maria:et pero/ e
scripto in Isaia Nascera uirga della radice di Iesse:et fiore
della sua radice salira:et Iesse fu padre del sopradicto Dauit
Et tutto qsto fu in uno teporale che Dauit nacq;et nacque
Roma;cioe che Enea uenne di troia in italia:che fu origine

della cipta romana: si come testimoniano lescripture: perche
assai e manifesto ladiuina electione del romano imperio plo
nascimeto della sancta cipta che fu cotemporaneo alla radice
della pgenie di Maria. Et incidentemete e/datochare che poi
che esso cielo comicio agirare i migliore disposition no fu
che allhora quado dilassu discese colui che lha facto: et che lo
gouerna: si chome anchora p uirtu diloro arti e mathematici
possono ritrouare. Ne ilmodo no fu mai ne sara si perfecta
mente disposto come allhora: che alla uoce dun solo principe
di Roma popolo e comandatore: si chome testimonia Luca
euangelista: et po pace uniuersale era p tutto: che mai piu no
fu ne fia. Lanaue dellhumana copagnia dirittamete p dolce
camino a debito porto correa. O ineffabile et incoprensibile
sapientia didio che aunhora per latua uenuta in siria suso et
qua in italia tanto innanzi ti preparasti: et o stoltissime et ui
lissime bestiuole che aguisa dhuomo uoi pascete: che presum
mete contro a nostra fede parlare: et uolete sapere filando et
zappando cio che idio con tanta prudetia ha ordinato. Mala

d etu siate uoi et lauostra presumptione: et chi auoi crede. Et
come decto e/disopra del fine del precedente tractato no so
lamente spetiale nascimento ma spetial pcesso hebbe dadio
che breuemete da Romolo comiuciando che fu dillo primo
padre infino alla sua pfectissima etade: cioe altepo del prede
cto suo impadore no pur p humane ma p diuine operationi
ando ilsuo pcesso: che se consideriamo lisepte Re che prima
lagouernorono Romolo: Numma: Tulio; Ancho; et gli tre
Tarquini che furono quasi baili et tutori della sua pueritia:
noi trouare possiamo p lescripure delle romane historie ma
ximamente p Tito liuio coloro essere stati di diuesse nature
secondo laopportunita del precedete tractato tempo. Se noi
cosideriamo poi che pla maggiore adolescentia sua poi che
dalla reale tutoria fu macipata da Bruto p no cosolo infino
a Ce are pmo pncipe somo i noi trouerremo lei exaltata no
come humani ciptadini ma copie diuini: nelliquali no amore
humano ma diuino era spirato i amore di lei: et cio no potea
ne douea essere se no per spetiale fine dadio inteso in tanta
celestiale infusione. Et chi dira che fusse sanza diuina spira
tione Fabritio infinita quasi moltitudine doro resiutare per
no uoler abandonare lasua patria. Curio dalli sanniti tenta
to di corrompe grandissima quantita doro p charita della pa
tria risiutassi dicedo che iromani ciptadini no loro ma ipolse

ssori delloro posseder uoleano. Et Mutio lasua mano ppria
incédere pcl e sallato hauea ilcolpo che p liberare Roma pen
sato hauea. Chi dira di Torquato giudicatore del suo figlio
a morte p amore del publico bene sanza diuino aiutorio cio
hauere sofserto. Et Bruto predecto similmente. Chi dira del
li deci et delli drusi che puoseno lalor uita pla patria. Chi di
ra del captiuato Regolo da cartagine mandato a Roma p cö
mutare liprefi cartaginesi a se et aglialtri presi romani haue
re cötra se p'amore di Roma doppo lallegatione ritracta cösi
gliato solo dadiuina natura mosso. Chi dira di Quinto cin
cinato facto dictatore et tolto dallo aratro et dopo iltépo del
oficio spötaneamente qllo risiutando allo arare esser tornato.
Chi dira di Camillo sbandeggiato et cacciato in exilio esser
uenuto a liberar Roma cötro alli suoi nimici: et dopo lasua li
beratione spontanamete esser ritornato in exilio p nö osen
dere lasenatoria auctorita säza diuina insiigatione. O sacra
tissimo pectö di Catone chi presummera di te parlare: certo
maggiormente parlare di te non sipuo che tacere et seguire
Hieronymo quädo nel pemio della bibia la doue di Paulo
tocha / dice che meglio e tacere: che poco dire. Certo et ma
nifesto essere debbe rimembrando lauita d icostoro et de glian
tri diuini ciptadini et nö sanza alcuna luce della diuina böta
aggiunta sopra laloro buona natura esser tante mirabili ope
rationi state. Et manifesto esser debbe questi excellentissimi
essere stati strumenti cö liquali pcedette ladiuina guidentia
nel romano impio: doue piu uolte parue essere braccio didio
esser presente. Et nö puose iddio leman pprie alla battaglia
doue ghalbani cö liromani dal pncipio plo campo del regno
cöbatterono: quädo uno solo romano nelle mani hebe tutto
lasrachigia diroma. Nö puose dio leman pprie quädo lisran
ceschi tuta roma presa pigliauano difurto cäpicoglo dinocte
et solame e una uoce dunocha fece sentire. Et nö puose idio
lemani quädo pla guerra di Anibale hauédo pduti tanti cip
tadini che tre moggia danella in africa erano portati: liroma
ni uolsero abbandonare laterra se quel benedecto Scipione
giouane nö hauesse preso landata i africa pla sua franchezza
E non puose iddio lemani quando uno nuouo ciptadino di
picchola cöditione: cioe Tulio / cötro atanto ciptadino quäto
era Catelina laromana liberta disese: certo si: pcl e piu chie
dere non sidebbe a uedere che spetial nascimento et spetial
pcesso dadio pensato et ordinato fusse qllo della säcta cipta.

(Catone)

Certo di ferma sono oppinione che le pietre che nelle mura
sue stano siano degne dirinerentia: et illuolo douella siede sia
degno oltre a qllo che p glhuomini e predicato et approuato
    I sopra nel terzo capitolo di questo tractato pmesso
  d   fu di ragionare de lalteza della imperiale auctorità
     et della philosofica. Et pero ragionato della impiale
procedere oltre sicouiene lamia digressione a uedere diquel
la del philosofo secondo lapromessione facta. Et qui e prima
dauedere che questo uocabulo uuol dire: peroche qui e mag
gior mestieri di saperlo / che sopra loragionamento della im
periale: laquale per lasua maiestade non pare esser dubitata.
E / adunque dasape che auctorita nó e altro che acto dauct o
re. Questo uocabulo: cioe auctore: sanza qsta terza lettera
c. puo discendere dadua principii: luno si e duno uerbo mol
to lasciato dal uso in gramatica: che significa tanto quáto le
gare parole: cioe. a.u.i.e.o. et chi ben guarda lui nella sua
prima uoce apertaméte uedra che egli stesso ildimostra: che
solo di legame diparole e facto: cioe di solo cinque uocabuli
che sono anima et legame dogni parole et cóposto desse per
modo uolubile afigurare imagine dilegame: che cominciádo
dal.a. nel.u. quindi riuolge et uiene diritto p.i. nel.e. quindi
siriuolge et torna nel.o. si che ueramente imagina questa si
gura.a.e.i.o.u. laquale e / figura di legame: et in quáto auto
re uiene et discéde daqsto uerbo / simprende solo pérli poeti
che con larte musaica leloro parole hano legate: et di questa
significatione alpresente non sintende. Laltro principio on
de auctore discéde si come testimonia Vguccione nel princi
pio delle sue deriuationi e / uno uocabulo greco che dice au-
tentin: che tanto uale in latino qiáto degno di fede et dobbe
dientia. Et cosi autore quinci deriuato sipiglia p ogni psona
degna desser creduta et obedita: et daqsto uiene qsto uocabu
lo delquale alpreséte sitracta: cioe auctoritate: pche sipuò ue
dere che auctoritate uale tanto quanto acto degno di fede et
dobbediétia. Manifesto e che lesue parole sono somma et al
tissima auctorita: che Aristotile sia dignissimo difede et dobe
dientia cosi puare sipuo. Intra operarii et artefici di diuerso
arti et opationi ordinati a una opatione o arte finale lartefi
ce o uero operatore diquella maximamente debbe essere da
tutti obedito et creduto; si come colui che solo cósidera lulti

mo fine di tutti glialtri fini. Onde alcaualieri debbe credere
lofpadaio:ilfrenaio:elfellaio:et lofcudaio:et tutti qlli mestie
ri che allarte dicaualleria fono ordinati. Et po che tutte lehu
mane opationi domadano uno fine:cioe qllo dellhumana ui
ta:alquale lhuomo e ordinato inquanto egli e buomo:ilmae
stro et lartefice che e ql o nedimostra et considera maximame
te ubidire et credere fidebe: questo e Aristotile:dunq esso e
degno di fede et dobedientia. Et a uedere come Aristotile e l
maestro et duca della ragione humana i qto intede alla sua fi
nale opatione:fi come e fape che qsto nostro fine che ciascu
no disia naturalmete i antichissimamete fu p lisaui cercato:
et po che lidesideratori di qllo sono i tato numero che gliape
titi fono quasi tutti singularmete diuersi:auenga che uniuer
salmete fieno pur marauiglieuole fu molto a discernere qllo
doue dirittamente ogni humano apetito siripoffaffe. Furono
philofofi molto antichi:dequali pmo et principe fu Zenone:
che uiddeno et credetteno qsto fine della uita humana effere
folamente larigida honesta:cioe rigidamete fanza difpecto
alcuno lauerita et lagiustitia seguire:di nulla mostrare dolo
re:di nulla mostrare allegreza:di nessuna paffione hauere
sentore. Et difinito cofi qsto honesto et qllo che fanza utilita
et fazna fructo pfe diragione e i da laudare:et costoro et lalo
ro septa chiamati furono stoici:et fu di lero quello gloriofo
Catone:di cui no fui disopra ardito diparlare. Altri philo o
fi furono che uideno et credetono altro che costoro:et diqsti
fu primo et principe uno philofofo che fu chiamato Epicuro
che ueggedo che ciascuno animale tosto che nato e quasi da
natura dirizato nel debito fine che fugge dolore:et domada
allegreza:Quello disse questo nostro fine effer uoluptade:
no dico uoluptade mostruofa per p. cioe dilecto faza dolore
et pero tra ildilecto eldolore non poneua mezo alcuno:dice
ua che uoluptade no era altro che non dolore:fi chome pare
Tulio ferecita nel primo di fine di bene: Et di questi che da
Epicuro fono epicurei nominati fu Torquato nobile roma
no difcefo del sangue del gloriofo Torquato:delquale feci
metione difopra. Altri furono:et cominciameto hebono da
Socrate:et poi dal suo succeffore Platone:che raguardando
piu sottilmete et ueggedo che nelle nostre opationi sipotea
peccare:et peccauafi nel troppo et nel poco:di eno che lano

Marauiglio h

Cato.

stra opatione sãza supchio et sanza difecto misurato col me
zõ p nostra electione presse che uirtu era ãl fine di che alpre
sète siragiona:et chiamoronlo opatione cõ uirtu:et ãsti furo
no achademici chiamati:si come fu Platone et Pseusipo suo
nipote / chiamati p luogo cosi doue Platõ studiaua:cioe acci
dètiani:da Socrate nõ presseno uocabolo:poche nellasua filo
sofia nessuno fu asermato. Veramète Aristotile che scãrgere
hebbe sopranõme et Zenocrate calcidonio suo cõpagno plo
ingegno e quasi diuino che la natura in Aristotile messo ha
ueua questo fine conosscédo plo modo socratico quasi et acha
demico limorono et apsectione la philosofia morale ridusse
no:et maximamète Aristotile:et po che Aristotile comincio
adisputare,andando qua et la / chiamati furono lindico:et li
suoi cõpagni peripatetici;che tãto uale quãto deambulatori.
Et po che lapsectione diãsta moralita p Aristotile terminata
fu / ilnõme de gliachademici si spense:et tutti ãlli che a ãsta
septa sipresseno peripatetici sono chiamati:et tiene ãsta gète
oggi ilreggimèto del modo i doctrina p tutte parti:et puossi
appellare quasi catholica opinione. Perche ueder sipuo Ari
stotile essere additatore et cõductore della gète a ãsto segno
et ãsto mostrare siuolea: Perche tutto ricogliendo e manise
sto ilprincipale intento:cioe che lauctorita del filosofo sõmo
dicui sintéde sia piana ditutto uigore:et nõ repugna autorita
alla impiale:ma ãlla sanza ãsta e picolosa:et ãsta sanza ãlla
e quasi debile / nõ p so ma pla disordinanza della gente:si
che luna cõ laltra cõgiúta utilissime et pienissime sono degni
uigore:et po,siscriue in ãllo di sapientia Amate illume della
sapientia uoi tutti che siate dinanzi apopoli:cio e a dire con
giungasi laphilosofica autorita cõ la impiale a bene et psecta
mente reggere. O miseri che alpresente reggete:et o miseri
che recti siete:che nessuna philosofica autorita sicongiunge
cõ liuostri reggimenti ne p pprio studio ne p cõsiglio:si che
a tutti sipuo dire ãlla parola,dello ecclesiastico Guai a te ter
ra ilcui Re e fanciullo:et licui principi ladomane mãgiano:
et anessuna terra sipuo dire ãllo che seguita. Beata laterra il
cui Re e nobile:et licui pncipi usano ilsuo tèpo a bisogno et
nõ a luxuria. Poneteui mente inimici didio asianchi uoi che
leuerghe de reggimèti ditalia prese hauete:et dico auoi Car
lo et Federigo regi et,auoi altri pncipi et tyrãni:et guardate
chi allato uisiede p cõsiglio:et annumerate quante uolte ildi

q̃sto fine dellhumàna uita p̃ liuostri cōsiglieri ue aditato: me
glio sarebe uoi come rondine uolare basso: che come nibbio
altissime ruote fare sopra lecose utilissime.

p̃ Oi ueduto quāto e/dariuerire lautorita impiale et lafi
losofica che debbono aiutare lepposite opinioni e/dari
tornare aldiritto calle dello inteso pcesso. Dico adunq̃ che
q̃sta ultima opinione del uulgo e tāto durata che sanza altro
rispecto sanza ingsitione dalcuna ragione gētile e chiamato
ciascunno che figlio sia o népote dalcuno ualête huomo / tut
to che esso sia dainente: et questo e quello che dice

Et e/tanto indurata
Lacosi falsa opinion tra noi
Chelhuom chiama colui
Huom gentil che puo dicere isui
Nipote o figlio di cotal ualente
Ben che sia daniente

Perche e/danotare che picolosissima negligētia e/lasciare la
mala opinione pigliar piedi: che cosi come lherba multiplica
nel campo nō cultato / et sormēta et cuopre laspiga del fru
mēto: si che disparte aguardādo ilfrumēto nō pare: et pdesi
ilfrumēto finalmēte: cosi lamala opinione nella mente nō ga
spigata ne corrēpta si cresce et multiplica: si che lespighe del
la ragione cioe lauera opinione sinascōde: et quasi sepulta si
pde. O come e/grāde lamia impresa in q̃sta canzone a uoler
ōmai cosi trafoglioso cāpo sarchiare come q̃llo della comune
sentētia si lungamēte daq̃sta cultura abandonata. Certo nō
del tutto q̃sto mōdare intēdo: ma solo in q̃lle parti doue lespi
ghe della ragione nō sono deltutto sorprese: cioe coloro diri
zare intēdo neq̃li alcuno lumetto, di ragione p̃ buona loro
natura uiue ancora: che deglialtri tāto e/dacurare quanto di
bruti animali: poche nō minor marauiglia misēbra ridurre
aragione del tutto spēta: che ridurre in uita colui che quatro
di e/stato nel sepolcro: poi che lamala cōditione di q̃sta popu
lare opinione e/narrata / subitamēte quasi come cosa horri
bile q̃lla pcuóte fuor difutto lordine dela ri puagione dicēdo

Ma uilissio sēbra achiluer guatā A dare a intēdere

lasua itollerabile malitia dicēdo costoro mētire maximamēte

h iiii

peroche nõ solamẽte colui e utile: cioe nõ gẽtile: che disceso
di buoni e maluagio: ma etiãdio e utilissimo: et pongo exẽ
plo del cammino mostrato doue ciò mostrarè far micõuiene
una qstione et rispõdere aqlla in qsto modo? Vna pianura e
cõ certi sentieri: campo cõ siepi / cõ fossati / cõ pietre / cõ le
gname con tutti quasi impedimẽti fuori delli suoi strecti sen
tieri / neuicato e si che tutto cuopre lãeue: et rẽde una figu
ra in ogni parte: si che dalcuno sentiero uestigio nõ siuede:
uiene alcuno dalluna parte della cãpagnia: et uuole andare
a una magiore che e dallaltra parte: et p sua industria cioe p
accorgimeto et p bonta dingegno solo da se guidato plo dirit
to camino si ua la doue intende lasciando le uestigie de suoi
passi diricto a se. Viene un altr o appresso costrui: et uuole a
qlla magione andare: et nõ glie mestieri se nõ seguire le ue
stigie lasciate: et p suo dfecio ilcãmino che altri faza scorta
ha saputo tenere questo scorto erra: et tortisce pli pruni et p
le ruine: et alla parte doue debbe nõ ua? Qlale d costoro si
debbe dire ualéte? Rispõdo quello che ando dinãzi. Questa
altro come sichiamera? Rispõdo utilissimo: pche nõ sichiama
nõ ualéte: cioe uile? Rispõdo pche nõ ualéte: cioe uile: sareb
be dachiamare colui che nõ hauẽdo alcuna scorta nõ fusse be
ne cãminato: ma poche qsto lhebbe ilsuo errore et ilsuo dife
cto nõ può salire: et pò e da dire nõ uile: ma utilissimo. Et cõ
si qllo che dal padre o da alcuno suo maggiore nõ solamẽte
e utile: ma utilissimo et degho dogni dispecto et uituplo piu
che altro uillano? Et pche lhuomo daqsta infima uilta siguar
di comanda Salamone a cholui chel ualente antecessore ha
hautó nel .xxii. capitolo de puerbii? Nõ trapasserai itermini
antichi che puosero ipadri tuoi. Et dinãzi dice nel quarto
capitolo del dicto libro: Laula de giusti cioe de ualenti quasi
luce splédiente pcede: et qlla delli maluagi e oscura: et essi
nõ sanno doue rouinano. Vltimamẽte quando sidice

E rocho ha tal che e morto & ua per uia

A maggiore doctrimeto dico qto cotal utilissimo esser morto
parendo uiuo. Doue e / dasapere che ueramẽte morto ilmalua
gio buomo dire sipuo: et maximamẽte qllo che dalla uia del
buono suo antecessore siparte: et cio sipuo chosi mostrare: si
come dice Aristotile nel secõdo dellanima: Viuere e essere
de uiuenti. Et pcio che uiuere e p molti modi: si chome nelle

piante uegetare:ne glianimali uegetare et sentire:ne glhuo
mini uegetare et sentire;muouere et ragionare o uero inten
dere:et lecose sidebbono denominare dalla piu nobile parte
manifesto e/che uiuere negljanimali e/sentire animali / dico
bruti. Viuere nellhuomo e/ragione usare;dunqz se uiuere e/
lessere delhuomo:et cosi daqllo uso partire e/partire daessere
et cosi e/esser morto:et nõ siparte dal uso diragionare chi nõ
ragiona ilfine dela sua uita et nõ siparte dal uso dela ragione
chi nõ ragiona ilcãmino che far debbe;certo siparte;et ciò
simanifesta maximamēte che i colui che ha leuestigie inanzi
et nõ lemira:et po dice Salamone nel. v. capitolo de puerbii
Quello muore che nõ hebbe disciplina:et nella moltitudine
dela sua pazia sara igãnato;cio e adire;colui e morto che nõ
sife discepolo che nõ segue ilmaestro:et qsto utilissimo e qllo
Potrbbe alcuno dire come e morto et ua. Rispondo che et
morto et rimaso bestia:che si come dice ilphilosofo nel secõ
do dellanima Lepotentie dellanime stãno sopra se come lafi
gura del quadrangolo sta sopra se e lotrangulo et lopentan
golo:cioe lafigura che ha cinqz canti sta sopra loquadrãgolo
et cosi lasensitiua sta sopra la uegetatiua;et laintellectiua sta
sopra lasensitiua. Dunqz come leuãdo lultimo canto del pen
tangolo rimane quadrãgolo et nõ piu pétangolo:cosi leuan
do lultima potentia dellanima:cioe laragione:nõ rimane piu
huomo:ma cosa con anima sensitiua solamēte:cioe animale
bruto. Et qsta e lasententia del secõdo uerso della canzone
impresa:nellaquale sipongonõ laltrui oppinioni.　　　8

Lpiu bel ramo che della radice rationale cõsurga si e/
la discretione;che si come dice Tõmaso sopra il plago
dellethica Conoscere lordine duna cosa adaltra e proprio
acto diragione. E questa discretione uno depiu belli et dolci
fructi diqsto ramo e lareuerentia che debbe almaggiore ilmi
nore. Onde Tulio nel pmo delli ofici parlãdo della belleza
che insu lhonesta risplende dice lareuerentia essere di qlla;et
cosi come qsta e belleza dhonesta:cosi elsuo cõtrario e brut
teza et minoranza del honesto;ilquale cõtrario irreuerentia
o uero tracõtanza dire in nostro uolgare sipuo. Et pero esso
Tulio nel medesimo luogo dice Mettere aneghienza di sape
qllo che glialtri setono dilui nõ solamēte e dipsona arrogan
te:ma di dissoluta:che nõ uuole altro dire se nõ che arrogan
za et dissolutione e/se medesimo nõ conoscere:che pncipio

TRACOTANZA

e della mifura dogni reuerentia. Et pche io uolendo cõ tutta
reuerentia et alprincipe et alphilofofo portãdo lamalitia dal
quãti della mẽte leuare p fõdarui poi fufo laluce della uerita
pma che ariprouare lepofte opinioni pceda moftrero come
qlle riprouãdo he cõtra impiale maiefta he cõtro alphilofo
fo firagiona irreuerentemẽte: che fe in alcuna parte dituttto
qfto libro irreuerente mimoftraffi / non farebbe tãto laide
quanto in qfto tractato: nelquale di nobilta tractando mẽ no
bile et nõ uillano deggio moftrare: et pma moftrero me nõ
prefumere cõtro lamaiefta impiale: Dico adũcõ che quando
ilphilofofo dice qllo che pare alli piu impoffibile e / del tutto
effer falfo / nõ fintẽde dire del parere difuori: cioe fenfuale
ma di qllo di dentro: cioe rationale: concio fia cofa che ilfen
fuale parere fecondo lapiu gente fia molte uolte falfiffimo:
maximamẽte nelli fenfi comuni la doue ilfenfo fpeffe uolte
e ingãnato. Onde fappiamo che alla piu gente ilfole pare di
largheza nel diametro duno piede: et fi e / cio falfiffimo: che
fecõdo ilcercamẽto et lainuentione che ha facto lhumana ra
gione cõ laltre fue arti ildiametro del corpo del fole e / cinq̃
uolte quanto qllo della terra / et anche una meza uo!ta: con
cio fia chofa che laterra plo diametro fuo fia femilla cinq̃
cẽto miglia. Lodiametro del fole che alla fenfuale appareza
appare diquantita duno piede e/trentacinq̃ milia fecẽto cin
quãta miglia: pche manifefto e/ Ariftotile nõ hauere intefo
della fenfuale apparenza: et po fe io intẽdo folo alla fenfua
le apparenza riprouare nõ faccio cõtro alla intẽtione delphi
lofofo: et po nella reuerentia che allui fidebbe / nõ offendo:
Et che io fenfuale apparenza intẽda riprouare e/manifefto
che coftoro che chofi giudicano nõ giudicano fe hõ p qllo
che fentono di qfte chofe che lafortuna puo dare et torre: che
pche ueggiono fare leparentele et glialtri matrimonii: li edi
fici mirabili: lepoffeffioni larghe: lefignorie grãdi: credono
qlle effere cagione di nobilta: anzi effa nobilta credono qlla
effere: che fe effi giudicaffino cõ lapparẽza rationale direbo
no ilcõtrario: cioe lanobilta effer cagion diqfto: fi come difot
to i qfto tractato fiuedra. Et come io fecõdo che ueder fipuo
cõtro alar euerẽtia del philofofo nõ parlo cio riprouado: cofi
nõ parlo cõtro alla reuerentia dello impio: et laragione mo
ftrare intendo. Ma poche dinãzi allo aduerfario firagiona
ilrethorico debe molta cautela ufare nel fuo fermone: accio
che lauerfario quindi nõ prenda materia di turbare laueritã

Io che alcóspecte di tanti aduersari parlo in q̃sto tractato nõ
posso lereuerétie parlare:onde se lemie digressioni sono lun
ghe (nessuno simarauigli. Dico aduq̃ che amostrare me nõ
essere irreuerente alla maiesta dẹllo impio prima eidauedere
che eireuerentia. Dico che reuerétia nõ e [altrõ che cõfessio
ne di debita suggectione p manifesto segno. Et ueduto q̃sto
dadistinguere eiintralloro. Irreuerente dice priuatione:il nõ
reuerente dice negatione. Et po lairreuerentia eidiscófessare
ladebita suggectione p manifesto segno. La nõ reuerétia ei
negare ladebita suggectione. Puote lhuomo disdire lachosa
doppiaméte p uno modo. Puote lhuomo disdire nõ offendẽ
do alla uerita:quando della debita cófessione sipriua:et q̃sto
propriaméte eidiscófessare. Per unaltro modo puo lhuomo
disdire nõ offendẽdo alla uerita:quãdo quello che nõ e nõ si
cófessa:et q̃sto ei proprio negare:si chome disdire lhuomo se
essere deltutto morale: et negare ppriamente parlando:pche
se io che nego lareuerentia dellompio nõ sono irreuerente:
ma sono nõ reuerente:che nõ e icótro alla reuerentia:cõcio
sia cosa che q̃llo nõ offenda:si come ilnõ uiuere non offende
lauita:ma offende q̃lla lamorte:che eidiq̃lla puatione:Onde
altro e ilamorte:et altro e nõ uiuere:che non uiuere e inelle
pietre:et pero che morte dice puatione che nõ puo essere se
nõ nel suggecto del habito:et lepietre nõ sono suggecto di ui
ta:pche nõ morte ma nõ uiuere dire sidebono.Similméte io
che in q̃sto caso allomperio reuerétia hauer nõ debbo della
disdico. irreuerente nõ sono:ma sono nõ reuerete:che nõ ei
tracótanza ne cosa dabiasimare:ma tracótáza sarebe lessere
reuerente:se reuerentia sipotesse dire:poche in maggiore et
men uera reuerétia sicaderebe:cioe dela natura et dela ueri
ta:sicome disoto siuedra. Daq̃sto fallo siguardo q̃llo maestro
de filosofi Aristotile nel pncipio delethica quãdo dice se dua
sono gliamici:et luno eilauerita:alauerita e dacófetire. Vera
méte pche detto ho chi sono nõ reuereti che ei lareuerétia ne
gare:cioe negare la debita suggectione p manifesto segno:
dauedere eicome q̃sto einegare et nõ discófessare:cioe daue
dere come i q̃sto caso io nõ sia debitaméte alla impiale maie
sta suggecto:et pche lunga conuiene essere laragione:p pro
prio capitolo immediate intendo cio mostrare.

a   Vedere come in q̃sto caso cioe in riprouando [o in
    approuando loppinione dellompadore allui nõ sono

[margin note:] in riprouãdo.

tenuto a suggectione / riducere alla mente siconuiene quel
lo che dello imperiale oficio disopra nel quarto capito o di
questo tractato e/ragionato:cioe che aperfectione dellhuma
na uita laimpiale autorita fu trouata:et che ella e/regulatrice
et rectrice di tutte lhoneste oppinioni giustamente:che p tan
to oltre quanto lenostre opationi sistendono.tanto lamaiesta
impiale ha iurisdictione:et fuor diqlli termini nosisciampia
Ma si come ciascuna arte et oficio humano dallompadore e/
a certi termini limitato:cosi qsto da dio acerti termini e/fini
to. Et non e/damarauigliare che loficio dellarte della natura
finito in tutte sue opationi ueggiamo:che se pigliare uoglia
mo lanatura uniuersale di tutto tanto e/giurisdictione quan
to tutto ilmondo / dico ilcielo et laterra sistende:et questo e/
acerto termine:si come plo terzo della phisica et plo primo
de celo et mudo e/prouato. Adunq lagiurisdictione della na
tura uniuersale e/acerto termine finito:et p conseguente la
particularita / et anche di costei eglie imitatore colui che da
nulla e/limitato:cioe laprima bonta:che e siddio:che solo cõ
lainfinita capacita infinito comprende. Et auedere itermini
delle nostre opationi e/dasape che solo qlle sono nostre ope
ratione che soggiaciono alla ragione et alla uolota:che se in
noi e/lopatione digestiua / qsta non e humana:ma naturale.
Et e/dasape che lanostra ragione a quattro maniere dopario
ni diuersamente dacosiderare e/ordinata:che opationi sono
che ella solamete cosidera:et nõ fa ne puo fare alcuna diqlle
si come sono lecose naturali et lesopranaturali et lemathemati
che:et opationi che essa cosidera et fa nel pprio acto suo le
quali sichiamano rationali:si come fanno arti di parlare:Et
opationi sono che ella cosidera:et fa in materia fuori di se:si
come sono arte mechanice:et qste tutte opationi auega che
cosiderare loro soggiacia alla nostra uolota / elle p loro a no
stra uolota nõ soggiaciono:che pche noi uolessimo che leco
se graui salissino p natura suso:et perche noi uolessimo che
ilsilogisimo nõ falsi principii cochiudesse uerita dimostran
do:et pche noi uolessimo che lacosa sedesse cosi forte pedete
come diritta / nõ sarebbe po che di qste opationi non facto
ri propriamente:ma litrouatori siamo. Altri lordino et fece
maggior factore. Sono ancora operationi che lanostra cosi
dera nel acto della uolonta:si chome offendere et giouare:

si come star fermo et fuggire alla battaglia:si come star ca
sto et luxuriare;et qste del tutto soggiaciono alla nostra uo
lonta:et pero siamo decti dalloro buoni et rei:perchelle sono
sempre nostre del tutto:perche quanto lanostra uolonta obte
nere puo/tanto lenostre opationi sistendono. Et concio sia
cosa che in tutte queste uolontarie operationi sia equita alcu
na dacoseruare et iniquita dafuggire:laquale equita p due ca
gioni sipuo perdere:o p non sape quale essa sisia:o per non
uolere quelle seguitare/ trouata fu laragione scripta et p mo
strarla et p comandarla.Onde dice Augustino: Se qsta cioe
equita glhuomini laconscesseno et conosciuta seruasseno la
ragione scripta nō sarebbe mestieri. Et po e scripto nel prin
cipio del uecchio digesto Laragione scripta e arte di bene et
dequita. A questa scriuere/ mostrare/ et comandare/ e/que
sto oficiale posto dicui siparla:cioe loimpadore:alquale tāto
quanto le nostre operationi pprie che decte sono sistendono
siamo suggecti:et piu oltre nō p questa ragione in ciascuna
arte et in ciaschuno mestieri gliartefici et glidiscenti sono et
esser debbono suggecti alprincipe et almaestro diqlle in qlli
mestieri et in qlla arte:fuori diquello lasuggectione perisce;
poche perisce loprincipato. Si che quasi dir sipuo dello impe
radore uolendo ilsuo oficio figurare come una imagine:che
egli sia ilcaualcatore dellhumana uolonta:ilqual cauallo co
me uada sanza ilcaualcatore plo campo/ assai e manifesto et
maximamete nella misera Italia che sanza mezo alcuno alla
sua gouernatione e rimasa. Et da considerare e che quanto la
cosa e piu ppria dellarte o del magisterio/ tanto e maggiore
in qlla lasuggectione:che multiplicata lacagione multiplica
to leffecto. Onde e dasape che cose sono che sono a si pure
arti che lanatura e instrumeto dellarte:si come uogare cō re
mo doue larte fa suo strumento della impulsione che e natu
rale moto:si come nel trebbiare ilsrumento che larte fa suo
strumento del caldo che e naturale qualita. Et in questo ma
ximamente ilprincipe et maestro dellarte esser debbe sugge
cto:et cose sono doue larte e istrumento della natura:et qste
sono meno arte:et in esse sono meno suggecti gliartefici al
loro principe:si chome dare ilseme alla terra:quiui siuuole
attedere lauolonta della natura:si come e uscire diporto/ qui
si uuole attendere lanaturale dispositione del tempo:et pero
ueggiamo in qste cose spesse uolte cōtentione tra gliartefici:

et domādare cōfiglio ilmaggiore alminore. Altre cofe fono
'che nō fono dellarte:et paionō hauere con ꝗlla alcuna parē
tela: et quinēt fono glhuōmini molte uolte ingānati et in ꝗſte
lidiſcēti allarteſice o uero maeſtro ſuggecti allui nō fono: ne
'crederē allui fono tenuti: ꝗuanto e / p larte: ſi chome peſcare
pare hauere parēntela col nauicare: et conoſcere lauiriu del
lherba pare hauere parentela cō lagricultura: che nō hanno
infieme alchuna regola: concio ſia cofa chel peſcare ſia fotto
larte della uenātione et fotto fuo comandare: elconoſcere la
uirtù delherbe ſia fotto lamedicina / o uero fotto piu nobile
doctrina. Queſte cofe ſimigliantemēte che dellaltre arte fo
no ragionate ueder ſipoſſono nellarte impiale: che regole fo
no in ꝗlle che fono pure arti: ſi chome fono le leggi de matri
monii: de feruii delle militie: de ſucceſſori in dignitade: et di
queſte intutto ſiamo allo impadore ſuggecti ſanza dubio et
foſpecio alcuno. Altre legge fono che fono quaſi ſeguitatri
ci di natura: ſi come conſtituire lhuomo di etade ſufficiente
aminiſtratore: et di ꝗſto nō ſiamo i tutto ſuggecti. Onde mol
ti fono che paionō hauere alcuna parentela cō larte impiale
et qui fu ingānato ēt e / chi crede che laſetētia impiale ſia in
ꝗſta parte autentica: ſi come giouaneza: fopra laquale neſſu
nō impiale giudicio e / dacōfentire: inꝗuāto egli e / impadore
peró ꝗllo che e / didio / ſia renduto adio. Onde nō e / dacrede
re ne daconfentire a Nerone impadore che diſſe che gioua
nezā ēa bellēza ēt fortēza del corpo: ma acolui che diceſſe
che giouaneza e / colmō dela natural uita: che farebe philofo
fo. Et po e / manifeſto che difinire gētleza nō e / dellarte im
periale: et ſe nō e / dellarte tractādo diꝗlla allui nō ſiamo ſug
gecti: et ſe nō ſuggecti reuerire lu i cio nō ſiamo tenuti: et
ꝗſto et ꝗllo etiādio ſandaua: pche omai cō tutta licētia cō tut
ta frāchēza d animo e / daferire nel pecto alle uiſate opinioni
ꝗlle p terra uerſādo: acciche lauerace p ꝗſta uictoria tenga
ilcāpo della mente di coloro / p cio fa ꝗſta luce hauer uigore

   Oi che poſte fono laltrui opinioni di nobilita: et mo
  p ſtrato e / ꝗlle ripuate ame eſſer licito uerro aꝗlla parte
ragionare che cio ripua: che comicia ſi come decto e / difopra

Chi difiniſce huom e / egno ānimato

Et po e / da ſape che loppinione dellompadore auēgha che cō
difecto ꝗllo pōgha nelluna particula: cioe doue diſſe belli co
ſtumi: tocho dicoſtumii di nobilta: et po in ꝗlla parte ripuare

nõ sintéde laltra particola che dinatura di nobilta e del tutto
diuerfa ssintéde ripuare:laqual due cofe par dire quãdo dice
Antica richeza. Cioe tépo et diuitie:legli anobilta fono del
tutto diuerfe;come decto e/come difo̅to simostrera:Et po ri
prouãdo sisãi̅no due parti, Prima sirĩpuano lediuitie:poi si
ripua iltépo esser cagione dinobilta, Lasecõda parte comincia

Ne uoglion che uil huom gentil diuegna

Et dafape che riprouare lediuitie è riprouata nõ folamẽte
loppinione dellompadóre in q̃lla parte che le diuitie toccha:
ma etiamdio q̃lla del u̅ulgo interamẽte che fol nelle d uitie si
fondaua. Laprima parte in due fidiuide:che nella pᵐa gene
ralmente sidice lompadore esser stato erroneo nella difinittio
ne della nobilta. Secõdariamẽte sidimostra ragione pche:et
comincia questa seconda parte

Che lediuitie si come sicrede

Dico adũq̃ CHI Disinisce huom e/legno animato:che
Prima dice nõ uero:cioe falso/ inquanto dice legno:et poi
PARLA Nõ intero:cioe cõ difecto:inquãto dice animato
nõ dicédo rationale:che e̅diferentia p laquale lhuomo dalla
bestia sidiparte: Poi dico che p q̃sto modo fu erroneo in disi
nire q̃llo:chi tenne impio:nõ dicédo impadore:ma q̃llo che
téne impio/ amostrare come decto e/difopra q̃sta cola diter
minare essere fuori dimpiale oficio. Poi dico similmente lui
errare che puofe della nobilta falso suggecto:cioe ANTica
richeza. Et poi pcedere a difectiua forma/ o uero diferétia:
cioe belli costumi:che nõ cõprendono ogni formalita di nõ
bilta:ma molto pichola parte:si come difotto simostrera. Et
nõ e/dafafciare tutto chel téxto si tacia:che essere lompadore
in q̃sta parte nõ meno nõ erro pur nelle parti della disinitio
ne:ma etiamdio nel modo del disinire:auégha che secõdo la
fama che di lui grida egli fusse larcho et cherico grande:che
ladifinitione della nobilta piu degnamẽte sifaccia da glieffe
cti che da pncipii:cõcio sia cosa che essa paia hauere ragione
di pncipio che nõ sipuo notificare p cose pme:ma per poste
riori:poi quando dice

Che lediuitie si come sicrede

Mostro chomelle non possono curare nobilta:perche fono
uili:et mostro quella non poterla torre:perche fono disgiun
cte molto da nobilita:et pruouo quelle essere uili per uno

loro maximo et manifeſſimo difecto: Et queſto fu quando di
co CHE Sieno uili appare. Vltimamẽte cõchiudo p uirtu
diquello che e decto diſopra lanimo diritto nõ mutarſi p loro
tranſmutatione che pruoua quello che decto e diſopra quelle
eſſere danobilita diſgiũcte per nõ ſeguire loeffecto della cõ
giunctione. Oue e daſapere che ſi chome uuole ilphiloſofo
tutte lecoſe che fanno alcuna coſa conuiene eſſere prima ãlla
perfectamẽte in ãllo eſſere. Onde dice nel ſeptimo della me
thaphiſica quãdo una choſa ſigenera daũaltra generaſi di
ãlla eſſendo in quello eſſere. Ancóra e daſape che ogni cho
ſa che ſicorrompe i ſi ſicorrompe precedete alcuna alteratio
ne: et ogni coſa che ealterata conuiene eſſer congiunta con
ſalteratione: ſi come uuole ilphiloſofo nel ſeptimo della phi
ſica: et nel primo de generatione queſte coſe ppoſte coſi pro
cede: et dico che lediuitie come altri credeua non poſſono da
re nobilita. Et adimoſtrare maggior diuerſita hauere cõ quel
la dico che non lapoſſono torre achi lha. Dare nõ lapoſſono
cõcio ſia coſa che naturalmẽte ſiano uili: et perla uilta ſiano
cõtrarie alla nobilita. Et qui ſintẽde uilta p degeneratione
laquale alla nobilita ſoppone: cõcio ſia coſa che luno cõtra
rio non ſia factore dellaltro: ne poſſa eſſere p la preſiarrata ca
gione: laquale breuemente ſaggiunge altexto dicend o.

Poi qual pinge figura

Onde neſſun dipinctore potrebbe porre alcuna figura: ſe in
tentionalmente non ſifaceſſe prima tale quale laſigurã eſſer
debbe. Anchora torre nõ lapoſſono: peroche dallungi ſono
di nobilita: et pla ragione prenarrata che altera et corrompe
alcuna choſa conuegna eſſere congiunto con quello: et però
ſoggiungne

Ne la diritta torre

Fa piegar riuo che dallungi corre

Che nõ uuole altro dire ſe nõ riſpondere accio che decto e
dinanzi che lediuitie nõ poſſono torre nobilita: dicẽdo quaſi
quella nobilita eſſere torre di tutto: et lediuitie fiume dallun
gi corrente.

Eſta omai ſolamẽte a prouare come le diuitie ſiano
uili: et come diſgiuncte et loptane ſono danobiltã
et che ſipruoua i due particulette del texto: allequa

li siconuiene alpresente intendere:et poi quelle exposte sa
ra manifesto cio che decto ho; cioe le diuitie essere uili et lon
tane danobilta:et p'questo saranno leragioni disopra cōtra
lediuitie perfectamente puate. Dico adunq;

Che sieno uili áppare et imperfecte

Et amanifestare cio che dire sintēde e dasapere che lauilta di
ciascuna cosa dalla imperfectione di quella sipiglia: et cosi la
nobilta della perfectione. Onde tanto quanto lacosa e perse
cta / tanto e in sua natura nobile: quanto imperfecta / tanto
uile. Et po se lediuitie sono impfecte manifesto e / che sieno
uili. Et chelle sieno imperfecte breuemente pruoua iltexto
quando dice.

Che quantunque collecte
Non posson quietar: ma dan piu cura

In che non solamente laloro impfectione e manifesta: ma
laloro conditione essere imperfectissima e / per essere quelle
utilissime: et cio testimonia Lucano quando dice a quelle par
lando: Sanza contentione periro le leggi: et uoi ricchezze ui
lissima parte mouente delle cose battaglia. Puotesi breuemen
te laloro impfectione in tre cose uedere apertamente, Prima
nello indiscreto loro auenimeto, Secondo nel pericoloso lo
ro accrescimento, Tertio nella damnosa loro possessione. Et
prima chio cio dimostri e dadichiarare un dubio che pare cō
surgere: che cōcio sia cosa che loro: lemargherite: et licampi
perfectamēte forma et acto habbiano in loro essere / nō pare
uero dire che siano impfecte. Et pero siuuole sapē che quan
to e per esse in loro considerare cose perfecte sono: et nō so
no ricchezze: ma oro et margherite: ma inquāto sono ordina
te alla possessione dellhuomo sono richeze: et per questo mo
do sono piene dimperfectione: che non e incōueniente una
cosa secondo diuersi rispecti essere perfecta et imperfecta:
Dico che laloro imperfectione primamente sipuo notare nel
la indiscretione delloro auenimento: nelquale nessuna distri
butiua giustitia risplende: ma tutta iniquita quasi sempre: la
quale iniquita e proprio effecto dimperfectione: che se sicon
siderano limodi per liquali esse uenghono tutte sipossono in
tre maniere ricoglere. O uenghono dapura fortuna: si come
quando sanza intētione o speranza uengono p inuentione

alcuna non penfata, O uengono dafortuna che e/da ragione
aiutata:fi come p teftaméti o p mutua fucceffione. O uengo
no dafortuna aiutatrice di ragione:fi come quando p licito /
o p illicito pcaccio. Licito:dico quádo p arte o p mercátia o p
feruigio meritáte. Illicito dico quádo o p furto o p rapina.
Et in ciafcuno diqfti tremodi fiuede qlla iniquita che io dico
che piu uolte alli maluagi che alli buóni fecelate richeze che
fitruóuano / o che firitruouano / firaprefentano:et qfto e fi
manifefto:che nó ha meftieri diptruoua. Veramente io uiddi
illuogho nelle cofte dun monte che fichiama falterona in tó
fofcana doue ilpiu uile uillano di tutta lacótrada zappando
piu duno ftaio di fanctalene dargento finiffimo uitruóuó:che
forfe piu didumilla anni lhaueuano afpectato: Et p uedere
qfta iniquita diffe Ariftotile che quáto lhuomó piu foggiace
allo intellecto / táto meno foggiace alla fortuna. Et dico che
piu uolte amaluagi che abuoi puengono liredaggi:legati:et
caduti. Et di cio nó uoglio recare inázi alcuna teftimoniáza
ma ciafcuno uolgha gliocchi pla fua uicináza:et uedra quel
chio mitacio p nó abominare alcuno. Chofi fuffe piaciuto à
dio che qllo che domando il puenzale / fuffe ftato:che chi nó
e /herede della bontade pdeffe ilredaggio dellauere. Et dico
che piu uolte amaluagi che alli buoni puégono apunto lipro
cacci:che li nó liciti abuoni mai nó puégano poche glirifiuta
no. Et qual buono huomo mai p forza o p fraude pcacciera:
ipoffibile farebe cio che folo pla electione dela illicita impre
fa piu buono nó farebe. Et gli illiciti rare uolte puégono alli
buoni:pche concio fia cofa che molta folicitudine quiui fin
chieggia:et lafolicitudine del buono fia diritta amaggior co
fo / rare uolte fufficienteméte quiui ilbuono e folicito:pche
e/manifefto in ciafcun modo qlle richeze iniquaméte aueni
re. Et po noftro Signore iniq lechiamo:quádo diffe Fateui
a nici dela pecunia dela iniqta / inuitádo et cófortádo glhuo
mini aliberta di benefici:che fono generatori damici. Et qto
fa bel cambio chi di qfte impfectiffime cofe da p hauere et p
acqftare cofe pfecte:fi come icuóri de ualéti huomini elcam
bio ogni di fipuo fare: Certo nuoua mercatantia e/qfta del
laltre:che credédo cóperare uno huomo plo beneficio mille
et mille nefono cóperati. Et chi non e/ancora col cuore Alle
xandro pli fuoi reali benefici: Chi nó e /ancora ilbuon Re
di caftella / o ilfaladino / o ilbuon marchefe di monferrato:o
ilbuon cóte di tholofa:o Beltrame dal bornio:o Ghalafo da

mõte feltre:quãdo delle lor messioni sifa mentione:certo nõ
solamẽte qlli che cio farebonõ uolẽtieri:ma qlli pma morire
uorrebonõ che cio fare:amore hãno alla memoria di costoro,
  c Ome decto e/lapfectione delle richeze nõ solamente
    nelloro auenimẽto sipuo comprendere:ma etiamdio
nel pericoloso loro accrescimento:et po in cio che piu sipuo
uedere diloro difecto/solo di questo fa mentione iltexto di
cendo quelle QVANTunq collecte/nõ solamẽte nõ quie
tare ma dare piu sete et rẽdere altrui piu difectiuo et insuffiçi
ente.Et qui siuuole sape che lecose difectiue possonõ hauere
iloro difecti p modo che nella pma faccia nõ paiono:ma sot
to presto di pfectiõe laimpfectiõe sinascõde:et possono hã
uere qlli:si che del tutto sono discopti:si che aptamẽte nella
pma faccia siconosce laimpfectione:et qlle cose che pma nõ
mostrano iloro difecti sono piu picolose:poche diloro molte
uolte prendere guardia nõ sipuo:si come uediamo nel tradi
tore:che nella faccia dinanzi simostra amico:si che fa di se
sede hauere:et sotto protesto damicitia chiude ildifecto della
inimicitia.Et per questo modo le riccheze pericolosamente
nelloro accrescimento sono impfecte:che sommettendo cio
che pmettonõ/apportano ilcõtrario:pmettono le false tradi
trice sempre in certo numero adunate rendere ilragunatore
pieno dogni appagamẽto:et con questa promessione condu
cono lhumana uolonta in uitio dauaritia.Et p qsto lechiama
Boetio in qllo de cõsolatiõe pericolose dicendo O me chi
fu quel primo che ipesi del oro coperto et lepietre che siuole
uano ascõdere pretiosi picoli cauoe.Promettiono lefalse tra
ditrici se ben siguarda di torre ogni sete et ogni mãcheza et
a portare ogni satiamẽto e bastanza:et qsto fãno nel pncipio
aciascuno huomo/qsta pmessione i certa quãtita diloro acre
scimẽto afermãdo:et poi che qui sono adunate i luogo di sa
tiamẽto et dirisfrigerio dãno et rechano sete dicaso febricãte
intollerabile:et i luogo dibastanza rechano nuouo termitie:
cioe maggior quãtita adesiderio:et cõ qsto paura solicitudine
grãde sopra lacqsto:si che ueramẽte nõ quietano:ma dãnno
piu cura:laqual pma fãza loro nõ sihauea.Et po dice Tulio
in qllo de paradoso abominãdo lericheze.Io i nessun tẽpo p
fermo ne le pecunie dicostoro ne le magioni magnifiche:ne
le richeze:ne le signorie:ne lallegreze:dellequali maxima
mẽte sono astrecti tra cose buone o desiderabili esser di essi

côcio fia cofa che certo io uedeffi glhuômini nella abondan
za diquefte cofe maximamête defiderare quelle di che abon
dauano:peroche in neffun tempo fifornifce ne fifatia lafete
della cupidita:ne folamente per defiderio daccrefcere quelle
cofe che hanno fitormentano:ma etiamdio tormento hanno
nella paura di perdere quelle, Et tutte quefte parole fonô di
Tulio:et cofi giaciono in quello libro che decto e. Et a mag
giore teftimonianza di quefta impfectione eccho Boetio in
quello de côfolatione dicente Se quanta rena uolge ilmare
turbato dal uento:fe quante ftelle rilucono / la dea della ric
cheza largifca / lhumana generatione non ceffera dipiangei
et perche piu teftimonianza a cio ridurre per pruoua ficon
uiene / lafcifi ftare quanto contro a effe Salamone et fuo pa
dre grida:quanto contro aeffe Seneca / maximamente a Lu
cillo fcriuendo:quanto Horatio:quanto Iouenale:et breue
mente quâto ogni fcriptore / ogni poeta:et quanto lauerace
fcriptura diuina chiama côtro à quefte falfe meretrici piene
di tutti difecti. Et pongafi mente p hauere occulta fede pur la
uita dicoloro che dietro aeffe uâno come uiuono ficuri quan
do di qlle hâno raunate. come fappagano:come firipofano.
Et che altro cotidianamente pericola et uccide lecipta: lecon
trade:et lefingulari perfone tanto quâto ilnuouo raunamen
to dhauere appreffo alcuno:ilqual raunamêto nuoui defideri
difcuopre:alfine dequali fanza ingiuria dalcuno uenire nô
fipuo. Et che altro intéde di medicare luna et laltra ragione
canonica dico et ciuile:tâto quâto apparare ala cupidita / che
raunando richeze crefce: Certo affai lomanifefta luna et lal
tra ragione fu liloro cominciamêti:dicô della loro fcriptura
fileghono, O come/manifefto / anzi manifeftiffimo quelle
in accrefcimêto effere del tutto imperfecte:quando dilore al
t o che imperfectione nafcere non puo / quanto che accolte
fieno:et qfto e / qllo chel texto dice. Veramente qui furge in
dubio una queftione danon trapaffare fanza farla et rifpon
dere aquella. Potrebe dire alcuno calumniatore della uerita
che fe per crefcere defiderio acquiftando lericheze fonô im
perfecte / et poi uili / che quefta ragione fia impèrfecta et ui
le lafcientia:nel acquifto delquale crefce fempre ildefiderio
di quella:onde Seneca dice: Se luno de piedi nel fepolchro
haueffi / apprendere uorrei, Ma nô e / uero che lafcientia fia

uile p impfectione:dunqz pla diftinctione del cõfequéte ilcre
fcere defiderio non e/cagione di uilta alle richeze. Che fia
perfecta e/manifefto plo philofofo nel.vi.dellethica che dice
lafcientia pfecta effer cagione di certe cofe. A qdefta quéftio
ne breuemente e/darifpondere. Ma prima e/dauedere fe nel
acqfto della fciétia ildefiderio fi/ciampia:come nella queftio
ne fipone:et fe fia p ragione:poche io dico che nõ folaméte
nel acquifto della fcientia et delle riccheze:ma in ciafchuno
acquifto ildefiderio humáno fidilata:auengha che p altro et
altro modo:et laragione e/quefta. Che ilfommo defiderio di
ciafchuna cofa e/prima dalla natura dato e/ilritornare alfuo
principio:et po che iddio e/principio delle noftre anime et fa
ctore di qlle fimile a fe:fi come e/fcripto Facciamo lhuomo
allaymagine et fimilitudine nôftra:effa anima maximaméte
defidera tornare aqllo. Et fi come peregrino che ua per una
uia p laquale mai nõ fu l/che ogni cafa che dallungi uede cre
de che fia lalbergo:et nõ trouãdo cio effere diriza lacreden
za allaltra:et cofi di cafa in cafa tanto che allalbergo uiene.
Cofi lanima noftra incótinente che nel nuouo et mai nõ fa
cto cãmino diqfta uita entra diriza gliochi altermine del fuo
fõmo bene:et po qualunqz cofa uede che paia hauere in fe al
cun bene crede che fia effo. Et pche lafua conofcenza pma
fia impfecta p nõ effere experta ne doctrinata/piccholi beni
glipaiono grandi:et pero dãlli comincia pma adefiderare.
Onde ueggiamo iparuoli defiderare maximaméte un pómo
et poi piu oltre pcedédo defiderare uno uccellino:et poi piu
oltre pcedendo defiderare bel ueftiméto:et poi elcauallo:et
poi una dónà:et poi riccheza nõ grande:et poi piu grande:
et poi piu:Et qfto incótra pche in neffuna diqfte cofe truoua
qllo che ua cercando:et credelo trouare piu oltre:pche ueder
fipuo che luno defiderabile fta dinanzi allaltro agliocchi del
la noftra anima per modo quafi piramidale chel minimo gli
cuopre prima tutti:et e/quafi punta dellultimo defiderabile
che e/iddio l quafi bafe di tutti:fi che quãdo dalla punta uer
labafe piu fi pcede maggiori apparifcono glidefiderabili:et
qfta e/laragione pche acquiftãdo glidefiderii humani fifãno
piu amici luno apreffo dellaltro. Veraméte cofi qfto cãmino
fiperde p errore come leftrade della terra:che fi cõme/dauna
cipta aunaltra dineceffita è/una optima et dirictiffima uia:et

i iii

unaltra che sempre senedilūga:cioe q̄la che ua nellaltra par
te:et molte altre qual meno allūgādosi:qual meno appressan
dosi. Cosi nella u̇ita humàna sono diuersi camini:deiliquali
uno e/ueraciſſimo:et unaltro fallaciſſimo:et certi men fallaci
et certi men ueraci. Et ſi come ueggiamo che q̄llo che e/dirit
tiſſimo ua alla cipta:et adēp̄ie ildeſiderio:et da poſa dopo la
fatica:et q̄llo che ua i cōtrario mai no loadēp̄ie:et mai poſa
dare nō puo. Coſi nella noſtra uita auiene:ilbuon camina
tore giunge atermine et a poſa:et loerroneo mai nō gligiūge
ma cō molta fatica del ſuo animo ſempre cogliochi goloſi ſi
mira inanzi. Onde auēga che q̄ſta ragione deltutto nō riſpō
da alla q̄ſtione moſſa diſopra:almeno apre la uia alla riſposta
che fa uedere nō andare ogni noſtro deſiderio dilatandoſi p̄
un modo. Ma pche q̄ſto capitolo e/alquāto p̄docto i capitolo
nuouo / alla q̄ſtione e/da riſpondere:nelq̄le ſia terminata tut
ta ladiſputatione che far ſintēde alp̄reſēte cōtro alle richeze.
a Lla queſtione riſpōdēdo dico che ppriamēte creſcere
ildeſiderio della ſcientia dire non ſi puo:auēgha che
chome decto e / per alchun modo ſidilati:che quello che p̄ò
priamente creſcie ſempre è /uno:ildeſiderio della ſcientia
non e /ſempre uno:ma e /molti:et finito luno uiene laltro:ſi
che ppriamēte parlando nō e/creſcere ilſuo dilatare:ma ſuc
ceſſione di pichola coſa in gram coſa:che ſe io deſidero di ſa
pere iprincipii delle coſe naturali /incontinēte che io ſo q̄ſti
e adēp̄iuto et terminato q̄ſto deſiderio:et ſe poi io deſidero di
ſape che coſa et come ciaſcuno di q̄ſti p̄ncipii:q̄ſto e/unaltro
deſiderio nuouo:ne p̄lo auenimēto diq̄ſto nō miſitoglie la p̄
fectione allaquale micōduſſe laltro:et q̄ſto cotale dilatare nō
e/cagione dimpfectione:ma di pfectione maggiore. Quello
ueramēte della richeza e/ppriamēte creſcere:che e/ſempre
pur uno:ſiche neſſuna ſucceſſione quiui ſiuede et p̄ neſſun
termine p̄ neſſuna pfectione. Et ſe la uerſario uuol dire che
ſi come e/altro deſiderio quello di ſape iprincipii delle coſe
naturali:et altro diſape che elli ſono:choſi altro deſiderio e/
q̄llo delle cento marche:et altro e/q̄llo delle mille. Riſpōdo
che nō e/uero chel cento ſia parte del mille:et a ordine a eſſo
come parte duna linea e/tutta linea:ſuperlaquale ſi p̄cede p̄
uno moto ſolo:et neſſuna ſucceſſione quiui e /ne pfectione
di moto in parte alcuna:ma conoſcere che ſiano liprincipii
delle coſe naturali:et conoſcere q̄llo che ſia ciaſcheduno nō

e/parte luno dellaltro:et hãno ordine insieme come diuerse
linee:p leqli nõ pcede p uno moto:ma pfecto ilmoto delluna
succede ilmoto dellaltra. Et cosi appare che dal desiderio del
la scientia lascientia nõ e/dadire impfecta:si come lericheze
sono dadire plo loro:come la qstione poneua:che nel deside
rare dela scièza successiuamète siniscono idesiderii:et uiensi
a pfectione:et in qllo delle richeze nõ:si che laquestione e/so
luta:et nõ ha luogo. Ben può ancora caluniare lauersario di
cendo che auenga che molti desiderii sadempiano nel acqsto
della scientia mai nõ sitiene allultimo:che e/quasi simile alla
pfectione di qllo che nõ sitermina:et che e/pur unõ. Ancora
qui sirispõde che non e /uero cio che si oppone:cioe che mai
nõ siuiene allultimo:che linostri desiderii naturali si come di
sopra nel terzo tractato e/mostrato sono a certo termine di
scèndèti:et qllo della scientia e/naturale:si che certo termine
qllo fornisce:auengà che pochi p mal caminare fornischano
lagiornata:Et chi intède ilcõmentatore nel terzo dellanima
qsto intède dallui:et po dice Aristotile nel decimo dellethica
cõtro a Simonide poeta parlãdo/ che lhuomõ sidebe trahere
alle diuine chose quanto puo; In che mostra che a certo sine
bada lanostra potenza:Et nel pmo dellethica dice chel disci
plinato chiede disape certeza nelle cose secõdo che laloro na
tura di certeza si ricceue. In che mostra che nõ solamète dalla
parte dellbuomo desiderante:ma debesi sine attendere dalla
parte delsuo scibile desiderato:et po paulo dice Nõ piu sape
che sape sicõuenga:ma sape a misura. Si che p qualuq̃ mio
do ildesiderare della scientia sipigli o generalmète o particu
larmènte a pfectione uiene:et po lascientia pfecta e nobile
pfectione:et p suo desiderio sua pfectione nõ pde / come le
maladecte richeze:lequali come nella loro possessione siano
dãnose / breuemète e dãmostrare che e laterza nota della lo
ro impfectione; Puossi uedere laloro possessione esser dãno
sa p due ragioni. Luna che e/cagione di male. Laltra che e/
priuatione di bene. Cagione e /di male che sa pur ueghiar
do ilpossessore timido et odioso. Quanta paura e /quella
di colui che apresso se sente richeza iu camminando:in sog
giornãdo :non pur ueghiando:ma dormendo:non pur di
perdere lhauere:ma lapersona per lhauere. Ben losanno li
miseri mercatanti che perlo mondo uanno che le foglie chel

In caminando
In soggiornãdo

uento fa menare glisa tremare quãdo seco richeze portano:
et quando sanza esse sono / pieni di sicurta cantando et ra
gionando fanno lor camino piu breue:et po dice ilsauio:Se
uoto camminatore entrasse nel camino dinanzi alli ladroni
canterebbe. Et cio uuole Lucano nel quinto libro:quãdo cõ
menda lapouerta di sicurãza dicédo:O sicura faculta della
pouera uita:o strecti habitacoli et massaritie:o non anchora
intese richeze delli dei:aquali tempi et aquali muri puo que
sto auenire:cioe nõ temere con alcuno tumulto bussando la
mano di Cesaro. Et quello dice Lucano quãdo ritrae come
Cesare di nocte alla casetta del pescatore Amiclas uenne p
passare ilmare adriano. Et quãto odio e / quello che ciascuno
alpossessore della ricchezza porta / o p inuidia ó p desiderio
di pigliare q̃lla possessione? Certo tanto e / che molte uolte
cõtro alla debita pieta ilfigliuolo alla morte del padre inten
de. Et di questo grandissime et manifestissime experientie
possono hauere ilatini et dalla parte di Po / et dalla parte di
Teuere. Et pero Boetio nel secõdo della sua cõsolatione dice
Per certo lauaritia fa glhuomini odiosi. Anzi e / priuatione
di bẽne laloro / possessione:che possedendo q̃lle laricheza nõ
sifa che e / uirtu laquale e / pfecto bene:et laquale fa glhuo
mini splendienti et amati:che nõ puo essere possedendo quel
le:ma quelle lasciando di possedere. Onde Boetio nel mede
simo libro dice:Allhora e / buona lapecunia:quando trasmu
tata negli altri per uso di largheza piu nõ sipossiede. Perche
assai e / manifesto laloro uilta p tutte lesue note:et pero lhuo
mo di directo apetito et di uera conoscenza q̃lle mai nõ ama
et nõ amãdole nõsi unisce ae sse:ma q̃lle sempre dilungi da
se esser uuole:se nõ inquãto adalcuno necessario seruigio
sono ordinate:et e cosa ragioneuole:poche ilpfecto col im
perfecto nõ sipuo cõgiugnere. Onde ueggiamo che latorta
linea con la diritta nõ sicõgiugne mai:et se alcuno cõgiugni
mento ue / nõ e / da linea a linea:ma dapunto apunto. Et pero
seguita chel lanimo che e diritto:cioe dapetito uerace:cioe di
conoscenza p loro perdita nõ sidifface:si come iltexto pone
nel fine di q̃sta parte. Et p q̃sto effecto intéde di puare iltexto
chelle sieno fiume corrente dilũgi dalla diritta torre della ra
gione o uero di nobilta:et p q̃sto che esse diuitie nõ possono
torre lanobilta achi lha. Et p questo modo disputasi et ripruo
uasi contro alle richeze perla presente canzone.

Iprouato laltrui errore quanto e\in qlla parte che alle
richeze sappoggiaua / in qlla parte che tepo sidiceua
essere cagione di nobilta dicedo Antica richeza:et questa ri
prouagione sifa in questa parte che comincia

Ne uoglion che uil huom gentil diuegna

Et prima siripruoua cio p una ragione di costoro medesimi
che cosi errano. Poi amaggior loro confusione qsta loro ra
gione anchora sidistrugge:et cio sifa quando dice

Ancor segue di cio c he inanzi ho messo

Vltimamente cochiude manifesto essere illoro errore:et pero
essere tempo dintendere alla uerita:et cio sifa quando dice

Perche antellecti sani

Dico adunque

Ne uoglion che uil huom gentil diuegna

Doue e dasape che opinione diquesti erranti e che huomo
pma uillano mai getil huomo dire no sipossa:ne huomo che
figlio sia di uillano similmete mai dire no sipossa gentile:et
cio rompe laloro sentetia medesima:quado dicoho che tepo
sirichiede a nobilta ponendo qsto uocabolo anticho:poche
impossibile p processo ditepo uenire alla generatione di no
bilta p qsta loro ragione che decta e:laqual toglie uia che uil
lano huomo mai possa essere gentile p opera che faccia, o p
alcuno accidete:et toglie uia lamutatione di uillan padre in
gentil figlio:che se ilfiglio del uillano e pur uillano:elfiglio
pur fia figlio di uillano:etcosi fia anchora uillano et ancho
ra suo figlio:et cosi sempre mai no sara trouare la doue no
bilta p pcesso ditempo sicominci. Et se lauersario uolendosi
difendere dicesse che lanobilta sicomincera in quel tepo che
sidimentichera ilbasso stato de gliantecessori. Rispondo che
cio fia cotro alloro medesimi:che pur di necessita quiui sara
trasmutatione di uilta in getileza duno huomo in altro / o di
padre a figlio:che e cotro acio che essi pogono. Et se lauersa
rio ptinacemete sidifendesse dicedo che ben uogliono qsta
trasmutatione poter si fare quado ilbasso stato de glianteces
sori corre i obliuione:auenga chel texto cio no curi:degno
e che lachiosa acio rispoda:Et po rispodo cosi che di cio che
dicono seguono quatro gradissimi incouenienti:si che buo
na ragione essere non puo. Luno si e che quanto lanatura

humana fuſſe migliore tanto ſarebbe piu malageuole et piu
tarda generatione di gentileza:che e/maximo incōueniente:
cōcio ſia cōmemorata lachoſa chē quanto e/migliore/ tanſo
e /piu cagione di bene:et nobilta intra libeni ſia cōmemora
ta:et che cio fuſſe coſi ſiprioua, Se lagentileza o/uero nobil
ta che p una coſa intendō /ſigeneraſſe p obliuione piu toſto
ſarebbe generata lanobilta:et quāto glhuomini fuſſono piu
ſmemorati / tāto piu toſto ogni obliuione uerrebe:dūqo quā
to glhuomini ſmemorati piu fuſſeno/ piu toſto ſarebono no
bili:et p cōtrario quāto cō piu buona memoria) tāto piu far
di nobili ſifarebbono; Elſecōdo ſi e che neſſuna coſa fuori
deglhuomini queſta diſtinctione ſi potrebe fare:cioe nobile
o uile:che e molto incōueniente:cōcio ſia coſa che in ciaſcu
na ſpetie di coſe ueggiamo la ymagine di nobilta et di uilta.
Onde ſpeſſe uolte diciamo uno nobile cauallo et uno uile:
et uno nobile falcohe et uno uile:et una nobile margherita
et uile. Et che non ſipoteſſe fare qſta diſtinctione coſi/ſipru
ua. Se laobliuione de baſſi anteceſſori e cagione di nobilta
et douunqo baſſeza danteceſſori mai nō fu nō puo eſſere la
obliuione diquelli:cōcio ſia coſa che laobliuione ſia corrup
tione di memoria:et in queſti altri animali et piante minore
baſſeza et alteza nōn ſinoti:poche in uno ſono naturati ſo
lamente et di equale ſtato in loro generatione di nobilta eſſe
re nō puo:et coſi ne uilta:concio ſia coſa che luna et laltra ſi
guardi come habito et priuatione:cheſono auno medeſimo
ſuggecto poſſibili:et po i loro delluna et dellaltra nō potreb
be eſſere diſtinctione. Et ſe lauerſario uoleſſe dire che nel
laltre coſe nobilta ſintende pla bonta della coſa:ma deglhuo
mini ſintende pche di ſua baſſa cōditione nō e/memoria:Ri
ſpondere ſiuorrebbe nō cō leparole:ma col coltello a tanta
beſtialita quāta e/dare alla nobilta dellaltre coſe bonta per
cagione:et aqlla de glhuomini p principio didimenticanza,
Ilterzo ſi e/che molte uolte uerrebbe pma ilgenerato che il
generante:che e del tutto impoſſibile:et cio ſipuo choſi mo
ſtrare. Pogniamo che Gherardo da cāmino fuſſe ſtato nipo
te del piu uile uillano che mai beueſſe del ſile o del cagnano
et laobliuione anchora nō fuſſe del ſuo aūclo uenuta:chi ſa
ra ardito di dire che Gherardo dacāmino fuſſe uile huomo?
et chi nō parlera meco dicendo qllo eſſere ſtato nobile?certo

nessuno quanto uuole sia presumptuoso: poche egli fu et sia
sempre lasua memoria. Et se laobliuione del suo basso ante
cessore nõ fusse uenuta: si come si oppone: et ella fusse gran
de di nobilta: et lanobilta in lui siuedesse chosi apertamente
come aperta siuede / prima sarebbe stata in lui chel generan
te suo fusse stato: et õsto e/maximamete impossibile. Elquar
to si e/che tale huomo sarebbe tenuto nobile morto: che non
fu nobile uiuo: che piu incõueniente essere nõ potrebbe: et
cio simostra. Pogniamo che nella eta di Dardanio de suoi
antecessori bassi fusse memoria: et pogniamo che nella eta di
Laumedonte questa memoria fusse dissfacta: et uenuta laobli
uione secondo laopiusone auersa Laumedonte fu gentile: et
Dardanio fu uillano i loro uita. Noi alliquali lamemoria de
loro antecessori dico dala da dardanio uiuédo fusse uillano
et morto sia nobile. Et nõ e/cõtro a cio che sidice Dardanio
essere stato figliuolo di Gioue: che cio e /fauola: dellaquale
phisicamente disputando curare non sidebbe: et puro se uõ
lesse alla fauola fermare lauersario / di certo õllo che lasauo
la cuopre dissa tutte le sue ragioni. Et cosi e /manifesto lara
gione che poneua laobliuione causa di nobilta esser falsa et
erronea.   15

   d   A poi che pla loro medesima sententia lacanzone ha
         riprouato tempo nõ richedersi a nobilta: incõtinente
seguita a confondere la premissa loro opinione: accioche di
loro false ragioni nessuna ruggine rimangha nella mente
che alla uerita sia disposta: et questo fa quando dice

Anchor segue dicio che inanzi ho messo

Que e/da sape che se huomo nõ sipuo fare di uillano gentile
o di uile padre nõ puo nascere getil figliuolo: si come messo
e/dinanzi p loro opinione / che delli dua incõuenienti luno
seguire cõuiene. Luno si e /che nessuna nobilta sia. Laltro
si e/che ilmõdo sempre sia stato cõ piu huomini: si che dauno
solo labumana generatione discesa non sia. Et cio sipuo mo
strare se nobilta nõ sigenera dinuouo: si come piu uolte e/de
cio che laloro opinione uuole nõ generandola di uile huomo
in lui medesimo / nie di uile padre i figliuolo: sempre e/lhuo
mo tale quale nasce: et tale nasce quale e/ilpadre: et cosi õsto
processo duha conditione e/uenuto infino dal pmo parente.

Perche tale qual fu ilprimo generante:cioe Adamo:conuie
ne essere tutta lhumana generatione:che dallui alli moderni
non sipuo trouare per quella ragione alcuna trasmutanza:
dunque se esso Adamo fu nobile / tutti siamo nobili:et se lui
fu uile / tutti siamo uili:che non e altro che torre uia ladistin
ctione diqueste conditione:et cosi e torre uia quelle:et questo
dice che diquello che messo dinanzi:seguita

Che sian tutti gentili o uer uillani

Et se qsto nõ e/pur alcuna gente e/dadire nobile:et alcuna ui
le dinecessita:dapoi che latrasmutatione di uilta in nobilta e
tolta uia / cõuiene lhumana generatione dadiuersi principii
essere discesa:cioe da uno nobilo et da uno uile:et cio dice
lacanzone quando dice.

O che non fusse a huom cominciamento

Cioe uno solo nõ dice cominciamẽti:et questo e falsissimo
apresso ilphilosofo et apresso lanostra fede:che mentire non
puo apresso lalegge et credenza antica de gentili:che auen
gha chel philosofo nõ põga il pcesso dauno pmo huomo:pur
uuole una sola essentia essere in tutti glhuomini:laquale di
uersi pncipii hauere nõ puo. Et Plato uuole che tutti glhuo
mini dauna sola idea dipendano:et nõ dapiu:che e dare loro
un solo principio. Et sanza dubio forse riderebe Aristotile
udendo fare due spetie dellhumana generatione:si come de
caualli et de gliasini:che perdonimi Aristotile / asini ben si
possono dire coloro che chosi pensano:che apresso lanostra
fede laquale del tutto e/dacõseruare sia falsissimo p Salamo
ne simanifesta:che la doue distinctione fa dituttti glhuomini
aglianimali bruti chiama tutti qlli figliuoli di Adam. Et cio
fa quãdo dice:chi sa se tutti lispiriti de figliuoli di Adam ua
dano suso:et quelli delle bestie uadano giuso. Et che apresso
igentili falso fusse / echo latestimonanza di Ouidio nel pmo
del suo metamorfoseos:doue tracta lamundiale cõstitutione
secõdo lacredenza pagana o uero de gentili dicẽdo: Nato e/
lhuomo:nõ disse glhuomini:disse nato e lhuomo:o uero che
qsto e/lartefice delle chose di seme diuino fece:o uero che la
recente terra dipoco dipartita dal nobile corpo sottile et diafa
no lisemi delcognato cielo ritenea:laqle mixta cõ lacqua del
fiume ilfiglio di Iachetto / cioe pmeteos / cõpuose i ymagine

delli dei che tutto gouernano: doue manifestamente pone il
primo huomo uno essere stato solo: et po dice la canzona

Ma cio io non consento

Cioe che cominciamento a huomo non fusse. Et soggiunge
la canzone.

Ne eglino altresi se son christiani

Et dice christiani / et no philosofi / o uero gentili. Le sententie
anchora sono in contro: peroche la christiana sententia e / di
maggior uigore: et e rompitrice dogni calumnia: merce del
la somma luce del cielo che quella allumina: poi quando dico

Perche antellecti sani

E / manifesto ilor dir esser uani

Conchiudo illoro errore essere confuso: et dico che tempo e
daprire gliocchi alla uerita: et questo dice quando dico

Et uoglio dire omai si come io sento

Dico adunce che per quello che e / decto e / manifesto alli sani
intellecti che idecti di costoro sono uani: cioe saza mellodia
di uerita. Et dico sani non sanza cagione. Onde e da sapere
chel nostro intellecto si puo dire sano et infermo. Et dico in
tellecto perla nobile parte dellanima nostra / che comune uo
cabulo mente si puo chiamare. Sano dire si puo quando per
malitia danimo o di corpo impedito no e nella sua opatione
che el conoscere quello che lecose sono: si come uuole Aristo
tile nel terzo dellanima: che secondo lamalitia dellanima tre
horribili infermitade nella mente de glhuomini ho uedute.
Luna e / di naturale substantia causata: che sono molti tanto
presumptuosi: che si credono tutto sapere: et per questo le no
certe chose affermano per certe: ilqual uitio Tulio maxima
mente abomina nel pmo delli oficii. Tommaso nel suo con
tra gentili dicedo Sono molti tanto di suo ingegno presum
ptuosi che credono col suo intellecto poter misurare tutte le
cose / extimando tutto uero qllo che alloro pare: falso quello
che alloro non pare. Et quinci nasce che mai adoctrina non
uenghono credendo da se sufficientemete essere doctrinati:
mai no domandano: mai no ascoltano, disiano essere doman
dati: et inanzi ladomandatione fornita male rispondono. Et
per costoro dice Salamone nelli prouerbii Vedesti lhuomo

ò philosophi tracot

presto arispōdere / di lui pazia piu che correctione e daspē.
Laltra e / di naturale pusillanimita causata: che sono molti
si uilmēte obstinati che nō possono credere ne p loro ne p al
trui lecose sipossano sape: et q̄sti cotali mai p loro nō cercha
no: he ragionano mai: q̄llo che altri dice nō curano. Et cōtro
acostoro Aristotile parla nel p̄mo dellethica dicendo q̄lli esse
re insufficiēti auditori della morale philosofia. Costoro sem
pre come bestie in grosseza uiuono dogni doctrina despera
ti. Laterza e / da leuitade di natura causata: che sono molti di
si lieue fantasia che in tutte leloro ragioni trasuāno: et anzi
che silogizino hāno cōchiuso: et diquella cōclusione uanno
trasuolando nellaltra: et pare loro sottilmēte argomētare: et
nō simuouono danessuno p̄ncipio: et nessuna cosa ueramēte
ueggiono uera nella loro ymagine. Et di costoro dice ilphi
losofo che nō e dacurare: ne dhauere cō essi faccenda: dicen
do nel p̄mo della phisica che cōtro a q̄llo che nega iprincipii
disputare nō sicōuiene. Et di q̄sti cotali sono molti idioti che
nō saprebono la.b.c. et uorrebono disputare in geometria
in astrologia et in phisica. Et secondo malitia o uero difecto
di corpo puo essere lamēte nō sana: quando per difecto dal
cuno principio dalla natiuitade / si come mentecapti: quādo
p lalteratione del cerebro / si come sono frenetici: et di q̄sta
infermita della mente intende lalegge quādo loinforzato di
cē in colui che fa testamēto diquel tēpo nelquale iltestamēto
fa sanita di mente nō di corpo. Et adomādato pche a q̄lli intel
lecti che p malitia dainmo o di corpo infermi nō sono liberi:
expediti et sani alla luce della uerita: dico esser manifesta la
opinione della gēte che decto e esser uana: cioe sāza ualore.
Appresso soggiugne che io chosi gliiudico falsi et uani: et
chosi gliripruouo: et cio sifa quando dice

E io cosi per falsi gliripruouo

Et appresso dico che dauenire e alla uerita mostrare: et dico
che mostrare q̄llo cioe che chosa e gentileza et chomē sipuo
conoscere lhuomo in che essa e: et cio dico quiui.

Et dicer uoglio omai si comio sento

    i   L re siletifichera in dio: et saranno laudati tutti q̄lli che
            giurano in lui: poche serrata e laboccha di coloro che
parlano leinique cose. Queste parole posso io qui ueramente
proporre: poche ciascuno uero Re debbe maximamēte ama

re lauerita: Onde el fcripto nel libro della fapienza Amate
illume di fapiétia uol che fiete dinanzi alli popoli: et illumé
di fapientia el effa uerita, Dico adunqs cho pero firallegrara
ogni Re / che riputata e/lafalfiffima et danofiffima opinioné
de maluagi et ingánatori huomini: che di nobilta hanno infi
no a hora iniquamente parlato; Cóuienfi pcedere altractato
della uerita fecódo ladecifione facta difopra nel terzo capito
lo del prefente tractato. Quefta fecóda parte adúqs comincia

Dico chogni uittu principalmente

Intende diterminare deffa nobilta fecódo lauerita: et pai tefi
quefta parte in due: che nella pma fintende moftrare che e/
quefta nobilta: et nella feconda come conofcere fipuo colui
douella e: et comincia quefta feconda

Lanima cui adorna efta bontate

Laprima parte ha due parti ancora: che nella pma ficercano
certe cofe che fono meftieri a uedere ladifinitione di nobita:
nella fecóda ficerca della fua difinitione: et comincia quefta
feconda parte

E/ gentileza douunque e/uirtute

A pfectaméte entrare plo tractato e/prima auedere due cofe
Luna che qfto uocabolo nobilta fintenda folo fimplicemé te
cófiderato. Laltra e/pche uia fia dacáminare a cercare lapre
nominata difinitione. Dico adunqs che fe uogliamo riguar
do hauere dalla comune cófuetudine diparlare / p qfto uoca
bolo nobilta fintende perfectione d'propria natura in ciafcu
na cofa: onde nó pur dellhuomo e/predicata: ma etiamdio di
tutte cofe che lhuomo chiama nobile pietra: nobile piante:
cauallo nobile: nobile falcone: qualunq, i fua natura fiuede
effere pfecta, Et pero dice Salamone nello ecclefiaftico Bea
ta laterra ilcui Re e/nobile: che nó e /altro adire fe nó ilcui
Re e/pfecto fecódo lapfectione delanima et delcorpo: et cofi
manifefta p qllo che dice dinanzi quádo dice Guai a te terra
ilcui Re e/paruolo: cioe nó perfecto huomo: et nó e/paruolo
huomo pur p etade: ma p coftumi difordinati et p difecto di
uita: fi come ciamaeftra ilfilofofo nel pmo dellethica. Ben fo
nó alquanti folli che credono che p quefto uocabolo nobile /
fintéda effere damolti nominato et conofciuto: et dicono che
u'en da uno uerbo che fta p conofcere: cioe nofco: et quefto
e/falfiffimo: che fe cio fuffe quelle che piu fuffeno nominate

et conofciute illoro genere piu farebono in loro genere no
bili:et cofi laguglia di fan piero farebbe lapiu nobile pietra
del modo.Et afdente ilcalzolaio di parma farebbe piu nobi
le che alcuno fuo cociptadino. Et albuino della fcala farebo
piu nobile che Guido dacaftello di reggio:che ciafchuna di
quefte chofe e'falfiffima:et pero e'falfiffimo che nobile uen
gha daconofcere:ma uiene danon uile:onde nobile e quafi
no uile. Quefta perfectione intede ilphilofofo nel .vij. della
phifica quado dice Ciafcuna e/maximamete perfecta quan
do toccha et foggiugne lafua uirtu propria:et laltra e /maxi
mamente fecondo fua natura. Onde allhora ilcircolo fipuo
dire perfecto quado ueramente e'circolo:cioe quado aggiu
gne lafua propria uirtu:et allhora e'in tutta fua natura:et al
lhora fipuo dire nobile circolo:et quefto e/quando in effo e
un puncto:ilquale equalmete fia diftate dalla circuferen
tia fua uirtu parte perlo circolo che a figura duouo non e/no
bile:et quello che a figura dipreffo che piena luna peroche
no e/in quello fua natura perfecta. Et cofi manifeftamete ue
dere fipuo che generalmente quefto uocabolo:cioe nobilta:
dice in tutte lecofe pfectione di loro natura:et quefto e/quel
lo che primamente ficercha per meglio entrare nel tractato
della parte che exporre fintende. Secondariamente e/daue
dere come e /dachiamare et atrouare la difinitione dellhuma
na nobilta allaquale intede ilprefente proceffo. Dico adun
que che concio fia cofa che in quelle cofe che fono duna fpe
tie:fi come fono tutti glhuomini:no fipuo pli pncipii effen
tiali laloro optima perfectione difinire:conuenfi quella difi
nire et conofcere perli loro effecti:et po filegge nello euan
gelio di fan Matheo quado dice Chrifto Guardateui da falfi
propheti:alli fructi loro confcerete qlli. Et plo camino dirit
to e /dauedere qfta difinitione che cerchando fiua:et pli fru
cti che fono uirtu morali et intellectuali:delliquali effa no
ftra nobilta e feme:fi come nella fua difinitione fara piena
mete manifefta. Et qfte fono qlle due cofe che uedere ficon
ueniua prima che adaltre fipcedeffe:fi come in quefto capito
lo difopra fidice.

a   Ppreffo che uedute fono quelle due cofe che pareua
      no utili a uedere / prima che fopra iltexto fipcedeffe
ad effo exporre e/daprocedere:et dice:et comincia adunque.

Dico chogni uirtu principalmente
Vien dauna radice
Virtute intendo chefa lhuom felice
In sua operatione. Et soggiungho.
Questo e/secondo che lethica dice
Vnhabito eligente

Ponendo tutta ladifinitione della morale uirtu secondo che
nel secondo dellethica e /perlo philosofo difinito:in che due
cose principalmente sintende, Luna e/che ogni uirtu uenga
da uno principio, Laltra si e/che queste ogni uirtu sieno le
uirtu morali di cui siparla:et cio simanifesta quando dice
Questo e/secondo che lethica dice

Doue e/dasape che propriissimi nostri frucri sono lemorali
uirtu:peroche daogni canto sono in nostra potesta:et queste
diuersamete dadiuersi philosofi sono distincte et numerate.
Ma poche in quella parte doue aperse laboccha ladiuina sen
tentia di Aristotile dalasciare mipare ogni altrui sententia
uolendo dire quali queste sono breuemente secodo lasua sen
tentia trapassero diquello ragionando. Queste sono undici
uirtu dal decto philosopho nominate. Laprima sichiama for
teza:laquale e/arme et freno amoderare laudacia et latimidi
ta nostra nelle chose che sono correptione della nostra uita.
Laseconda e/temperanza:che e/regola et freno della nostra
golosita et della nostra superchieuole abstinentia nelle chose
che conseruano lanostra uita. Laterza si e/liberalita:laquale
e moderatrice del nostro dare et del nostro riceuere lechose
temporali. Laquarta si e/magnificenza:laquale e moderatri
ce delle grandi spese quelle faccendo et sostenendo a certo
termine. Laquinta si e/magnanimita:laquale e moderatrice
et acquistatrice de grandi honori et fama. Lasexta si e/amati
ua dhonore:laquale e moderatrice:et ordina noi a glihonori
diquesto mondo. Laseptima si e mansuetudine:laquale mo
dera lanostra ira et lanostra troppa patientia contra linostri
mali exteriori. Laoctaua si e affabilita:laquale fa noi ben cõ
uenire con glialtri. Lanona si e chiamata uerita:laqle niode
ra noi dal uantare mai oltre che siamo, et dal diminuire mai

oltre che fiamo in noftro fermone. Ladecima fi e fchiamata
Eutropelia:laquale modera noi nelli folazi faccendo quelli
ufando debitamete. Laundecima fi e fuftitia:laquale ordina
noi adamare et opare dirittura in tutte lecofe. Et ciafcuna di
quefte uirtu ha duo inimici collaterali:cioe uitii. Vno in trop
po. Et unaltro i pocho. Et qfte tutte fono imezi intra quelli:
et nafcono tutte da uno pricipio:cioe dallhabito della noftra
buona electione. Onde generalmente fipuo dire di tute che
fieno habito electiuo confiftente nel mezo. Et qfte fono qlle
che fanno lhuomo beato o uero felice nella loro opatione:fi
come dice ilphilofofo nel primo dellethica quando difinifce
lafelicita:dicedo che lafelicita e fopatione di uirtu in uita pfe
ela. Bene fipone prudentia:cioe fenno / p molti effere mora
li uirtu:ma Ariftotile dinumera quella intra leintellectuali:
auenga che effa fia coducitrice delle morali uirtu:et moftri
fauia pche elle ficopongono:et fanza qlla effer no poffono.
Veramente e dafapere che noi poffiamo hauere in qfta uita
due felicita fecodo duo diuerfi camini buoni et optimi che a
cio cimenano. Luna e lauita actiua:et laltra lacotemplatiua:
laquale auenga che p lactiua fipuenga come decto e abuona
felicita:et lacontemplatiua cimena ad optima felicita et beati
tudine:fecodo che pruoua ilphilofofo nel decimo dellethica:
et Chrifto lafferma co lafua bocha nel euagelio di Luca par
lando a Martha et rifpodedo aqlla:Martha martha folicita fe
et turbiti intorno amolte cofe:certamete una cofa e neceffa
ria:cioe quello che fai. Et foggiugne.Maria optima parte ha
electa laquale no glifara tolta. Et Maria fecodo che dinanzi
e fcripto / aquefte parole del euangelio apiedi di Chrifto fe
dedo neffuna cura del minifterio della cafa moftraua:ma fo
lamente leparole del faluatore afcoltaua. Che fe moralmete
uogliamo cio exporre / Volfe ilnoftro fignore in cio moftra
re che lacotemplatiua uita fuffe optima / tutto che buona fuf
fe lactiua:cio e manifefto achi ben uuole poner mente alle
euangelice parole: Potrebbe alcuno pero dire cotro a me ar
gomentando / poi che lafelicita della uita cotemplatiua e piu
excellente che qlla della actiua:et luna et laltra poffa effere
et fia fructo et fine di nobilta:perche non innanzi fiproce
dette pla uia delle uirtu intellectuali che delle morali? A qfto
fipuo breuemete rifpodere:che in ciafcuna doctrina fiuuole

hauere rispecto alla facúlta del discente:et per quella uia mè
narlo che piu allui sia lieue.Onde p ciò che leuirtu morli pa
iono essere et siano piu comuni et piu sapute et piu richieste
che laltre:et unitade nelaspecto difuori / utile et cóueneuole
fu piu p quello camino pcedere che p altro:che così bene si
uerrebbe a la conoscenza delle ape perlo fructo della cera
ragionando / come plo fructo del mele:tutto che luno et lal
tro dalloro precede.

Et precedéte capitolo e /diterminato come ogni uirtù
morale uiene dauno principio:cioe buona et habitua
le electione:et ciò importa iltexto presente insino àquella
parte che comincia.

Dico che nobiltate in sua ragione

In ñsta parte adunque si pcede p uia pbabile a sape che ogni
sopradecta uirtu singularmente o uero generalmente presa
procede da nobjlta si come effecto di sua cagione. Et fondasi
sopra áuna propositione philosofica che dice che/quádo ñste
due cose siturouano conuenire in una che ambedune ñste si
debbono ridurre adalchuno terzo / o uero luna allaltra:si co
me effecto a cagione:poche una cosa hauuta pma et p se nó
puo essere se nó dauno:et se ñlle nó sussero ambedue effecto
duno terzo o uero luna dellaltra / ambedue harebbeno ñlla
cosa pma et p se:che e impossibile:dice adúq che nobiltade

E uirtute cotale

Cioe morale conuenghon in questo che luna et laltra impor
ta loda di colui da cui sidice et dicono quando dice

Perche in medesimo decto

Conuengono ambedue che duno effecto

Cioe lodare credere pregiato colui cui esser dicono. Et poi
conchiude prendendo lauirtu della sopranotata propositione
et dice che peró che cóuiene luna procedere dallaltra o uero
ambedue da uno terzo. Et soggiugne che piu tosto e/dapre
sumere luna uenire dallaltra che ambedue da uno terzo:se
gliappare che luna uaglia quanto laltra:et piu anchora:et
ciò dice.

Ma se luna ual ciò che laltra uale

Oue e/dasapere che qui nō siprocede p̄ necessaria dimostra
tione:si come sarebe adire selfreddo e generatiuo dellacqua;
Et noi ueggiamo inuuoli di si bella et conueneuole iuductio
ne che se in noi sono piu chose laudabili / in noi e /il princi
pio delle nostre lode ragioneuoli:et q̄sto ha questo principio
riducere:et quello che comprende piu cose / piu ragioneuol
mente sidebbe dire principio di quelle che quello principio
dallui che lopie dellalbero che tutti glialtri rami, comprende
sidebbe principio dire cagione diquelli et non quelli di lui:
et cosi nobilta cōprēde ogni uirtu:si come cagione deffecto
comprende molte altre nostre operationi laudabili sidebbe
hauere per tale che la uirtu sia daridurre a essa prima che ad
altro terzo che in noi sia. Vltimamēte dice che quello che e/
decto:cioe che ogni uirtu morale uenga dauna radice:et che
uirtu cotale et nobilta conuēgano in una cosa:come decto
e/disopra:et che pero sicōuenga luna redurre allaltra:o uero
ambedue. a uno terzo:et che se luna uale quello che laltra:
et piu di quella procede maggiorme͂te che daltro terzo tutto
sia per opposito:cioe ordito et apparechiato aquello che per
inanzi sintende:et chosi termina questo uerso et questa pre
sente parte.

p Oi che nella precedente parte sono p̄traciate tre certe
cose diterminate che erano necessarie a uedere come
disinire sipossa questa buona chosa di che siparla:procedere
siconuiene alla seguente parte che comincia

E gentileza douunq̄ e uirtute

Et q̄sta siuuole in due parti ridurre. Nella prima sipruoua
certa chosa che dinanzi e tochata et lasciata nō prouata. Nel
la seconda conchiudendo sitruoua questa disinitione che cer
cando siua:et comincia questa seconda parte

Dunque uerra come dal nero il perso

Ad euidentia della prima parte daridurre amemoria e/che
disopra sidice:che se nobilta uale et extendesi piu che uirtu
piu tosto procedera da essa:laqual cosa hora in questa parte
pruoua cio che nobilta piu sistenda:et rende exemplo del cie
lo:dicendo che douunq̄ e uirtu / quiui e nobilta:et quiui si
uuole sapere che si come scripto e in ragione et p̄ regola di
ragione sitiene / quelle cose che p̄ sē sono manifeste nō e

mestieri di pruoua: et nessuna ne piu manifesta che nobilta
essere doue uirtu: Ciascuna cosa uolgarmente uediamo in
sua natura nobile essere chiamata: dice adunque

Si comel cielo douunque e laStella

Et non e questo uero econuerso: cioe riuolto: che douunque
e cielo sia lastella: cosi e nobilta douunq̗ e uirtu: et nõ uirtu
douunq̗ e nobilta. Et con bello et coueneuole exemplo che
ueramente e cielo: nelquale molte et diuerse stelle rilucono:
riluce in essa leintellectuali et lemorali uirtu: riluce in essa le
buone disposisioni da natura date: cioe pieta et religione: le
laudabili passioni: cioe uergogna et misericordia et altre mol
te: riluce in essa lecorporali bontadi: cioe belleza et forteza
et quasi perpetua ualitudine: et tante sono lesue stelle che del
cielo sistendono: che certo non e damarauigliare se molti et
diuersi fructi fanno nella humana nobilitade: tante sono le
nature et lepotentie di quelle in una sotto una semplice sub
stantia comprese et adunate: nellequali si come in diuersi ra
mi fructifica diuersamente: certo dadouero ardisco adire che
lanobilta humana quanto e /dalla parte di molti suoi fructi
quella dellangelo supchia: tutto che langelica sia in sua unita
piu diuina di q̃sta nobilta nostra: che in tanti et in tali fructi
fructificaua saccorse ilpsalmista quãdo fece quel psalmo che
comincia Signor nostro iddio quanto e admirabile ilnome
tuo nelluniuersa terra: La doue comenda lhuomo quasi ma
rauigliandosi del diuino effecto: Et essa humana creatura di
cendo: che chosa e lhuomo che tu iddio louisiti: tu lhai facto
poco minore che gliangeli: di gloria et dhonore lhai corona
to et posto lui sopra lopera delle tue mani: Veramete dunq̗
bella et coueneuole comparatione fu delcielo allhumana no
bilta. Poi quando dice

Et non in donna & in eta nouella

Pruoua cio che dico mostrando che lanobilta sistenda i par
te doue uirtu nõ sia: et dice noi

Veden questa salute

Tocha nobiltade che bene e uera salute essere la doue e uer
gogna: cioe tema di disonoranza: si come e nele dõne et nel
li giouani doue lauergogna e buona et laudabile: laqual uer

gogna non e uirtù: ma certa passione buona: Et dice.

Et non in donna & in eta nouella

Cioe in giouani: peroche secondo che uuole ilphilosofo nel
quarto dellethica Vergogna non e laudabile: nè sta bene he
uecchi et neglhuomini studiosi: peroche alloro siconuiene di
guardare daquelle chose che a uergogna gliconducano. Alli
giouani et alle dóne nó e tanto richiesto dico tale: et però in
loro e laudabile lapaura del disonore riceuere p la colpa che
da nobilta uiene: et nobilta sipuo credere illoro chiamare si
come uilta et ignobilta laffacciateza. Onde buono et optimo
segno di nobilta e nelli paruoli et imperfecti detade: quando
doppo ilfallo nel uiso loro uergogna sidipigne: che e allhora
fructo diuera nobilta.

q Vando appresso seguita

Dunque uerra come dal nero ilperso

Procede iltexto alla difinitione di nobilta: laquale sicercha:
et p laquale sipotra uedere che e questa nobilta di che tanta
gente erroneamente parla. Dice adunque conchiudendo da
quello che dinanzi decto e dunque ogni uirtute O VERO
IL Gener loro. Cioe lhabito efectiuo consistente nel mezo
uerra da qsta: cioe nobilta. Et rende exemplo necolori: dicen
do si chóme ilperso dal nero discende: cosi questa: cioe uirtu
discende da nobilta. Ilperso e un colore mixto di purpureo
et dinero: ma uince ilnero: et dallui sidinomina. Et cosi lauir
tu e una cosa mixta di nobilta et di passione: ma pche lanobil
ta uince qlla e lauirtu denominata da essa et appellata bon
ta: Poi appresso argomenta p quello che decto e che nessuno
p poter dire io sono di cotale schiatta nó debbe credere esser
con essa: se questi fructi nó sono có lui. Et rende incontinente
ragione: dicendo qlli che hano questa gratia: cioe questa diui
na cosa: sono quasi come dei sanza macola di uitio: Et ciò da
re nó puo se nó iddio solo: appresso cui nó e scielta di psone:
si come lediuine scripture manifestano. Et nó paia troppo al
to dire ad alchuno quando sidice

Perche son quasi dei

Che si come disopra nel septimo capitolo del terzo tractato

si ragiona: cosi chome huomini sono uilissimi et bestiali: cosi
huomini sono nobilissimi et diuini: Et cio pruoua Aritotile
nel septimo dellethica perlo texto di homero poeta: Si che nõ
dicano quelli de gliuberti di firenze ne quelli de bisconti da
milano pchio sono di cotale schiatta io sono nobile: che ildi
uino seme non cade in ischiatta: cioe in stirpe: ma cade nelle
singulari psone nobili. Et si chome disotto si puerra lastirpe
nõ fa lesingulari persone nobili: ma lesingulari persone fan
no nobile lastirpe. Poi quando dice:

Che solo dio allanima ladona

Ragione e del susceptiuo: cioe del suggecto: doue questo di
uino dono discende: che bene e diuino dono secõdo laparola
del apostolo: Ogni optimo dato et ogni dono perfecto disuso
uiene discendendo dal padre de lumi. Dice adunqi che dio
solo porge questa gratia allanima di qlli cui uede stare perfe
ctamente nella sua psona aconcio et disposto aquesto diuino
acto riceuere: che secõdo che dice ilphilosofo nel secõdo del
lanima Lecose conuengono essere disposte alli loro agenti
et riceuere liloro acti. Onde se lanima e imperfectamente po
sta nõ e disposta a riceuere questa benedecta et diuina infu
sione: si come se una pietra margharita e male disposta o ue
ro impfecta / lauirtu celestiale riceuere nõ puo: Si come disse
quel nobile Guido guinizelli in una sua cãzone che comin
cia Alcor gentil ripara sempre amore. Puote adunque lani
ma stare non bene nella persona per mancho di complexio
ne o forse per mancho di temporale: et in questa cotale que
sto raggio diuino mai non risplende. Et possono dire questi
cotali lacui anima e priuata di questo lume che essi sieno si
come ualli uolte ad aquilone: o uero spelonche sotterranee:
doue laluce del sole mai non discende se nõ ripercossa dalla
tra parte daquella illuminata. Vltimamente cõchiude et dice
che per quello che dinanzi e decto: cioe che leuirtu sono fru
cto di nobilita: et che iddio questa metta nellanima che ben
siede: che adalquanti cioe aquelli che hanno intellecto: che so
no pochi: e manifesto che nobilta humana non sia altro che
seme di felicita.

Messa dadio nellanima ben posta

Cioè ilcui corpo e/dogni parte difpofto pfectamète:che fe le
uirtu fono fructo di nobilta et felicita et dolceza cóparata/
manifefto e effa nobilta effer femèta di felicita come decto e.
Et fe ben figuarda quefta difinitione / tutte et quattro lecan
zoni:cioè materiale:formale:efficiente:et finale. Compren
de materiale:inquanto dice NELLANIMA BEN PO
STA:Che e/materia et fuggecto di nobilta. Formale com
prende in quanto dice:che e ífeme efficiente:in quanto dice

MESSA DA DIO NELLANIMA. Finale inquan
to dice DI FELICITA. Et chofi è difinita qfta noftra
bontà:laquale in noi fimilmente difcende da fomma et fpi
rituale uirtu chome uirtu in pietra dacorpo nobiliffimo cele
ftiale.

    a   Ccioche piu perfectamente fi habbia conofcentia del
la humana bontà fecódo che in noi e /principio di tut
to bene:laquale nobilta fichiama / dachiarire e/in quefto fpe
tiale capitolo come quefta bonta difcende in noi: Et prima p
modo naturale et poi per modo theologico:cioè diuino et fpi
rituale. In pma e/dafapere che lhuomo e /compofto danima

et di corpo: Ma dellanima e/in quella fi chome decto e/che e/
a guifa di femènte della uirtu diuina. Veramète per diuerfi
philofofi della diferentia delle noftre anime fu diuerfamète
ragionato che Auicèna et Alghazel uolfeno che effe dalloro
et per loro principio fuffeno nobili et utili. Plato et altri uol
feno che effe pcedeffeno dalle ftelle:et fuffeno nobili et piu
et meno fecondo lanobilta della ftella. Pyctagora uolfe che
tutte fuffeno duna nobilta:non folamente lehumane ma con
le humane quelle de glianimali bruti et delle piante et lefor
mè delle minère. Et diffe che tutte le diferentie de corpi et
forme fe ciafcuno fuffe a difendere lafua opinione potrebe
effere che la uerita fiuedrebe effere in tutte:ma però che nel
la prima faccia paiono un poco lontane dal uero / non fecon
do quelle pcedere ficonuiene:ma fecondo laopinione di Ari
ftotile et de peripatetici. Et però dico che quando lhumano fe

me cade nel fuo receptacolo cioè nella matrice / effo porta fe
có lauirtu dellanima generatiua:et lauirtu delcielo:et lauirtu
de glielementi legati:cioè la complexione matura. Et difpo
ne lamateria alla uirtu formatiua:laquale diedè lanima gene

rante alla uirtu formatiua: prepara gliorgani alla uirtu cele
stiale: che produce della potentia del seme lanima in uita: la
quale incontinente producta riceue dalla uirtu del motore del
cielo lointellecto possibile: ilquale potentialmente in se addu
ce tutte leforme uniuersali secondo che sono nel suo produ
ctore: et tanto meno quanto piu e sdilungato dalla prima intel
ligentia. Non simarauigli alchuno se io parlo si che pare for
te adintendere: che a me medesimo pare marauiglia chome
cotale productione sipuo pur conchiudere et con lintellecto
uedere non e cosa damanifestare a lingua: lingua dico uera
mente uolgare: perche io uoglio dire chome lapostolo: O al
teza delle diuitie della sapientia didio chome sono incompren
sibili ituoi giudicii et inuestigabili le sue uie: et pero che la
complexione del seme puo essere migliore et men buona: et
ladispositione del seminante puo essere migliore et men buo
na: et ladispositione del cielo aquesto effecto puo essere buo
na et migliore et optima: laquale si uaria lecostellationi che
continuamente sitrasmutano in contra: che dellhumano seme
di queste uirtu piu pura anima siproduce: et secondo la sua
purita discende in essa la uirtu intellectuale possibile: che de
cta e: et chome decto e: Et se gliadutene che perla purita del
lanima riceuere lantellectuale uirtu sia bene astrecta et ab
soluta daogni ombra purpurea: ladiuina bonta in lei multi
plica si chome in cosa sufficiente a riceuere quella: et quindi
simultiplica nellanima diquesta intelligentia secondo che ri
ceuer puo: et questo e iquel seme di felicita dellaquale alpre
sente sipárla. Et cio e concordeuole alla sententia di Tulio
in quello de senectute: che parlando in persona di Catone di
ce: Impercio celestiale anima discese in uoi del altissimo ha
bitacolo uenuta in loco laquale ala diuina natura et ala eter
nitade e contraria. Et in questa cotale anima e lauirtu sua
propria: et la intellectuale: et ladiuina: cioe quella influentia
che decto e: pero e scripto nellibro delle canzoni Ogni ani
ma nobile ha tre operationi: cioe animale: intellectuale: et di
uina. Et sono alchuni di tali opinioni che dicono: se tutte le
precedente uirtu saccordasseno sopra la productione duna
anima nella loro optima dispositione che tanto discendereb
be in quella della deitade che quasi sarebbe unaltro iddio in

carnato: Et quasi questo e/tutto cio che per uia naturale dire
sipuo. Per uia theologica/sipuo dire che poi che la somma
deitade cioe Iddio uede apparecchiata lasua creatura a rice
uere del suo beneficio) tanto largamente in quella nemette
quanto apparecchiata e/a riceuere: Et pero che da ineffabi
le charita uenghono questi doni: et la diuina charita sia ap
propriata allo Spirito sancto: et quindi e/che chiamati sono
doni di spirito sancto: liquali secondo che glidistingue Ysa
ia propheta sono septe: cioe. Sapientia: Intellecto: Consi
glio: Forteza: Scientia: Pietate: et Timore di dio. O buone
biade: et buona et mirabile sementa. Et o admirabile et be
nigno seminatore che non attendi se non che la natura hu
mana liapparecchi laterra a seminare. Et beati quelli che fa
le sementa coltiuano chome sirichiede. Oue e/dasapere che
ilprimo et ilpiu nobile rampollo che germugli di questo se
me per essere fructifero si e/lapperito dellanimo: ilquale in
greco e/chiamato hormen: et se questo non e/buon culto et
sostenuto diritto) per buona consuetudine / pocho uale la se
menta: et meglio sarebbe non essere seminato. Et pero uuo
le sancto Augustino et anchora Aristotile nel secondo del
lethica che lhuomo sausi a ben fare et a rifrenare le sue pas
sioni: acciache questo tallo che decto e/per buona consuetu
dine induri et rifrenisi nella sua rectitudine si che possa fru
ctificare: et del suo fructo uscire ladolcezza della humana
felicita.

Omandamento e/degli morali philosophi / che de
benefici hanno parlato / che lhuomo debbe mette
re ingegnio et sollicitudine in porgere gli suoi be
nefici quanto puote piu alriceuitore. Onde io uolendo a
chotale imperio essere obbediente / intendo questo mio con
uiuio per ciaschuna delle sue parti rendere utile quanto piu
misara possibile. Et pero che in questa parte occorre a me
di potere alquanto ragionare / Intendo che piu utile ragio
namento fare non sipuo a choloro che non laconoschono:
che si chome dice ilphilosopho nel primo della ethica et Tu

lio in quello del fine di bene: Male trahe asfegno quello che
non louede. Et chosi male puo ire a questa dolceza chi pri
ma non lauisa. Onde concio sia chosa che essa sia finale: no
stro riposo / per loquale noi uiuiamo: et operiamo / cio che
facciamo / utilissimo et necessario e / questo segnio uedere
per dirizare a quello larcho della nostra operatione. Et ma
ximamente e dagridare quelli che a choloro che non uoglia
no ladica. Lasciando adunque stare laoppinione che di quel
lo hebbe Epycuro philosopho / et diquello che hebbe Zeno
ne / uenire intendo sommariamente alla uerace oppinione
di Aristotile et de glialtri peripathetici. Si chome decto e /
disopra della diuina bonta in noi seminata et infusa dal prin
cipio della nostra generatione nasce uno rampollo che ligre
ci chiamano hormen: cioe appetito danimo naturale. Et si
chome nelle biade che quando nascono dal principio hanno
quasi una similitudine nellherba essendo: et poi siuengho
no p pcesso di tepo dissimigliando: cosi questo naturale appeti
to che ladiuina gratia surge dal principio simostra quasi no
dissimile a quello che pur da natura nudamente uiene: ma
co esso si chome lherbata quasi di diuerse biade sasomiglia.
Et non pur glhuomini: ma neglhuomini et nelle bestie ha
similitudine. Et questo appare che ogni animale si chome
egli e nato / chosi rationale come bruto / se medesimo ama
et teme: et fuggie quelle chose che allui sono chontrarie:
et quelle odia: procedendo poi si chome decto el. Et comin
cia una dissimilitudine tralloro nel procedere di questo ap
petito: che luno tiene uno cammino: et laltro unaltro: si cho
me dice loapostolo: Molti corrono alpalio: ma uno e quel
lo che loprende. Chosi questi humani appetiti per diuer
si challi dal principio seneuanno: et uno solo challe e quel
lo che noi mena alla nostra pace: et pero lasciando stare
tutti glialtri / col tractato el datenere drieto a quello che be
ne chomincia. Dico addunque che dal principio se stesso
ama: auengha che indistinctamente poi uiene disunguen
do quelle chose che allui sono piu amabili et meno et piu

odibili:et seguita et fugge et piu. et meno secodo che lacono
scentia distingue nó solaméte nellaltre cose che secondaria
mente ama:ma etiàdio distingue in se che ama pncipalméte:
et conosce in se diuerse parte / quelle che in lui sono piu no
bili piu ama quelle. Et concio sia cosa che piu parte dellhuo
mo sia lanimo chel corpo / quello piu ama:et cosi amando se
principalméte. et p se laltre cose et amando di se lamigliore
parte / piu manifesto e/che piu ama lanimo che il corpo p che
altra cosa:ilquale ànimo naturalméte piu che altra cosa debe
amare. Dunq se lamente sidilata sempre nel uso della cosa
amata che e/fructo damore / in quella cosa che maximaméte
e/amata. et luso maximamente dilectoso luso del nostro ani
mo e/maximaméte dilectoso anoi:et quello che maximamen
te e/dilectoso a noi / quello e/nostra felicitade et nostra bea
tudine:oltre laquale nessuno dilecto e/maggiore:ne nessu
no altro pare:si come ueder si puo chi ben riguarda la prece
dente ragione. Et nón dicesse alcuno che ogni apetito sia ani
mo:che qui sintende animo solamente quello che specia alla
parte rationale:cioe lauolonta et lintellecto:si che se uolesse
chiamare animo lapetito sensitiuo / q nó ha luogo ne instan
tia puo hauere:che nessuno dubita che lapetito rationale nó
sia piu nobile chel sensuale:et po piu amabile:et chosi e/que
sto di che hora siparla. Veramente luso del nostro animo e/
doppio:cioe pratico. et speculatiuo. Pratico e /tanto quàto
operatiuo:luno e /dellaltro dilectissimo:auengha che quello
del contemplare sia piu:si chome disopra e/narrato / quello
del pratico si e/operare per noi uirtuosaménte:cioe honesta
mente con prudentia:con temperanza:con forteza:et con
giustitia. Quello dello speculatiuo si e /non operare per noi
ma considerare lopere didio et della natura:et questo e /uno:
et quellaltro e/nostra beatitudine et somma felicita:si chome
uedere si puo:laquale e /la dolceza del soprànotato seme:si
chome omai manifestaménte appare:alaquale molte uolte co
tal seme non peruiene per male essere coltiuato:et per essere
disuiata lasua pullulatione:et similmente puo essere per mol
ta corruptione et cultura:che la doue questo seme dal prin
cipio non cade / sipuote inducere del suo processo / si che
peruiene a questo fructo:et e /uno modo quasi dinsetare

laltrui natura ſopra diuerſa radice. Et pero neſſuno el che
poſſa eſſere excuſato / che ſe di ſua naturale radice buomo
non acquiſta ſementa: ben lapuo hauere p uia dinſetatione:
Coſi fuſſeno tanti quelli di pacto che ſinſetaſſeno quanti ſo
no ĝlli che dalla buona radice ſilaſciano deſuiare. Veramen
te diqueſti uſi luno e piu pieno di beatitudine che laltro: ſi co
me e loſpeculatiuo: ilquale ſaza mixtura alcuna e uſo della
noſtra nobiliſſima parte: laquale plo radicale amore che de
cto e/maximamēte e amabile ſi come lointellecto. Et queſta
parte in queſta uita perfectamente loſuo uſo hauere nō puo:
ilquale hauere e iddio: che e ſommo intelligibile: ſe non in
quanto conſidera lui: et mira lui perli ſuoi effecti: et che noi
domandiamo queſta beatitudine p ſomma: et non altra: cioe
quella della uita actiua ciamaeſtra loeuangelio di Marcho: ſe
bene ĝllo uogliamo guardare. Dice Marcho che Maria mag
dalena et Maria iacobi et Maria ſalome andorono p trouare
ilſaluatore allo monimēto: et quello non trouorono: ma tro
uorono un giouane ueſtito di biancho che diſſe loro Voi do
mandate ilſaluatore: et io uidico che nō e qui: et pero nō hab
biate temenza: ma ite et dite adiſcepoli ſuoi et piero che egli
gliprecedera i galilea: et quiui louedrete ſi come uidiſſe. Per
queſte tre donne ſipoſſono intendere le tre ſepte della uita
actiua: cioe li epycuri: li ſtoici: et li periripatetici: che uāno al
monimēto: cioe almondo preſente: che e /receptacolo di cor
ruptibili coſe: et domandano ilſaluatore: cioe labeatitudine:
et nō latruouano: ma uno giouane truouano in bianchi ueſti
menti: ilquale ſecondo la teſtimonianza di Mattheo et ancho
de glialtri era angelo didio: et pero Mattheo diſſe / langelo di
dio diſceſe di cielo: et ueggendo uolſe lapietra: et ſedeua ſo
pra eſſa: elſuo aſpecto era come folgore: et leſue ueſtimenta
erano come neue. Queſto angelo e /ĝſta noſtra nobilta che
dadio uſener come decto e/ che nella noſtra ragione parla: et
dice aciaſcuna diqueſte ſepte: cioe aqualunque ua cercando
beatitudine nella uita actiua: che nō e qui: ma uada et dicalo
alli diſcepoli et apiero: cioe a coloro chel uāno cercando et a
coloro che ſono ſuiati: ſi come piero che lhaueua negato: che
in galilea gliprecedera: cioe che labeatitudine precedera noi
in galilea: cioe nella ſpeculatione galilea: che e /tanto adire
quāto biancheza: bianchezā e /uno colore pieno di luce cor

porale piu che nessuno altro:et cosi la contemplatione e/piu
piena di luce spirituale che altra chosa che quaggiu sia. Et
dice egli precedera: et nō dice egli sara cō uoi: a dare a in en
edere che lanostra cōtemplatione adio sempre precede: ne mai
lui giugnere possiamo qui: ilquale e/nostra beatitudine som
ma: Et dice quiui louedrete si come disse: cioe quiui harete
della sua dolceza: cioe della felicitade: si chome a noi e/pro
messo qui: cioe si chome stabilito e/che uoi hauer possiate: et
cosi appare che nostra beatitudine e questa felicita di cui si
parla prima truouare potremo quasi impfecta nella uita acti
ua: cioe nelle opātiōi delle morali uirtu: et poi nella peffe
cta quasi nelle opationi delle intellectuali uirtu: lequali due
opationi sono uie expedite et dirittissime a menare alla som
ma beatitudine: laquale quiui nō sipuo hauere: come appare
per quello che decto è.   Qi che dimostrato e sufficientemēte: et pare la difini
tione di nobilta: et quella ple sue parte come possibi
le stato e dichiarata: si che uedere sipuo omai che e/lo nobile
huomo / da procedere pare alle parte del texto che comincia:

La nima cui adorna esta bontate

Nelquale simostrano isegni p liquali conoscer sipuo il nobi
le huomo che decto e: et diuidesi q̄sta parte iū due. Nella pri
ma safferma che questa nobilta luce et risplēde p tutta lauita
del nobile manifestamente. Nella seconda simonstra specifi
catamente nelli suoi splendori: et comincia q̄sta secōda parte

Vbidiente suaue & uergognosa

Intorno della prima e/da sapere che q̄sto seme diuino di cui
parlato e/disopra nella nostra anima incōtinente germuglia
mettendo et uersificādo p ciascuna potentia dellanima secon
do la exigentia di q̄lla. Germuglia aduñque p la uegetatiua:
p la sensitiua: et p la rationale: et dibranchasi ple uirtu di q̄lle
tutte / dirizando q̄lle tutte alle loro pfectioni: et quelle so sie
nendosi sempre insino alpunto che con quella parte della no
stra anima che mai nō muore allaltissimo et gloriosissimo se
minando alciel ritorna: Et questo dice p quella prima che de
cta e. Poi quando dice

Vbidiente suaue & uergognosa

Mostra quello perche potemo conoscere lhuomo nobile alli

segni apparenti che sono diquesta bontade diuina opatione:
et partesi questa parte in quatro:secondo,che p quatro eta di
uersamente adopera:si come pla adolescentia:pla giouentu
pla senectute:et plo senio:Et comincia lasecoda parte

In giouaneza temperata & forte

Laterza comincia

Et nella sua senecta

Laquarta comincia

Poi nella quarta parte della uita

In questo e /lasententia di questa parte in generale:intorno
alaquale siuuole sape che ciascuno effecto jnquato effecto el
riceue lasimilitudine della sua cagione quato e/piu possibile
di ritenere:Onde cocio sia cosa che lanostra uita si come de
cto e/et anchora dogni uirtu uiuente quaggiu sia causata dal
cielo;et ilcielo atutti questi cotali effecti no per cerchio,forni
to:ma per parte diqllo alloro siscuopra:et cosi conuiene che
mouimento sia sopra:et si come uno archo quasi tutte lenine
pe uite:Et dico ritiene si delli uiuenti notado et uolgendo co
me de glialtri conuengono essere quasi ad ymagine darcho
assimigliante:Tornado dunq alla nostra sola dellaquale al
presente sintende / si dico chella pcede ad ymagine diquesto
archo / montando et discendendo, Et e/dasape che questo ar
cho di su sarebe equale: se lamateria della nostra seminale co
plexione no impedisse laregola dellhumana natura:ma pero
che lhumido radicale meno et piu et di migliore qualitade el
piu adurare che in uno altro effecto:ilquale suggecto e/nutri
mento del calore che e/nostra uita:aduiene che larcho della
uita duno huomo e/di minore o di maggiore tesa che questo
dellaltro / alcuna morte uiolenta o uero p accidentale infermi
tade affrectata:ma solamente quella che naturale e/chiamata
dal uulgo:et che e/quello termine delquale sidice plo psalmi
sta, Ponesti termine ilquale passare no sipuo, Et pero che il
maestro della nostra uita Aristotile saccorse di qsto archo di
che hora sidice:parue uolere che lanostra uita no fusse altro
che uno salire et uno scendere:po dice in qllo doue tracta di
giouaneza et di uecchieza che giouaneza no e/altro se non
accrescimeto di qlla / la doue sia ilpunto soino di qsto archo

per quella difaguaglianza che decta e/difopra / e /forte dafa
pere:ma nelli piu io credo tra iltreptefimo et ilquarantefimo

pfcchmnc

anno. Et io credo che nelli pforamenti naturati eſſo neſia nel
tretacinquefimo anno. Et muouemi qſtalragione che optima
mente naturato fue ilnoſtro faluatore Ghriſto:ilquale uolfe
morire nel trentaquatrefimo anno della fua etade:che nõ era
coueneuole ladiuinita ſtare i cofi difcrefciõe:nè dacredere
e/chegli nõ uoleſſe dimorare in queſta noſtra uita alfommo:
poi che ſtato cera nel baſſo ſtato della pueritia:et cio manife
ſta lhora del giorno della fua morte:cioè di Chriſto:che uol
fe quella confimigliare cõ lauita fua:Onde dice Luca che
era quaſi hora fexta quãdo morie:che e/adire ilcolmo del di:
Onde fipuõ comprendere p quello quaſi che altrentacinque
fimo anno di Ghriſto era ilcolmo della fua eta. Veramente
queſto archo nõ pur p mezo fidiſtingue dalle ſcipture:ma
feguendo liquattro combinatori delle cõtrarie qualitadi che
fono nella noſtra cõpofitiõe:allequali pare eſſere apropria
ta / dico aciaſcuna una parte dela noſtra etade/ in quatro par
ti fidiuide:et chiamanfi quatro etadi. La pma e/adolefcentia
che fapropria alcaldo et allhumido. Lafeconda fi e/giouentú
che fapropria alcaldo et alfeccho. Laterza fi e/fenectute che
fapropria alfreddo et alfeccho. Laquarta fi e/fenio che fapro
pria alfreddo et allhumido:fecondo che nel quarto della me
thaura fcriuè Alberto. A queſte parte fifãno fimiglianteme
te nellanno in pmauera:in eſtate:in auctuno:et ihinuerno.
Et nel di cioè infino alla terza:et poi fino alla hora lafcian
do lafexta nel mezo di qſta parte pla ragione che fidifcerne
Et poi fino aluefpro / et dal uefpro inanzi. Et però ligentili
cioè lipagani diceuano chel carro del fole: haueua quattro ca
ualli. Lo pmo chiamauano Eoõ. Elfecondo Pyrroi. Elterzo
Etthoy. Elquarto Phylogeõ:fecondo che fcriuè Ouidio nel
fecondo del metamorfofeos iſtorno alle parti del giornõ. Et
breuemente e/dafapere che fi come decto e/difopra nel fexto
capitolo del terzo tractato lachiefa ufa nella diſtinctione del
lhore de di temporali:che fono in ciafciuno di dodici o gran
di o picholi fecõdo laquãtita del fole:et pero che lafexta bo
ra cioè ilmezo di e /lapiu nobile ditutto ildi et lapiu uirtuofa
lifuoi ofici apreſſo quiui daogni parte cioè diprima et dipoi
quãto puote:et però lofidõ della prima parte del di cioè la

terza fidice in fine diquella:et quello della terza parte et del
la quarta fidice nelli pncipii:et po fidice meza terza / pma
che fuoni per quella parte:et meza nona / poi che p qlla par
te efonato:et chofi mezo uefpro. Et pero fappia ciafchuno
che nella diricta nona fempre debe fonare nel cominciamen
to della feptima hora del di:et questo bafti alla prefente di
greffione. Et poi uolgi.

Itornando a propofito dico che lhumana uita fiparte
in quattro etadi. Laprima fichiama adolefcentia: cioe
accrefcimento di uita. Lafeconda fichiama giouentute:cioe
eta che puo giouare:cioe pfectione dare:et cofi fintende per
fecta:che niente puo dare fe non qllo che ella ha. Laterza fi
chiama fenectute. Laquarta fichiama fenio:fi come difopra
docto e:della pma neffuno dubita:ma ciafchuno fauio faccor
da chella dura infino aluenticinquefimo anno. Et po che in
fino aquel tepo lanima noftra intende alcrefcere et allo abel
lire del corpo:onde molte et grandi trafmutationi fono nella
perfona:nó puo perfectamente larational parte difcernere:
perche laragione uuole che dinanzi aquella eta lhuomo nó
poffa certe cofe fare fanza curatore di perfecta eta. Della fe
conda laquale ueramente e lcolmo della noftra uita diuerfa
mente e prefo iltepo damolti. Ma lafciando cio che nefcriuo
no iphilofophi et limedici / et tornando alla ragione propria
dico che nelli piu nelliquali prendere fipuo et debe ogni na
turale giudicio / quella eta e uenti anni. Et laragione che cio
mida fi e / che fe ilcolmo del noftro archo e nelli trentacinq
tanto quanto qfta eta ha di falita tanto debe hauere di fcefa:
et quella falita et quella fcefa e quafi lotenere dellarcho:nel
quale poco di flexione fidicerne. Habbiamo dunq che lagio
uentu nel quarantacinquefimo anno fifornifce:Et fi chome
ladolefcentia e in uenticinq anni:che procede montando al
la giouentude:cofi ildifcedere cioe lafenectude e altretanto
tempo:che fuccede alla giouentude:et cofi fitermina lafene
ctute nel fectantefimo anno:Ma pero che ladolefcentia non
comincia dal pncipio della uita pigliandola perlo modo che
decto e:ma preffo a octo mefi dopo qlla:Et pero che lanoftra
natura fiftudia di falire:et allo afcendere rafrena:pero che il
caldo naturale e menimato:et puote pocho:et lhumido e in
groffato non per inquantita:ma per inqualita:fi che meno

l i

uaporabile et confumabile / aduiene che oltre lafenecture ri
mane della noftra uita forfe in quantita didieci anni / o poco
piu / o poco meno: et qfto tépo fichiama fenio. Onde habbia
mo di Platone delquale optimamète fipuo dire che fuffe na
turato et perla fua pfectione et pla phinofomia che di lui pre
fe Socrate: quando pma louidde che effo uiuette octantuno
anno: fecondo che teftimonia Tulio in quello de fenectute.
Et io credo che fe Chrifto fuffe ftato non crucifixo: et fuffe
uiffuto lofpatio che lafua uita potea fecondo natura trapaffa
re / egli farebbe alloctantuno anno di mortal corpo in eter
nale trafmutato. Veramente fi chome difopra e/ decto quefte
eta poffono effere piu lunghe et piu corte fecondo lacomple
xione noftra et lacompofitione. Ma chome elle fiano in que
fta proportione chome decto e/ in tutti mipare daferuare: cioe
di fare letadi in quelli cotali piu lunghe et piu corte fecondo
laintegrita di tutto iltempo della natural uita. Per quefte tut
te etadi quefta nobilta: di cui fiparla: diuerfamente moftra
glifuoi effecti nellanima nobilitata. Et quefto e / quello che
quefta parte fopra laquale alprefente fifcriue / intende di
moftrare: doue e / dafapere che la noftra buona et diritta na
tura ragioneuolmente procede in noi fi chome uediamo pro
cedere la natura delle piante in quelle. Et pero altri coftumi
et altri portaméti fono ragioneuoli auna eta piu che adaltra:
nelliquali lanima nobilitata ordinataméte procede per una
femplice uia / ufando glifuoi acti nelli loro tempi et etadi: fi
chome allultimo fuo fructo fono ordinati. Et Tullio in cio
faccorda in quello de fenectute. Et lafciando ilfigurato che
di quefto diuerfo pceffo delle etadi tiene Virgilio nella enei
da. Et lafciando ftare quello che Egidio heremita nedice nel
la prima parte del reggimento de principi. Et lafciando fta
re quello che netoccha Tulio in quello delli officii: et feguen
do folo quello che laragione per fe puo uedere: dico che que
fta prima eta e / porta et uia per laquale fentra nella noftra
buona uita: et quefta entrata conuiene hauere di necefita
certe chofe: lequali la buona natura che non uien meno nel
le cofe neceffarie neda: fi come uediamo che da alla uite lefo
glie per difenfione del fructo / et iuignuoli con liquali difen

de et lega la sua jmbecillita:si che sostiene ilpeso del suo fru
cto. Da adunque labuona natura a questa etade quattro cho
se necessarie allentrare nella cipta del ben uiuere. Laprima
si e l Obbedientia. Laseconda Sanita. Laterza Vergogna.
Laquarta Addorneza corporale:si chome dice iltexto nella
prima particola. E l adunque dasapere che si chome quello
che mai non fusse stato in una cipta non saprebbe tenere le
uie sanza insegnamento di colui che lha usate:chosi ladole
scente che entra nella selua erronea di questa uita nó sapreb
be tenere ilbuon camino:se dalli suoi maggiori nó glifusse
mostrato:ne ilmostrare uarrebbe l se alli loro comandamen
ti non fusse obbediente:Et pero fu a questa eta necessaria la
obbedientia. Ben potrebbe alchuno dire cosi:dunque potra
essere decto quello obbediente che crederra glimaluagi co
mandamenti l chome quello che crederra glibuoni. Rispon
do che nó sia quello obbedientia:ma trasgressione:che se, il
Re comanda una uia:et ilseruo nécomanda unaltra l non e
daobbedire ilseruo l che sarebbe disubidire il Re:et chosi sa
rebbe trasgressione. Et pero dice Salamone quando inten
de correggiere ilsuo figliuolo:et questo l e ilprimo suo co
mandamento:Odi figliuolo mio loamaestramento del tuo
padre. Et poi lorimuoue incótinéte dallaltrui reo cósiglio et
amaestramento dicendo;Non tipossono quello fare di lusin
ghe ne di dilecto lipeccatori che tu uadi con loro:onde si co
me e nato tosto ilfigliuolo alla mamella della madre sapren
de:chosi tosto chome alchuno lume danimo in esso appare
si debbe uolgere alla correptione del padre:et ilpadre lui
adamaestrare. Et guardisi che non glidia di se exemplo nel
lopera che sia contrario alle parole della correptione:che na
turalmente ueggiamo ciaschuno figliuolo piu guardare alle
uestigie delli paterni piedi che allaltre. Et po dice et coman
da laleggie che a cio prouede:che la persona del padre sem
pre sancta et honesta debbe apparere a suoi figliuoli. Et cho
si appare che laobbedientia fu necessaria in questa etade. Et
pero scriue Salamone nelli suoi puerbii:che éllo che humil
mente et obedienteméte sostiene alcorreptore lesue correpte
riprensioni sara gloriofo:et dice sara l a dare adintendere

l ii

ché egli parla allo adolefcente che nó può effere nella prefen
te eta. Et fe alcuno calumniaffe ció che decto e:et pur del pa
dre et non dalari:dico che alpadre fidebbe ridurre ognialtra
obedientia. Onde dice lapoftolo alli colocenfi: Figliuoli obe
dite alli uoftri padri p tutto lecofe:per cioche quefto uuole
Iddio:et nó e/in uita ilpadre / ridurre fidebe a qllo che p
lo padre e/nellultima uolonta in padre lafciato. Et fe ilpadre
muore inteftato / ridurre fidebe a colui cui laragione com
mette ilfuo gouerno. Et poi debbono effere obediti imaeftri
et maggiori:che in alcuno modo pare dal padre o daquello
che louogho paterno tiene effere cómeffo. Ma po che lungo
e ftato ilcapitolo prefente ple utili digreffioni che cótiene /
per laltro capitolo laltre cofe fono daragionare.   4 5

n   On folamente quefta anima e naturata buona in ado
            lefcétia et obediente:ma etiamdio fuaue:laqual cofa
et laltra che neceffaria i quefta eta / abene entrare nella por
ta della giouentute neceffaria e:poi che noi nó poffiamo ha
uere pfecta uita fanza amici:fi chome nel octauo dellethica
uuole Ariftotile: Et lamaggior parte delle amicitie fi paiono
feminare in qfta eta pma:peroche in effa comincia lhuomo
a effere gratiofo / o uero ilcótrario:laqual gratia facquifta p
fuaui reggimenti:che fono dolci et cortefe femente / parlare
dolce et cortefemente feruire et opare. Et po dice Salamone
allo adolefcéte figliuolo Lifchernidori dio glifchernifce:et
alli manfueti dio dara gratia. Et altroue dice Rimuoui da te
lamala bocha:et glialtri acti uillani fieno dilungi dà te:pche
appare che neceffaria fia qfta fuauita:come decto e. Ancho
e neceffaria a quefta eta lapaffione della uergogna:et pero la
buona et nobile natura in qfta eta lamoftra:fi come iltexto
dice:et po che lauergogna è apertiffimo fegno in adolefcen
tia di nobilta:pche quiui maximamete e neceffaria albuono
fondameto della noftra uita:allaquale nobile natura intéde /
di quefta e alquanto con diligentia daparlare. Dico che per
uergogna io intendo tre paffioni neceffarie alfondameto del
la noftra uita buona. Luna fi e ftupore. Laltra fi e pudore.
Laterza fi e uerecundia. Auenga che lauolgar gente quefta
diftinctione non difcerna:et tutte et tré quefte fono neceffa
rie aquefta eta per quefta ragione. A quefta eta e neceffario
deffere reuerente et defiderofo difape. A qfta eta e neceffa

rio dessere rifrenato:si che nõ trasuada. A q̃sta eta e necessa
rio dessere penitente del fallo:si che nõ sausi afalla·e. Et tutte
q̃ste cose fanno le passioni sopradecte che uergogna uolgar
mente sono chiamate / che lostuporé e uno stordiméto dani
mo per grandi et marauigliose.chose uedere o udire / o per
alcun modo sentire / che inquãto paiono grandi fãno riue
rente a se quello che lesente:inquanto paiono mirabili fãno
desideroso di sape quello che lesente. Et pero gliantichi Re
nelle loro magioni faceuano magnifichi lauori doro et di pie
tre et dartificio;accioche q̃lli che leuedessino diuenissino stu
pidi:et pero reuerenti et domandatori delle cose honoreuoli
del Re. Et pero dice Statio ildolce poeta nel p̃mo della theba
na historia.che quando Adrasto Re delli argi uide Polinice

Statio

coperto dun cuoio di leone· et uidde Tideo copto dun cuoio
di porco saluatico:et ricordossi del responso che Apollo dato
haueua perle sue figliuole che esso diuenne stupido:et pero
piu riuerente et piu desideroso di sapere. Ilpudore e uno ri
trahimento danimo di laide cose con paura di cadere in quel
le:si come uediamo nelle uergini et nelle dõne buone et nel
li adolescenti:che tanto sono pudici che non solaméte là do
ue richiesti o tentati sono di fallare:ma doue pare alchuna
ymaginatione di uenereo cõplemento hauer sipuo! tutti sidi
pinghono nella faccia di palido o di rosso colore. Onde dice
il sopranotato poeta nel allegato libro p̃mo dithebe che quan
do Aceste nutrice di Argia er di Deiphile figliuole di Adra
sto Re lemeno dinanzi agliocchi del sancto padre / nella pre
sentia de duo peregrini:cioe Polinice et Tideo:leuergini pa
lide et rubicõde sifeceno:et lilorò occhi fuggirono daogni
altrui sguardo:et solo nela paterna faccia quasi come sicuri
glimetteuano. O quanti falli rifrena questo pudore:quante
dishoneste cose et domande fa tacere:quãte dishoneste cupi
dita rasfrena:quante male tentationi nõ pur nela pudica per
sona diffida:ma etiandio in q̃llo che laguarda:quante laide

C. pudo 5·

parole ritieue.che si chome dice Tulio nel primo delli oficii
Nessuno acto e llaido:che nõ sia laido q̃llo nominare·Et poi
ilpudico et nobile huomo mai nõ parla:si che a una dõna nõ
fusseno honeste lesue parole. Hai quãto sta male a ciascuho
huomo che honore uada cercando menzonare cose che nela

I iiii

boccha dogni dóna stia male. Lauerecúdia é una paúra di
disbonoranza per fallo commesso: Et di questa paúra nasce
uno pentimento del fallo: ilquale ha in se una amaritudine
che e/gastigamento apiu non fallire. Onde dice questo mede
simo poeta in quella medesima parte che quádo Polinice su
domandato da Adrasto Re del suo essere: che egli dubitò pri
má di dire per uergogna del fallo che contro al padre facto
haueua: et anchora perli falli di Edippo suo padre: che parò
no rimanere in uergogna del figliuolo: et non nominò suo
padre: ma gliantichi suoi: et la terra: et la madre: perche bene
appare uergogna esser necessaria i qlla eta: et nó pure obbe
dientia: suauita: ò uergogna la nobile natura i qsta età dimo
stra: ma dimostra belleza et snelleza di corpo: si come dice
il texto: quádo dice ET SVA Persona adorna. Et questo
adorná e/uerbo: et non nome: uerbo dico indicatiuo del tem
po presente in terza psona. Oue e /da sapere che ancho é ne
cessaria questa opera alla nostra buona uita: che la nostra ani
ma conuiene gram parte delle sue operationi operare con
organo corporale: et allhora opera bene i chel corpo e bene
perle sue parti ordinato et disposto. Et quando egli e /bene
ordinato et disposto i allhora e bello per tutto et perle parti:
che lordine debito delle nostre membra rende uno piacere.
nó so di che armonia mirabile: et la buona dispositione: cioè
la sanita getta sopra quelle uno colore dolce a riguardare. Et
cosi dire che la nobile natura il suo corpo abbellisca et faccia
complo et accorto non e /altro a dire se non che lacconcia
a perfectioné dordine: et con altre chose che ragionate sono
appare essere necessarie alla adolescétia: lequali la nobile ani
ma: cioe la nobile natura ad essa primamente intende: si cho
me chosa /che chome decto e i dalla diuina prouidentia e /se
minata.

    Oi che sopra la prima particola di questa parte che
mostra quello perche potemo chonognére lhuomo
nobile alli segni apparenti e /ragionato: da procede
re e/alla seconda parte: laquale cominicia.

In giouaneza temperata & forte

Dice adunque che si chome lanobile natura in adolescentia
obbediente:suaue:et uergognosa:adornatrice della sua per
sona simostra:cosi nella giouentute:sifa temperata:forte:et
amorosa:cortese:et leale:lequali cinque cose paiono et sono
necessarie ala nostra pfectione:inquanto habbiamo rispecto
anoi medesimi, Et intorno dicto:siuuol sape che cio che tutta
quanta lanobile natura prepara nella prima etade e:apparec
chiato et ordinato p puedimeto di natura uniuersale:che or
dina laparticulare alla sua perfectione. Questa pfectione no
stra sipuo doppiamete cosiderare. Puossi cosiderare secodo
che ha rispecto anoi medesimi:et questa nella nostra giouen
tude sidebbbe hauere:che e:colmo della nostra uita; Puossi
considerare secodo che ha rispecto adaltri:et pero che prima
conuiene essere perfecto:et poi lasua perfectione comunica
re adaltri:conuiensi questa setodaria perfectione hauere ap
presso qsta etade:cioe nella senectute:si come disotto sidirar
Qui adunque e /dariducere a mente quello che disopra nel
uentiduesimo capitolo diquesto tractato siragiona dello appe
tito che in noi dal nostro principio nasce. Questo appetito
mai altro non fa che cacciare et fuggire:et qualunque hora
esso caccia qllo che e/quanto siconuiene:et fugge quello che
e quanto siconuiene / lhuomo e/nelli termini della sua perfe
ctione. Veramente questo appetito couiene essere caualcato
dalla ragione:si chome uno sciolto cauallo / quanto che egli
sia di natura nobile / per se sanza ilbuono caualcatore bene
non siconduce: Cosi questo appetito che irascibile et concu
piscibile sichiama quanto che egli sia nobile:alla ragione ob
bedire conuiene:laquale guida quello con freno et con ispro
ni come buono caualieri / losreno usa quando egli caccia:et
chiamasi quel freno temperanza:laquale: mostra iltermine
infino alquale e/dacciare. Losprone usa quando fugge per
lo tornare alluogho onde fuggir uuole:et questo sprone si
chiama forteza / o uero magnanimita:laquale uirtu mostra
illuogho oue e/dafermarsi et dapungere; Et chosi infrenato
mostra Virgilio lomaggior nostro poeta che fusse Enea nel
la parte della eneida:oue questa eta si sighura:laqual parte
comprende ilquarto:elquinto:et ilsexto libro dela eneida. Et

l iiii

quanto rafrenare fu quello / che quando hauendo riceuuto
dadio tanto di piacere / quanto difotto nel feptimo tractato fi
dira: et ufando có effa tanto di dilectatione / egli fiparti pet
feguire honefta et laudabile uia et fructuofa: come nel quar
to della eneida e fcripto: quanto fpronare fu quello quando
effo Enea foftenne folo con Sibilla a entrare nellinferno a
cerchare dellanima del fuo padre Anchife contro a tanti peri
coli: come nel fexto della decta hiftoria fidimoftra: perche ap
pare che nella noftra giouentute effere a noftra perfectione
neconuengha temperati et forti: et quefto fa et dimoftra la
buona natura: fi come iltexto dice expreffamente. Anchora
e la qfta eta et a fua pfectione neceffario deffere amorofa: pò
che a effa ficóuiene guardare dirietro et dinanzi: come còfa
che e nel meridionale cerchio. Cóuienfi amare lifuoi mag
giori dalliquali ha riceuuto et leffere / et ilnutriméto / et lado
ctrina: fi che effo non paia ingrato. Conuienfi amare lifuoi
maggiori: accioche amando quelli dia loro delli fuoi benefi
cii: per liquali poi nella minore profperita effo fia dalloro fo
ftenuto et honorato. Et quefto amore monftra che haueffe
Enea ilnominato poeta nel quinto libro fopradecto quando
lafcio iuecchi troiani in Sicilia racchomandati ad Acefte: et
rimoffegli dalle fatiche: et quádo amaeftro in quefto luogho
Afcanio fuo figliuolo con glialtri adolefcentoli armeggian
do: perche appare aquefta eta effere amore neceffario: come
iltexto dice. Anchora e neceffario aquefta eta effere cortefe:
che auengha che aciafcuna eta fia bello leffer di cortefi coftu
mi / aquefta e maximamète neceffario: peroche nel cótrario
niente fi puo hauere lafenectute perla grauieza fua: et perla
feuerita che allei firichiede: et chofi ilfenio maggiormente.
Et qfta cortefia moftra che haueffe Enea qfto altiffimo poe
ta nel fexto fopradecto: quando dice che Enea Re p honora
re ilcorpo di Mifene morto: che era ftato trombatore di He
ctore: et poi fefa rachomádato allui faccinfe et prefe lafcure
ad aiutare tagliare lelegne perlo fuoco che doueua ardere il
corpo morto: come era di loro coftume: perche bene appare
quefta effere neceffaria alla giouentude: et pero lanobile ani
ma in qllo ladimoftra: chome decto e. Anchora e neceffario
aquefta eta effere leale. Lealta e feguire et mettere in opera

quello che le leggi dicono: Et cio maximamente siconuiene
algiouane: peroche loadolescente chome e/decto p minoran
za detade lieuemete merita perdono. Iluecchio per piu expe
rientia debbe esser giusto: et non seminatore di legge: se no
inquanto ilsuo diritto giudicio, et lalegge e/quasi tuttuno: et
quasi sanza legge alchuna debbe giustamente seguitare: che
no puo fare: ilgiouane: et basti che esso seguiti lalegge: et in
quella seguitare sidilati: si come dice ilpredecto poeta nel pre
decto quinto libro / che fece Enea quando fece ligiuochi in
Sicilia nel anniuersario del padre: che cio che pmisse perle
uictorie lealmente poi diede a ciasduno uictorioso: si chome
era di loro lunga usanza: che era loro legge. Perche e/mani
festo che a questa eta lealta: cortesia: amore: forteza: et tem
peranza siano necessarie: si come dice iltexto che alpresente
e /ragionato: et pero lanobile anima tutte ledimostra.
Eduto et ragionato e /assai sufficientemente sopra
quella particola che iltexto pone mostrando quella
probita che alla giouentute presta lanobile anima:
perche daintendere pare alla terza parte che comincia

Et nella sua senecta

Nellaquale intende iltexto mostrare quelle chose che lanobi
le natura mostra: et debbe bauere nella terza etade: cioe se
nectute. Et dice che lanima nobile nella senecta si e/pruden
te: si e/giusta: si e/larga: et allegra di dire bene et pro daltrui
et dudire quello: cioe che e/affabile. Et ueramete queste qua
tro uirtu a questa eta sono conuenientissime. Et a cio uedere
e/dasape: che si come dice Tulio in quello de senectute: Cer
to corso alla nostra buona eta e/una uia semplice / et quella
della nostra buona natura: et aciascuna parte della nostra eta
e /data stagione a certe cose. Onde si chome alla adolescen
tia se /dato chome, decto e /disopra quello perche a perfectio
ne et a maturita uenire possa: chosi alla giouentute /e /data
la perfectione et la maturita: accioche la dolceza del suo fru
cto et a se et adaltrui sia, proficiabile: che si come Aristotile
dice lhuomo e /animale ciuile: perche allui sirichiede no pur

l v

a se:ma adaltrui essere utile. Onde silegge di Catone che nō
á se:ma alla patria et atutto ilmódo nato esser credeua. Dun
que appresso la ppria pfectione laquale sacquista nelá giouen
tute cōuiene uenire qlla che allumina nō pur se:ma glialtri:
Et cōuiensi aprire lhuomo quasi come una rosa che piu chiu
sa stare non puo: et lodore che drento generato e/spandere:
et questo cōuiene essere in questa terza eta che per mano
corre. Cōuiensi adunq̄ essere prudente: cioe sauio: et á cio
essere sirichiede buona memoria delle uedute cose: buona co
noscentia delle presenti: buona puidentia delle future. Et si
come dice ilphilosofo nel sexto dellethica Impossibile e/essere
sauio chi non e/buono. Et pero nō e/dadire sauio huomo chi
con sottracti et con iugani procede: ma e/dachiamare astuto
che si chomo nessuno direbbe sauio quello che sisapesse ben
trarre della punta dun cortello nella pupilla dellochio: chosi
non e/dadire sauio quello che ben sa una maluagia chosa fa
re: laquale faccendo prima se sempre che altrui offende. Se
ben siconsidera dalla prudentia uengono ibuoni consigli:
liquali conducono se et altri abuon fine nelle humane chose:
et operationi. Et questo e/quel dono che Salamone ueggen
dosi algouerno del popolo esser posto chiese adio: si chome
nel terzo libro delli Re e/scripto: ne questo cotale prudente
glidomandi consigliami i non attende: ma prouedendo per
lui sanza richiesta colui consiglia: si come larosa che nō pur
a quello che ua allei perlo suo odore rende qllo: ma etiamdio
qualunque appresso lei ua. Potrebbe qui dire alchuno medi
co o legista: dunque portero io lomio consiglio: et darollo
etiamdio che non misia chiesto: et della mia arte nō haro fru
cto: Rispondo si come dice ilnostro signore A grato riceuo
se agrato e/dato. Dico adunque messer lolegista che quelli
consigli non hāno rispecto alla tua arte: et che procedono so
lo da quello buon senno che idio tidette: che e/prudentia: del
laquale siparla / tu non lodebbi uendere a figliuoli di colui
che telha dato: quelli che hanno rispecto allarte laquale hai
comperata uēder non puoi: ma non si che non siconuenga
nō alchuna uolta decimare et dare a dio: cioe aquelli misteri:

aquali folo ilgrado diuino e rimafo. Conuienfi ancho aque
fta eta effere giufto:accioche glifuoi giudicii et lafua aucto
rita fia un lume et una legge aglialtri. Et pche quefta fingu
lare uirtu:cioe giuftitia:fu ueduta per gliantichi philofophi
apparire perfecta in quefta eta / ilreggiméto delle cipta com
mifcuo in quelli che in quefta eta erano:et pero ilcollegio de
rectori fu decto fenato. O mifera o mifera patria mia quan
ta pieta miftringe per te / qual uolta legho:qual uolta fcriuo
chofe che a reggimento ciuile habbia rifpecto. Ma pero che
di giuftitia nel penultimo tractato di quefto libro fitractera
bafti qui alprefente quefto pocho hauer tocchato di quella.
Conuienfi anchora aquefta eta effer largo:peroche allhora
ficonuiene la cofa quanto piu fatiffacе aldebito della fua na
tura:nemai aldebito della largheza non fipuo fatiffare / cofi
chome in ófta eta:che fe uogliamo ben guardare alproceffo
di Ariftotile nel quarto dellethica et aquello di Tulio in quel
lo delli oficii / lalargheza uuole effere lungo tempo tale che
illargo nó noccia ne a fe ne adaltrui:laqual cofa nó fipuo ha
uere fanza prudétia et fanza giuftitia:lequali uirtu inánzi
a quefta eta hauere perfecte per uia naturale e impoffibile.
Hai maleftrui et mal nati che defiderate uédoue et pupilli
che rapite alli meno poffenti:che rubbate et occupate laltrui
ragioni:et diquelló corredate conuiti:donate caualli et arme
robbe:et danari: portate le mirabili ueftimenta:edificate li
mirabili edificii:et credeteui largheza fare:et che e / ófto al
tro a fare che leuare ildrappo difu laltare:et coprire illadro et
lafua menfa? Non altrimenti fidebbono ridere ityranni del
le uoftre meffioni / che delladro che menaffe alla fua cafa li
conuitati:et latouaglia rubbata difu laltare con lifegni eccle
fiaftici anchora poffeffe infu lamenfa:et non credeffe che al
tri fenaccorgeffe. Odite obftinati che dice Tullio contro a
uoi nel libro delli oficii: Sono molti ceпo defiderofi deffere
apparenti et gloriofi che tolghono aglialtri per dare aglial
tri / ctedendofi effere buoni tenuti:et arricchifcono per qua
le ragione effere uoglia. Ma cio tanto e /chontrario a quello
che fare fichonuiene:che nulla e /piu. Conuienfi anchora

a questa età essere affabile / ragionare ilbene et quello udi
re uolentieri:imperoche allhora e / buono ragionare ilbene
quando ello e / ascoltato: Et questa eta pur ha fecho un'aom
bra dauctorita:per laquale piu pare che lhuomo ascolti che
nessuna piu tostana età:et piu buone et belle nouelle pare do
uere sapere piu lunga expieentia della uita. Onde dice Tulio
in quello de senectute in persona di Catone uecchio: A me
e / ricresciuta et uolonta et dilecto stare in colloquio piu che
non soleua. Et che tutte et quattro queste chose conuengha
no à qsta eta cia maestra Ouidio nel septimo methamorpho
seos in quella fauola doue scriue chome Cefalo da Athene
uenne à Eacho Re per soccorso nella guerra che Athene
hebbe con certi: Mostra che Eacho uecchio fusse prudente /
quando hauendo per pestilentia di corrompimento daere
quasi tutto ilpopolo perduto egli sauiamente ricorse a dio:
et allui domando ilristoro della morta gente:et per lo suo sen
no che à patientia lotenne:et a dio tornare lofece / ilsuo po
pulo ristorato gli fu maggiore che prima: Mostra che esso
fusse giusto: quando dice che esso fu partitore a nuouo popu
lo:et distribuitore della sua terra deserta. Mostra che fusse
largho: quando dice a Cefalo doppo ladomanda del aiuto
O athene non domandate a me adiutorio:ma toglietcuelot
et nò dite a uoi dubiose le forze che ha questa isola:et tutto
questo e stato delle mie cose:forze non cimenomiamo:anzi
nesono à noi disuperchio:et loaduersario e grande:et iltem
po dadare e / bene aduenturoso et sanza scusa. Hai quante
chose sono da notare in questa risposta:ma a buono intendi
tore basti essere posto qui chome Ouidio ilpone. Mostra che
fusse affabile : quando dice et ritrahe per lungho sermone
a Cefalo la historia della pestilentia del suo popolo diligen
temente / et loristoramento di quello. Perche assai e manife
sto aquella eta essere quattro chose conuenienti:perche la no
bile natura lemostra in essa: si chome iltexto dice. Et perche
piu memorabile sia loexemplo che decto e / dice Eacho Re
che questo fu padre di Thelamone et di Foco:delquale The
lamone nacque Aiace:et Pelleo:et Achille.

à Presso della ragionata particola e/da procedere allulti 28
ma: cioe aquella che comincia

Poi nella quarta parte della uita

Perlaquale iltexto intende mostrare qllo che fa lanobile ani
ma nellultima eta: cioe nel senio: et dice chella fa due cose.
Luna che ella ritorna adio: si come aquello porto ondella si
parti / quando uiene aentrare nel mare diquesta uita. Laltra
si e/chella benedice ilcammino che ha facto: peroche e /stato
diritto et buono et sanza amaritudine di tempesta. Et qui e/
da sapere / che si come dice Tulio in quello de senectute lana
turale morte e/quasi a noi porto di lunga nauigatione et ripo
so. Et e/cosi come ilbuon marinaio / che come esso appropin
qua alporto chala le sue uele: et suauemente con debile con
ducimento entra in quello. Cosi noi dobbiamo chalare leue
le delle nostre modane operationi: et tornare adio con tutto
nostro intendimento et cuore: si che aquello porto si uengha
con tutta suauita et con tutta pace. Et in cio habbiamo dalla
propria nostra natura grande amaestramento di suauita: che
in essa cotale morte non e/dolore ne alchuna acerbita: ma si
chome un pomo maturo leggiermente et sanza uiolentia si
spiccha dalsuo ramo: cosi lanostra anima sanza doglia sipar
te dal corpo ouella e/stata. Onde Aristotile in qllo de iuuen
tute e/senectute dice: che sanza tristitia e/lamorte che e/nella
uecchieza. Et si chome a colui che uiene dilungho cammino
anzi che entri nella porta della sua cipta siglisano incontro
gliciptadini diquella: cosi alla nobile anima sifano incontro
et debbono fare quelli ciptaptini della eterna uita: et cosi fan
no perle sue buone opationi et contemplationi: che gia essen
do adio renduta et abstractasi dalle mondane chose et cogita
tioni ueder glipare color che appresso didie crede che siano.
Odi che dice Tulio in persona di Catone uecchio: A me pa
re gia uedere / et leuomi in grandissimo studio di uedere li
nostri padri che io amai: et non pur quelli: ma etiamdio quel
li di cui udi parlare. Rendesi adunq adio lanobile anima in
questa eta: et attende ilfine diquesta uita con molto desiderio
et uscire glipare dellalbergho et ritornare nella propria man
sione: uscire glipare di cammino et tornare in cipta: uscire

glipare di mare et tornare a porto. O miferi gt uili che con
leuele alte corréte a quefto porto: et la doue douerrefte ripo
fare / plo impeto del uepto rompete: et pdete uoi medefimi/
la doue caminato tanto hauete. Certo ilcaualieri Lancilotto
non uolfe entrare con leuele alte: ne ilnobiliffimo uoftro la
tino Guido montefeltrano: bene quefti nobili chaloroño le
uele delle mondane operationi: che nella loro lungha età a
religione firenderoño / ogni môdano diletto et opera difpô
nendo. Et nõ fipuôte alchúno excufare p legame di matrimô
nio che in lunga età lotenga che non torna areligione pure
qllo che a fancto Benedecto: et a facto Auguftino: et a fancto
Francefco: et a fancto Domenico fi fa dhabito et di uita fimi
le: ma etiandio abuona et uera religione fipuo tornare in ma
trimonio ftando: che iddio non uuole religiofo di noi fe non
ilcuore. Et pero dice fan Paulo alli romani: Non quello che
manifeftaméte e / giudeo: ne quella che e/manifefta carne e/
circuncifione: ma quello che in nafcofo e/giudeo: et lacircun
fione del cuore in fpirito nô in lettera e /circucifione: laloda
dellaquale non daglhuomini ma dadio. Et bendice anchô la
nobile anima in quefta eta itempi paffati. Et bên glipuo bê
nedire: pero che per quelli riuolgendo la fua memoria / effa
firimembra delle fue diritte operationi: fanza lequali alpor
to oue fappreffa uenire non fipotcua con tanta ricchéza nê
con tanto guadagno. Et fa/chome ilbuono mercatante: che
quando uiene appreffo :alfuo porto examina ilfuo procaccio:
et dice; fe io non fuffi per cotale cammino paffato quefto thé
foro nô harei io: et nô harei di che io godeffi nella mia cipta:
allaquale io mappreffo: et pero benedice la uia che ha facta.
Et che quefte due cofe côuengano aquefta eta nefigura quel
lo grande poeta Lucano nel fecôdo della fua farfalia: quãdo

dice che Martia torno a Catone et chiefe lui: et pregollo che
ladoueffe riprédere quarta: perlaquale Martia fintende lano
bile anima. Et poffiamo cofi ritrarre lafighura a uerita: Mar
tia fu uergine: et in quello ftato fignifica ladolefcétia di Ca
tone: et in quello ftato fignifica lagiouentute. Fece allhora fi
gliuoli: p liquali fignificano leuirtu che difopra fidicono cô
uenire alli giouani. Et partefi da Catone: et maritoffi a Hor
tenfo: perche fignifica che fiparti lagiouentute: et uenne la

senectute. Fece figliuoli diquesto ancho:perche significano
le uirtu che disopra dicono conuenire alla senectute.Mori
Hortenso:perche significa iltermine della senectute.Et Mar
tia uedoua facta:per loquale uedouaggio significa ilsenio:
Torno Martia dal principio delsuo uedouaggio a Catone:
perche significa la nobile anima,dal principio del senio tor
nare a dio.Et quale huomo terreno fu piu degnio di segui
tare iddio che Catone?certo nessuno.Et che dice Martia a
Catone:mentre che in me fu ilsangue:cioe lagiouentute?
mentre che in me fu lamaternale uirtute:cioe lasenectute che
ben e madre dellaltre etadi:si chome disopra e mostrato.Io
dice Martia feci et adempie tutti glituoi comandameti:cio e
adire che lanima stette ferma ale diuine operationi.Dice l et
tolsi dua mariti:cioe a due etadi fructifere sono stata.Hora
dice Martia che ilmio uentre e lasso:et che io sono perle par
ti uota / a te miritorno / non essendo piu dadare ad altro spo
so:cio e a dire che lanobile anima cognoscendosi non haue
re piu uentre dafructo:cioe lisuoi membri sentendosi a debi
le stato uenuti torno a dio / colui che non ha mestieri delle
membra corporali.Et dice a Martia:dammi le parti de gliari
tichi lecti:dami ilnome solo del maritaggio:che e a dire che
la nobile anima dice adio:dammi signor mio omai ilriposo
di te:dammi almeno che io in questa tanta uita sia chiamata
tua.Et dice Martia:due ragioni mimuouono a dire questo.
Luna si e che doppo me sidica chio sia morta moglie di Ca
tone.Laltra si e che doppo me sidica che tu non miscacciasti
ma di buoho animo mimaritasti.Per queste due cagioni si
muoue lanobile anima:et uuole partire di questa uita sposa
didio:et uuol mostrare che gratiosa fusse adio la sua creatio
tione.O suenturati et mal nati che innanzi uolete partirui
di qsta uita sotto iltitolo di Hortenso che di Catone:nel no
me del quale e bello terminare:cioche delli segni della no
bilta ragionare siconuenga:pero che in lui essa nobilta tutti
glidimostra per tutte etadi.

Oi che mostrato e iltexto et quelli segni liquali per
ciaschuna etade, appaiono nel nobile huomo:et per
liquali chonoscere sipuote:et sanza liquali essere no puote /

chome ilsole sanza luce / et ilfuocho sanza caldo: grida il
texto alla gente / allultimo di cio che di nobilta / e contra
cto. Et dice / o uoi che udito mhauete / uedete quanti sono
choloro che sono inganati: cioe choloro che per essere di fa
mose et antiche generationi, et p essere discesi dapadri excel
lenti credono esser nobili, nobilta nõ hauédo in loro. Et qui
surgono due questioni: allequali nella fine diquesto tractato
e / bello intédere. Potrebbe dire ser Manfredi da uico che ho
ra pretore sichiama et prefecto / chome che io mista (io redu
co a memoria et rappresentó limiei maggiori: che per loro
nobilta meritorono losicio della prefectura: et meritorono di
porre mano alcoronamento dellimperio: meritoróno di rice
uere larosa del romano pastore: honore debbo riceuere et re
uerentia dalla gente. Et ásta e luna questione. Laltra e che
potrebbe dire quello da san nazaro di pauia et óllo delli pe
sciatelli da napoli / se lanobilta e / óllo che decto e: cioe seme
diuino nella humana anima gratiosamente posto: et leproge
nie o uero schiatte non hanno anima: si chome e / manifesto
nessuna progenie o uero schiatta dire sipotrobbe nobile: et
questo e contro alla oppinione di coloro che lenostre proge
nie dicono essere nobilissime in loro ciptadi. Alla prima que
stione risponde Iuuenale nelloctaua satyra quãdo comincia
quasi exclamando Che fanno queste honoranze che rimãi
ghono degliantichi: se per colui che diquelle siuiole amãta
re male si uiue: se per colui che degli suoi antichi ragiona /
et mostra legrandi et admirabili opere / sintende amisere et
uili operationi: auengha dice esso poeta satyro nobile per la
buona generatione quello che della buona generatione de
gno non e: questo non e altro che chiamare ilnano gigante /
Poi apresso dice questo tale: da te alla statua facta i memoria
del tuo antico nõ ha dissimilitudine altra / se nõ che lasua te
sta e / di marmo: et latua uiue. Et in questo con reuerentia lo
dico / midiscordo dal poeta: che lastatua di marmo o di legno
o di metallo rimasa per memoria dalchuno ualente buomo
sidissomiglia nello effecto molto dal maluagio descendente:
pero che la statua sempre afferma la buona oppinione in
quelli che hanno odito la buona fama di colui delquale e / la
statua: et neglialtri genera ilmaluagio figliuolo o nepote /

fa tutto elcôtrario / che loppinione di coloro che háno udito
ilbene de fuoi maggiori / fa piu debole / che dice alcuno lo
ro penfiero nô puo effere che delli maggiori dicoftui fia tan
to quanto fidice: poi che della loro femenza chofi facta pian
ta fiuede: perche non honore: ma difhonore dbebe ricuere
quello che alli buoni mala teftimonianza porta. Et pero di
ce Tulio che ilfigliuolo del ualente huomo debe pcurare di
rendere alpadre buona teftimonanza. Onde almio giudicio
chofi chome chi uno ualente huomo infama e/degno deffere
fuggito dalla gente et non afcoltato: chofi lhuomo uile difce
fo delli buoni maggiori e/degno deffere datutti fcacciato. Et
debefi ilbuono huomo chiuder gliocchi p nô uedere qllo ui
tuperio uituperante della bóta che in fola lamemoria e rima
fa: et qfto bafti alprefente alla pma queftione che fimoueua.
Alla feconda queftione fipuo rifpondere che una pgente p
fe nô ha anima: et bene e/uero che nobile fidice: et e /p certo
modo. Onde e/dafapere chelogni tutto fifa delle fue parte / et
alcuno tutto che ha una effentia femplice cô lefue parti: fi co
me in uno huomo e /una effentia di tutto / et di ciafcuna par
te fua. Et cio che fidice nella parte p quello medefimo modo
fidice effere in tutto. Vnaltro tutto e che nô ha effentia comu
ne con leparti: fi chome una maffa di grano: ma e /lafua una
effentia fecôdaria che refulta da molti grani: che uera et pri
ma effentia in loro hanno. Et in quefto tutto cotale fidicôno
effere lequalita delle parti: cofi fecondariamete come leffere.
Onde fidice una biancha maffa: pche igrani onde e/lamaffa
fono bianchi: ueramete quefta biancheza e piu nelli grani
prima: et fecondariamente refulta in tutta lamaffa: et cofi fe
condariamente biancha dire fipuo: et p cotal modo fipuo di
re nobile una fchiatta o uero una progenie. Onde e dafape
che fi come a fare una maffa conuengono uincere ibianchi
grani: cofi afare una nobile pgenie côuengono in effa nobi
li huomini di cio uincere effere piu de glialtri: fi che labonta
con lefua grida obfcuri et celi ilcôtrario che dentro e: Et fi
come duna maffa biancha di grano fipotrebe leuare a grano
a grano ilforméto: et a grano reftituire faggina roffa: et tut
ta lamaffa finalmete cambierebbe colore. Cofi dela nobile
progenie potrebono libuoni morire a uno a uno: et nafcere
limaluagi in quella / tanto che cambierebbe ilnome: et nô

nobile:mà uile dàdire farebbe:et còfi bafti aȼa feconda que
ftionè effer rifpofto.

c Ome difopra nel terzo capitolo di quefto tractato fi
dimoftra / quefta canzone ha tre parti pncipali:pche
ragionate ledue dellequali la pma comincia nel capitolo pre
decto:et lafeconde nel fextodecimo:fi che laprima p tredici
et lafecóda p quatordici e/terminata fanza ilproemio del tra
ctato della canzone che in due capitoli ficomprefe:in quefto
trentefimo et ultimo capitolo della terza parte pncipale bre
uemente e/daragionare:laquale p tornata diquefta canzone
facta fu alcuno adornamento:et comincia

Contra glierranti mia tu tenandrai

Et qui principalmente fiuuole fapere che ciafcuno buono fa
bricatore nel fine del fuo lauoro quello nobilitare et abellire
debbe inquanto puote:accioche piu celebre et piu pretiofo
dallui fiparta. Et quefto intendo non come buono fabrica
tore:ma chome feguitatore di qllo fare in quefta parte. Dico
adunq̃ CONTRA Glierranti mia. Quefto contra glier
ranti e/tuttuna parte:et e/nome della canzone tolto p exem
plo del buon frate Thómafo daquino che aun fuo libro che
fece aconfufione di tutti quelli che fidifuiauano dalla noftra
fede puofe nome cótra gentili. Dico adunq̃ che tu andrai:
quafi dica:tu fe omai pfecta:et tempo e/da non ftare ferma:
ma dandare:che latua imprefa e/grande.

Et quando tu farai
In parte doue fia ladonna nòftra

Dille iltuo meftieri:Oue e/danotare che fi chome dice ilno
ftro fignore / non fidebbono le margherite gittare inanzi a
porci:poche alloro nó e/prode:et alle margharite e/dáno:et
come dice Efopo poeta nella pma fauola piu e/prode algallo
un granello di grano che una margherita:et però qlla lafcia
et quello ricoglie. Et in cio confiderando a cautela dice:Co
mando alla canzone chel fuo meftieri difcuopra la doue el
qfta donna:cioe laphilofofia fi trouerra. Allhóra fitrouerra
quefta dóna nobiliffima / quádo fitruoua lafua camera:cioe
lanima:in cui effa alberga:et effa philofofia nó folaméte al
berga pur nelli fapienti:ma etiamdio come puato e /difopra
in altro tractato effa e/douunq̃ alberga lamore diquella:et a

quefti cotali dico che manifefti ilfuo meftieri:perche alloro
fara utile lafua fentétia:et dalloro ricolta. Et dico ad effa / di
a quefta donna

Io uo parlando dellamica uoftra

Bene e /fua amica nobiltade:chotanto luna con laltra fama
che nobilta fempre ladimáda:et philofofia nó uolge lofguar
do fuo dolciffimo allaltra parte.O quáto et come bello ador
namento e/quefto che nellultimo di quefta canzone fi da ad
effa chiamandola amica di qlla lacui propria ragione e /nel
fecretiffimo della diuina mente.

Impreffo in Firenze per fer Francefco bonaccorfi Nel an
no mille quatirocento nouanta Adi.xx.di feptembre.

www.ingramcontent.com/pod-product-compliance
Lightning Source LLC
Chambersburg PA
CBHW070903030726
47504CB00005B/1442